高等职业院校规划教材

项目化教改教材

实用社交礼仪

第三版

张岩松　主　编

韩　金　孙小杰　副主编

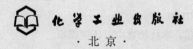

化学工业出版社

·北京·

内容简介

《实用社交礼仪》(第三版)作为反映高职教育教学改革最新理念的创新型教材,是项目课程开发的一次有益尝试。它根据现代人社交中所涉及的礼仪活动确定了个人形象礼仪、日常交往礼仪和职场活动礼仪三大项目,每个项目提出"课程思政要求",下设若干个学习任务,即仪容礼仪、服饰礼仪、仪态礼仪、见面礼仪、接访礼仪、通信礼仪、公共礼仪、交谈礼仪、餐饮礼仪、求职礼仪、工作礼仪、活动礼仪12个任务。每项任务包含学习目标、案例导入、任务设计、温故知新、考核评价五个部分。"任务设计"由应知应会、能力开发组成,尤其在"能力开发"中设计了阅读思考、案例分析、实战演练等内容,突出能力训练,让学生在做中学,在学中做,学做结合,真正提高社交礼仪各项技能的应用能力,拥有良好的职业素养。

本书可作为高职高专院校各专业学生的礼仪课程教材,也是各类企业进行员工礼仪培训的创新型教材,还是社会各界人士提高礼仪素养和社交能力的自我训练手册。

图书在版编目(CIP)数据

实用社交礼仪/张岩松主编.—3版.—北京:
化学工业出版社,2021.3(2024.6重印)
ISBN 978-7-122-38296-2

Ⅰ.①实… Ⅱ.①张… Ⅲ.①社交礼仪-高等职业教育-教材 Ⅳ.①C912

中国版本图书馆CIP数据核字(2020)第264632号

责任编辑:蔡洪伟 王 可 王 芳 文字编辑:李 瑾
责任校对:宋 夏 装帧设计:王晓宇

出版发行:化学工业出版社(北京市东城区青年湖南街13号 邮政编码100011)
印 装:大厂聚鑫印刷有限责任公司
787mm×1092mm 1/16 印张13 字数328千字 2024年6月北京第3版第4次印刷

购书咨询:010-64518888 售后服务:010-64518899
网 址:http://www.cip.com.cn
凡购买本书,如有缺损质量问题,本社销售中心负责调换。

定 价:42.00元

作为社会中的一员,我们每天都离不开礼仪,礼仪无处不在。讲礼仪,才会有品位;有品位,才会有魅力。实践证明,在现代社会,不学礼,则不知礼;不知礼,则必失礼。尤其对具备较强专业性与技能性的广大高职高专院校的大学生来说,在择业、就业、从业的过程中,更应掌握必备的实用社交礼仪知识和操作规范,才能有效地与他人沟通和合作,成为一个素养高、形象好的现代职业人。基于此我们编写了这本《实用社交礼仪》(第三版)。它在《实用社交礼仪》(第一版)(2011年)、《实用社交礼仪》(第二版)(2016年)的基础上进行修订,采用了更加富有创新性的体例,更新了相关案例和课后训练题,优化了实训项目,进一步突出了学生能力培养,与国内同类教材相比特色更加鲜明。

本书作为反映高职教育教学改革最新理念的创新型教材,是项目课程开发的一次有益尝试。它根据现代人在社会交往中所涉及的礼仪活动确定了个人形象礼仪、日常交往礼仪和职场活动礼仪三大项目,每个项目提出"课程思政要求",下设若干个学习任务(共计12个)。每项任务包含学习目标、案例导入、任务设计、温故知新、考核评价五个部分。"任务设计"由应知应会、能力开发组成。"应知应会"介绍了社交礼仪基本知识和规范,"能力开发"旨在突出能力培养,由阅读思考、案例分析、实战演练构成,"阅读思考"精选了富有趣味的社交礼仪美文,是很好的课后阅读材料,使学生开阔视野,加深对相关礼仪知识的理解和掌握;"案例分析"精选最新社交礼仪典型案例,便于学生通过案例掌握应知应会的社交礼仪基本知识,提高礼仪规范应用能力;"实战演练"要求教师指导学生通过情境模拟、角色扮演等方式方法,完成实训项目训练,让学生在做中学,在学中做,学做结合,不断提升社交礼仪各项技能的应用能力,拥有良好的职业素养。

本书由张岩松主编,韩金、孙小杰副主编。张岩松(大连职业技术学院)、罗灵(河南信息统计职业学院)编写任务1和任务2;张岩松编写任务3;韩金(大连职业技术学院)编写任务5、任务8、任务10和任务12;孙小杰(大连职业技术学院)编写任务4、任务6、任务7、任务9和任务11。全书由韩金、孙小杰统稿。

本书在编写过程中,集采众家之说,参考颇多,在此,向各位专家学者深表谢意。因时间、条件、水平所限,书中疏漏之处在所难免,恳请读者指正。

编者
2021年3月

目录

项目三　职场活动礼仪

导论

表面上礼仪有无数清规戒律，但其根本目的却在于使世界成为一个充满生活乐趣的地方，使人变得平易近人。

——【美】埃米莉·波斯特

教养是所有财富中最昂贵的一种，做一个有教养的中国人，比做一个有钱的中国人远为重要。

——朱大可

"人无礼则不生，事无礼则不成，国无礼则不宁"（荀子语）。礼仪是人类文明和社会进步的重要标志，这既是社会交往活动的重要内容，又是社会道德文化的外在表现形式，而且它更直接地反映着一个国家其国民的普遍素质。我国以"礼仪大国""礼仪之邦"的美誉著称于世，礼仪在我国传统文化中占有突出的地位。因此，学好礼仪、用好礼仪是人生的一门必修课，也是提升整个民族素质的重要组成部分。

一、社交与社交礼仪

"社交"是"社会交际"的简称。它是标志人类活动的特殊领域的概念。交际在英语中使用"communication"一词表达，其含义有通信、传达、交流、意见的交换等。交际在汉语中又称为交往。"交"有接合、通气、赋予的意思；"际"有接受、接纳、交合、会合、彼此之间等意思。朱熹对"交际"的注释是："交际谓人以礼仪币帛相交接也。"这里"礼仪"的"相交接"，即日常所说的"礼尚往来"，主要指人与人之间的精神性的交换；而"币帛"的"相交接"，是指人与人之间的物质性的交换。朱熹把人与人之间精神和物质的交换称为交际，这种诠注是很有见地的。

由此可见，社交是人在共同社会活动中，通过人与人之间相互接触、互通信息、交流情感，或达到相互了解，彼此吸取对方的长处和积极因素，从而增进友情，和谐合作，促进事业成功；或彼此满足相互间的精神慰藉，实现自我价值，增加社会群体的聚合力。

社交是人得以生存、人类社会得以存在和发展的基础和保证。纷繁复杂的人类社会是人际关系耦合的网络系统，而交际是将个人与个人、个人与群体、群体与群体联结成社会网络必不可少的手段，是促进人际关系和谐、保持社会有机体稳定发展的强有力的纽带。交际根植于人类的合群性，发展升华于人的劳动过程。人要生存，就要生产，而生产必然有人与人之间的各种联系和交往，从而使交际成为社会生产的必要条件。马克思说，人的本质是一切社会关系的总和。人的一切社会关系正是在交际中得以暴露和展示的。每个人在交际中实现其自身价值，实现其人的社会属性。总而言之，没有了社会交际，便没有了人和人类社会。

社交是人类生活不可或缺的重要组成部分。在现代社会中，人们所从事的劳动和工作越来越复杂，社会化程度越来越高，既有严密科学的分工，又有严格的整体配合，需要越来越多的人合作才能成功。同样，随着物质生活水平的提高，各种信息纷至沓来，人们比以往更渴望理解，更渴望沟通，更多地渴望文化生活和精神交往，而交际恰似劳动、语言和闲暇一样，是人类生活不可或缺的重要组成部分。

社交活动是非常复杂的，有着各种各样的形式和内容，但在人际关系的一般结构中，包括以下6种要素。

1. 具有两个或两个以上的人

两个人是构成社交的最基本单位。单个人所进行的活动尽管可能涉及另外的人，但也不能称为交际；同时，社交中的个人都具有自己的个性心理特征，每个人的个性心理特征都会影响交际过程。

2. 具有特定的社交动机

人的任何社交活动都是由特定的动机推动的，是为了满足某种需要。动机所指向的目标可能是物质的，也可能是精神的。

3. 具有相互认知

社交中的人与人之间存在相互的觉察、了解以及彼此基础上的相互理解。同时，伴随着相互认知，每个人都会有感情的移入，产生喜欢或厌恶的情感倾向。

4. 具有相互沟通

社交中的双方存在着信息的交换。沟通既包括认识上的沟通，也包括情感上的沟通。沟通可能以语言为媒介，也可能以非语言的体态表情为媒介。信息沟通是产生相互认知、达到交际目的、建立人际关系的基础。

5. 具有心理和行为上的互动

在社交中，一方发出的信息刺激会引起另一方心理和行为上的反应，这种反应又会作为新的信息刺激作用于前者，由此产生双方的相互作用与相互影响。

6. 具有一定的交往情景

人和人之间的任何交往都是在一定的社会背景和现实的社会环境中进行的，特别是交往时所处的现实微观环境会给交往带来直接的影响。

所谓社交礼仪是指人们在交往活动中约定俗成的各种行为规范及其实施程序。

社交礼仪无论从内容还是到形式都纷繁复杂。从见面时的握手礼、鞠躬礼、拥抱礼、亲吻礼、合十礼、脱帽礼、作揖礼、介绍礼、称呼礼，到交谈告辞时的礼貌用语；从仪容仪表到举止谈吐；从成年仪式、结婚仪式到丧葬仪式；从家庭礼仪到社会礼仪；从官方规定的礼宾程序到形形色色的风俗礼仪，可以说，社交礼仪无处不在。社交礼仪的自觉运用，涉及人的性格特征、知识程度、价值观念、心理因素等诸多要素，它体现着一个人的文化修养和内在气质。同时，讲究礼仪既是尊重别人，也是尊重自己，有利于形成良好的社会道德观、伦理观和社会风气，对社会的物质文明建设和精神文明建设，尤其是对于提高人的素养起着积极的作用。

二、社交礼仪的原则

人们的各种交际活动自始至终都有一些具有普遍性、共同性、指导性的规律可循，这就是礼仪的原则。探讨这些原则，有助于社交基本礼仪的规范化，增强人们对礼仪的认识，进而加强礼仪在社会活动中的指导作用。

1. 遵守原则

礼仪规范是为维护社会生活的稳定而形成和存在的，实际上是反映了人们的共同利益要求。社会上的每个成员不论身份高低、职位大小、财富多寡，都有自觉遵守、使用礼仪的义务，都要以礼仪去规范自己的一言一行、一举一动。如果违背了礼仪规范，会受到社会舆论的谴责，自然交际就难以成功。例如苏联领导人赫鲁晓夫在这方面就有前车之鉴，他在一次联合国会议上为了让人们安静下来，竟然脱下鞋子，并用鞋子敲打会议桌子，他的不雅举止显然违背了礼仪规范，更有损他本人及苏联的国际形象，在这次会议上联合国做出决定：对苏联代表团罚款一万美元。可见违背社交礼仪的遵守原则是不行的。

2. 敬人原则

孔子说："礼者，敬人也。"敬人是礼仪的一个基本原则，它要求人们在交际活动中互尊互敬，友好相待，对交往对象要重视、恭敬。尊敬是"礼"的本义，是礼仪的重点和核心。在对待他人的诸多做法中最重要的一条，就是要敬人之心长存，处处不可失敬于人，不可伤害他人的个人尊严，更不能侮辱对方的人格。可以说，掌握了敬人的原则就等于掌握了礼仪的灵魂。尊敬的作用是十分巨大的，日本东芝电器公司董事长士光敏夫的做法就是很好的说明。日本东芝电器公司曾一度陷入困境，员工士气低落。当士光敏夫出任董事长时，他经常不带秘书，一个人深入各工厂与工人聊天，听取工人的意见，更有意思的是，他还经常提着一瓶酒去慰劳员工，和他们共饮。他终于赢得了公司上下的支持，员工的士气也高涨了起来。在三年内，士光敏夫终于重振了东芝公司。士光敏夫的诀窍就是关心、重视、尊重每一位员工，"敬人者，人恒敬之"，他同时也赢得了员工的信服与支持。

3. 宽容原则

一般来说，交往双方的心理总存在一定的距离，存在不相容的心理状态，这种差异会在交往者之间产生思想隔膜，甚至会使关系僵化，要想缩小这种心理上的差异，求得人与人之间能多一分和谐、多一分信赖，就必须抱着宽容之心。宽容就是要求人们既要严以律己，又要宽以待人，要多容忍他人、多体谅他人、多理解他人，而不能求全责备、斤斤计较、过分苛求、咄咄逼人。孔子说："宽则得众。"唯有宽容才能排除人际交往中的各种障碍，不能宽容他人的人，往往会得理不饶人，使人际关系恶化。共性是寓于个性之中的，人们应该维护和发展共性，以理解和宽容来增强人与人之间的凝聚力。

4. 平等原则

首先让我们看一个小故事。英国著名戏剧家、诺贝尔文学奖获得者萧伯纳对"平等"二字有很深的体验。一次他漫步在莫斯科街头，遇到一位聪明伶俐的苏联小姑娘，便与她玩了很长时间。分手时，萧伯纳对小姑娘说："回去告诉你妈妈，今天同你玩的是世界有名的萧伯纳。"小姑娘望了萧伯纳一眼，学着大人的口气说："回去告诉你妈妈，今天同你玩的是苏联小姑娘安妮娜。"这使萧伯纳大吃一惊，立刻意识到自己太傲慢了。后来，他常回忆起这件事，并感慨万分地说："一个人不论有多大成就，对任何人都应该平等相待。要永远谦虚，这就是苏联小姑娘给我的教训，我一辈子也忘不了她！"可见，在交际中坚持平等原则是非常重要的。

平等是人与人之间建立情感的基础，是达到最佳交际效果的诀窍，是建立和保持良好的人际关系的基础之一。心理学研究表明：人都有友爱和受人尊敬的需要，交友和受尊敬的希望都非常强烈。人们渴望自立，成为家庭和社会中真正的一员，平等地同他人进行沟通。可以说，凡是正常人，都希望得到别人的平等对待。与人交往只有以平等的姿态出现，不盛气凌人、不高人一等，给别人以充分的尊重，才能形成人与人之间的心理相容，产生愉悦、满足的心境，出现和谐的人际关系。毛泽东在这方面做得尤其出色。他作为领导者，在处理与下级的关系时，十分注意坚持平等原则，不摆架子，这种平等是赢得下级理解和支持的重要条件。一位老教授回忆在延安见毛泽东时的情景说："我去见主席，主席拿出纸烟来招待我，可是不巧纸烟只剩一支了。你想主席怎么办？他自己吸，不请客人吸，当然不好；请客人吸自己不吸，客人肯定不同意。于是，主席将这支烟分成两半，给我半支，他自己半支。从这件事可以看出主席的随和、诚恳、平等、亲切，这使我很受感动，终生难忘。"

运用现代社交礼仪开展交际活动，做到平等交往应注意以下几点：第一，要明确平等的含义，平等是相对的，不是绝对的。平等受自然条件和社会条件的制约，必须注意根据交际对象的不同条件（政治、经济、文体和社会等方面的条件）分别对待。第二，要尊重交际对象的人格，这是平等的前提。任何人都有自尊心，要维护独立的人格不受侵犯。在现代社交中，只有尊重对方的人格才能得到对方的理解和尊重，营造出良好的人际关系氛围。那种以势压人、老大自居、盛气凌人、"看人下菜碟"，甚至污辱人的做法都是与平等原则严重相悖，为公众所不齿的。第三，要掌握平等交往的方法和技巧。例如：谈心法，向对方实实在在地说出心里话，用朋友般的商量口气交换意见、传递信息、讨论问题；求同法，通过各类活动，特别是富有兴趣的活动，寻求与对方的相互认识、相互理解，"投公众所好"，增强其认同感；交友法，像对待朋友那样平等地对待公众，关心、帮助、体谅、尊重对方，以诚相待，从而赢得交际对象的认同。

5. 互利原则

互利原则是指人们在人际交往中考虑双方的共同价值和共同利益，满足共同的心理需要，使彼此都能从交往中得到实惠。大多数人的交往是互惠互利的。相互报偿、相互满足是人际交往活动的基本动机。没有需求上的相互满足和相互补取，就不可能有成功的交际。一般地说，预期中的报偿支配着公众人际交往的积极性，因而我们在现代社交中要创造互惠互利型的格局，积极寻找双方的利益共同点，平等相待，真诚合作，而不能一味地追求自身的利益，更不能以邻为壑，坑害对方。从社会学的角度来说，互惠互利的原则是一种"非零和博弈"原则，它是相对于"我赢你输"的"零和博弈"$1+(-1)=0$而言的，也就是说希望出现的结局是"你赢我也赢"。现代人必须明白"投桃报李"的意义，今天的付出意味着明天的收获，此处的投入意味着彼处的产出。

运用现代社交礼仪，遵循互惠互利原则应注意以下几点：第一，要明确互惠互利是有前提的。互惠互利是以不损害第三方的利益为前提的，任何以损害第三方的利益来达到互惠互利目的的行为都是不允许的。第二，要注意精神上的互惠互利。社会心理学家的研究表明，每个人都渴望得到别人的注意和关心。因此，人际交往中必须考虑他人在精神上的、心理上的需要，关心他人，爱护他人，从而使交往双方得到心理上的满足，这是最不可缺少的互惠互利。第三，要注意经济上的互惠互利。人们的活动一般都包含着某种利益的目的，驱使人们去交往的动力既有情感因素，也有明显的利益要求。交际活动应使双方受益，如果只想从别人那里捞好处，只考虑自己的需要和利益，就很可能使彼此的关系陷入游离状态，甚至完全终结。

6. 真诚原则

社交礼仪的运用基于交际主体对他人的态度，如果能抱着诚意与对方交往，那么交际主体的行为自然而然地便显示出对对方的关切与爱心。因为无论用何种语言表达，行为都是最好的证明。在通常情况下人们可以用假话来掩饰自己的企图，但却无法用行为来掩饰自己的空虚，因为体态语是无法掩饰虚假的。因此唯有真诚，才能使你的行为举止自然得体，与此相反，倘若仅把运用礼仪作为一种道具和伪装，在具体操作礼仪规范时口是心非、言行不一、弄虚作假、投机取巧，或是当面一个样，背后一个样，有求于人时一个样，被人所求时又一个样，是违背社交礼仪的基本原则的。

7. 适度原则

俗话说："礼多人不怪。"人们讲究礼仪是基于对对方的尊重，这是无可厚非的，但是，凡事过犹不及，人际交往要因人而异，要考虑时间、地点、环境等条件，做到化妆适度、服饰适度、语言适度、举止适度、态度适度、距离适度等。在社交中，施礼过度或不足都是失礼的表现。如语言适度就要求在与他人进行语言交流时，语言表达适当，不说过头话，不用过激的语言；语言沟通适当，既不抢对方的话头，又不少言寡语；语速适当，既不太快、太急、含糊不清，又不太慢、拿腔拿调。又如举止适度要求举手投足都要显得分寸得当、恰到好处。比如，像见面时握手时间过长，或是见谁都主动伸手，不讲究主次、长幼、性别；告别时一次次地握手，或是不住地感谢，这反而会让对方不自在、不舒服。礼仪的施行只是内心情感的表露，只要内心情感表达出来，就完成了礼仪的使命，如果不断重复，会适得其反、画蛇添足，实无必要。

三、社交礼仪的修养

社交礼仪修养是指一个人在交际实践活动中，根据一定的交际礼仪原则和规范自觉地进行学习和训练，以使自己养成一种时时事事按礼仪要求待人接物的行为习惯的过程。社交礼仪的修养要从以下几方面着手。

1. 明确修养的内容

社交礼仪的修养包括多方面的内容：一是道德品质修养，社交礼仪处处渗透和体现着一定的道德精神，一个人要想在社交礼仪方面达到较高的造诣，离开了道德品质的修养是不可能实现的；二是文化知识修养，一个人应具有广博的文化知识，如民俗学、美学、心理学、公共关系学等方面的知识都是不可或缺的，只有这样才能深刻地理解社交礼仪的原则和规范；三是心理素质的修养，一个人是否具有良好的心理素质是能否顺利参加交际活动、完美地运用交际礼仪形式的重要因素，因此，心理素质的修养也应成为礼仪修养中的一个重要内容；四是行为习惯的修养，社交礼仪的修养，说到底就是一个人自觉的行为习惯的过程。检验一个人礼仪修养如何，很重要的一条标准就是看他是否已经把社交礼仪规范化成了自身个性中的一种稳定成分，是否能在各种交际场合自然而然地遵循社交礼仪规范。如果一个人只会矫揉造作地做几个礼仪动作，而在日常的交际活动中我行我素、违背礼仪规范，那只能说明此人的个人礼仪修养是十分失败的。

2. 树立学习的意识

在明确礼仪重要性的基础上，最要紧的就是必须树立长久的"习礼意识"，处处留心，时时经意。礼仪是一个社会文化沉淀的外显方式。经历了传承、变异的过程，礼仪的习得首先便是个体的"社会化""文化化"的过程。也就是说，礼仪基本是靠传统，靠有意无意地模仿，靠周围环境的影响，靠在交际实践中不断地学习、摸索，不断地总结经验教训而习得的。又因为礼仪具有变异性的特点，在完成了社会化以后，人们还有一个继续"社会化"的问题。所以，习礼可谓是一个萦绕终生的过程，除此之外，对于一些跨文化交往所涉及的不同民族、不同文化的礼仪，其习得则是靠着入境问俗的诚心和细心去了解和熟悉，并以此调控自己的言行。

同时，就社会方面而言，为适应现代市场经济发展的需要，可开办一些礼仪学校或短期培训，也可通过电视、广播等传播媒介开办专题系列讲座，发挥大众传媒的示范作用，这些都是人们学习礼仪仪式的良好方法。这样做，无疑也有助于整个社会文明程度和组织道德水平的提高。

3. 陶冶尊重他人的情感

在礼仪教育过程中，情感是由知到行的一个桥梁。陶冶情感就是要使受教育者产生一种尊重他人的真挚的感情，能够时时处处替他人着想，对人始终抱有一种热情友好的态度。我们大约都有这样的体验，在交际活动中如果遇到一个对人热情诚恳的人，那么就能与其建立起一种良好的关系；相反，如果碰到的是一个冷漠无情或虚情假意的人，则难以产生一种融洽交流的气氛。一个人可以很快就了解一些礼仪方面的知识，但若缺少对人的情感，那么他就无法使这些礼仪形式完满地表现出来，这些形式也就成了没有灵魂的僵死的躯壳。因此也可看出，情感比认识具有更大的保守性，改变情感比改变认识要困难得多，陶冶情感是礼仪教育中更为艰巨的一项任务。

4. 锻炼履行礼仪的意志

要使礼仪规范变成自觉的行为，没有坚韧不拔的意志是办不到的。意志坚强的人，能有效地控制自己的言行，特别是在不顺利的情况下，也能不畏困难，始终不渝地按照自己的信念待人处世。

所习之礼要培养成习惯，要有意识地摒弃不合礼仪的旧习惯，养成遵从礼仪的新习性。习性是一个人自动化的行为方式，是不需要多加思考和意志努力的行为方式，它受人的性格核心层和中介层的支配与制约。一个人的行为习惯是其观念、态度的下意识表现。习性一旦形成后，具有一定的稳固性，但通过意志努力可以使之改变。因此，不该以"习惯成自然"为由，姑息迁就那些不合礼仪的坏习惯，而应从思想观念上重视、加强"礼仪意识"，牢记坚强的意志是保证实现礼仪规范的精神力量。

5. 养成遵从礼仪的行为

礼仪教育的综合结果就在于使人们养成良好的礼仪行为，也就是使人们在交际活动中对于礼仪原则和规范的遵从变成为一种习惯的行为。衡量礼仪教育的效果如何，主要不是看受教育者了解了多少有关礼仪的书本知识，而是看他在交际活动中的行为是否符合礼仪规范的要求，是否能够促进交际活动顺利进行。因此，在礼仪教育中，要认真组织和指导受教育者的行为演练，通过严格的训练掌握调节行为的能力，养成良好的行为习惯。从一件件具体、琐碎的小事做起，从大处着眼、小处着手，寓礼仪于细微之中，逐渐成为习惯。

在礼仪教育过程中，知、情、意、行是相互联系、相互渗透、相互促进、缺一不可的。没有知，情便失去了理性指导，意和行就会是盲目的；没有情，就难以形成意，知就无法转化为行；没有意，行即缺乏巨大的力量，知和情也就无法落到实处；没有行，知、情、意都没有具体的表现，也就都变成了空谈。因此，在礼仪教育过程中，要坚持晓之以理、动之以情、炼之以意、守之以行。

 课后练习

1. 思考题

（1）什么是社交和社交礼仪？

（2）社交礼仪有哪些功能？

（3）结合实际谈谈如何坚持社交礼仪的原则。

（4）搜集一至两则中国古代有关文明礼貌的佳话，并向周围的人宣讲。

（5）向大家介绍一段你周围的人继承中华民族礼节礼仪传统美德的故事。

（6）你准备怎样提高自己的社交礼仪修养？

2．讨论题

（1）礼节礼仪与职业道德有怎样的关系？

（2）大学生，尤其是职业技术学院的学生，掌握礼仪礼节的重要意义何在？

（3）举出近一个月来发现的不符合礼仪礼节的5个例子，并分析其问题所在及其改进办法。

3．案例分析

【案例1】

酒店老板的观察与判断

一个人走进饭店要了酒菜，吃罢摸摸口袋发现忘了带钱，便对店老板说："店家，今日忘了带钱，改日送来。"店老板连声说："不碍事，不碍事。"并恭敬地把他送出了门。

这个过程被一个无赖看到了，他也进饭店要了酒菜，吃完后摸了一下口袋，对店老板说："店家，今日忘了带钱，改日送来。"

谁知店老板脸色一变，揪住他，非剥他衣服不可。

无赖不服，说："为什么刚才那人可以赊账，我就不行？"

店家说："人家吃菜，筷子在桌子上找齐，喝酒一盅盅地斟，斯斯文文，吃罢掏出手绢揩嘴，是个有德行的人，岂能赖我几个钱。你呢？筷子往胸前找齐，狼吞虎咽，吃上瘾来，脚踏上条凳，端起酒壶直往嘴里灌，吃罢用袖子揩嘴，分明是个居无定室、食无定餐的无赖之徒，我岂能饶你！"

一席话说得无赖哑口无言，只得留下外衣，狼狈而去。

🤔思考题

（1）一个人的礼仪修养表现在哪些方面？

（2）礼仪在个人修养中处于怎样的地位？

【案例2】

礼仪就是规范

一次在瑞士，一位外交官与几个朋友去公园散步，上厕所时，听到隔壁的卫生间里"砰砰"地响，他有点纳闷。出来之后，一位女士很着急地问他有没有看到她的孩子，她的小孩进厕所十多分钟了，还没有出来，她又不能进去找，外交官想起了隔壁厕所间里的响声，便进去打开厕所门，看到一个七八岁的小男孩正在弄抽水马桶，怎么弄都抽不出水来，急得满头大汗，这个小孩觉得他上厕所不冲水是违背道德规范的。

🤔思考题

（1）从这位外国儿童身上你学到了什么？

（2）怎样才能树立国民的"规则"意识？

【案例3】

缺"礼"的女总经理

某省会城市一家三星级饭店的女总经理，衣着得体大方，语言热情适宜，正在宴请北京来的专家。席间，秘书突然过来说有急事，请她暂时离席去送外宾，可是这位女总经理迟迟未起身，原来是她的双脚不堪忍受高跟鞋束缚，出来"解放"了一会儿，突然有了情况，一时找不到"归宿"，令女总经理和众专家好不难堪。

思考题

（1）女总经理缺"礼"的原因是什么？

（2）如何避免女总经理面对的尴尬？

【案例4】

劳模张秉贵

据《北京青年报》（2001年6月21日，作者曹彦志）报道，张秉贵1955年11月来到百货大楼站柜台，三十多年的时间接待顾客400多万人次，没有跟顾客红过一次脸，吵过一次嘴，没有怠慢过任何一个人。他把为人民服务的信念与本职工作密切联系起来，他认为："站柜台不单是经济工作，也是政治工作；不但是买与卖的关系，还是相互服务的关系"，"一个营业员服务态度不好，外地人会说你那个城市服务态度不好，港澳台同胞会感到祖国不温暖，外国人会说中华人民共和国不文明。我们真是工作平凡，岗位光荣，责任重大！"

从为国家争光、为人民服务的政治信念出发，他练就了"一抓准"和"一口清"的过硬本领，通过眼神、语言、动作、表情、步伐、姿态等调动各个器官的功能，几乎成了那个时代商业领域的服务规范，商业服务业的简单操作，被他升华为艺术境界。

在北京，传统的"燕京八景"名扬天下，而张秉贵的售货艺术被人们誉为"第九景"。张秉贵不仅技术过硬，而且注重仪表，天天服装整洁，容光焕发。他认为："站柜台就得有个干净利落的精神劲，顾客见了才会高兴地买我们的东西。特别是我们卖食品的，如果不干不净，顾客就先倒了胃口，谁还会再买我们的东西啊！"他坚持每周理发，每天刮胡子、换衬衣、擦皮鞋。

张秉贵一进柜台，就像战士进入阵地。普通售货员一般早晨精神饱满，服务态度较好；下午人疲倦了，就不太爱说话了，也懒得动弹，对顾客就容易冷漠。张秉贵却不然，从清晨开门接待每一位顾客，到晚上送走最后一位顾客，自始至终都能春风满面，笑容可掬。他到了退休年龄，体力明显不济，一上柜台还是表现得生龙活虎。到了下班后，他却往往步履蹒跚。同志们说他是"上班三步并作一步走，下班一步变为三步迈"。

看张秉贵工作，也成了许多人的享受。有一位挂着拐杖的老人，经常来欣赏他卖货。这位老人对他说："我是因病休息的人，每天来看看您站柜台的精神劲儿，我的病也仿佛好了许多。"一位音乐家看他售货后说："你的动作优美，富有节奏感，如果配上音乐，是非常动人的旋律。"

思考题

（1）张秉贵讲究礼仪有何特殊意义？

（2）本案例对你有哪些启示？

【案例5】

"你在家里对你的父母说过'谢谢'吗？"

李娟（化名）大学毕业后到一个日本独资企业应聘，面试经理问："你在家里对你的父母说过'谢谢'吗？"

李娟回答："没有。"

面试经理说："你今天回去跟你的父母说声'谢谢'，明天你就可以来上班了。否则，你就别再来了。"

李娟回到了家，父亲正在厨房做饭，她悄悄走进自己的房间，面对着镜子反复练习："爸爸，您辛苦了，谢谢您！"

其实，李娟早就想对父亲说这句话了，因为她看到了父亲是多么的不容易：自己两岁时母亲去世，父亲为了不使她受委屈，没有再娶妻子，小心翼翼地呵护她长大成人。她心里一直想说"谢谢"，但就是张不开嘴。李娟暗下决心：今天是个机会，必须说出来！就在此时，父亲喊道："娟子，吃饭啦！"

李娟坐在饭桌前低着头，脸憋得通红，半天才轻声地说出："爸爸，您辛苦了，谢谢您。"

李娟说完之后，爸爸没有反应，屋内一片寂静。李娟纳闷，偷偷抬眼一看，她的父亲泪流满面！这是欣喜之泪，这是慰藉之泪，这是企盼了20年的话所带给他的感动之泪。此时，李娟才意识到，自己这句话说得太迟了。

第二天，李娟高高兴兴上班去了。经理看到李娟轻松的神情，知道她已经得到该体会的东西，没有问就把李娟引到了工作岗位上。

思考题

（1）李娟向爸爸说"谢谢"对你有哪些启示？

（2）请向你的父亲或母亲表达感谢，然后将你的感受写出来。

4. 实践训练

（1）让学生分成不同类别的小组，走上街头观察并收集礼仪在生活中应用的小案例。

（2）以小组为单位，走访一两位商界人士，了解他们对社交礼仪的看法及切身经历与体会。

（3）这些陋习你有吗？请你来自测一下，看看你的礼仪修养如何。

① 公共场所随地吐痰，用脚一搓了事；或将痰吐在烟灰缸里或门窗外。

② 当众抠鼻子、擤鼻涕、剔牙齿、掏耳朵，不加遮掩地打喷嚏、咳嗽。

③ 就餐时大声说话，唾沫横飞，不用公筷，混用餐具，喝酒劝酒不节制，酒后失态。

④ 公共场所嚼槟榔、口香糖、甘蔗等，随地乱吐；无视禁烟标志，肆意抽烟；乱丢瓜皮、果核、烟头、纸屑等杂物；乱涂乱张贴。

⑤ 与人交谈，口带脏字，言语粗俗。

⑥ 用手指头蘸唾液数钱、翻书。

⑦ 公共场所，脱掉鞋袜，手搓脚丫子，遇到熟人又去握手。

⑧ 上厕所时，热情与人打招呼："你吃了吗？""你亲自来解手"……便后不冲水、冲水后不关水龙头；便后不洗手，还主动与他人握手。

⑨ 不遵守交通法规，翻抓栏杆，乱闯红灯，乱穿马路，驾驶汽车时乱超车、乱停、乱靠、乱鸣喇叭、抢占道路。

⑩ 会场上，随意走动，讲小话，做小动作，大声接打电话。

⑪ 买票、购物、乘车、取款时，随意插队，不讲秩序。

⑫ 攀摘花草，踩踏绿地，损毁公共设施。

⑬ 公共场所，高谈阔论，大声喧哗，大声喊叫他人。

⑭ 在风景区和公共场所，赤裸上身搞锻炼，随地坐卧。

⑮ 内急时在胡同、走廊、树林、地下通道等处随便"方便"，或让小孩随时随地大小便。

⑯ 喜欢在大街上围观，凑热闹，看热闹。

（4）对下列符合礼仪规范行为和不符合礼仪规范行为做一个比较（如表0-1），再在空格中填上相关的内容，请结合其对应的礼仪原则，对符合或不符合礼仪规范的行为做一个解释❶。

表0-1　符合礼仪规范行为和不符合礼仪规范行为比较

项目	情景	符合礼仪规范的行为	不符合礼仪规范的行为	对应礼仪原则
1	早上，一边吃早餐一边往教室方向走。早餐吃完了，手上的塑料袋……	① 找一个最近的垃圾箱扔进去； ② 暂时没有看到垃圾箱，将其用餐巾纸包好，放进随身带的包里	① 随手往地上一扔； ② 顺手扔在垃圾桶边上	遵守原则
2	老师课堂点名，有的同学没有来上课	事先请假	请同学答"到"	敬重他人真诚原则
3				
4				

（5）请为自己制订一套"一日礼仪行"计划，并认真执行。在执行的过程中，是否发生过有趣的小故事，或者使你有所感悟，请写成小文章。

（6）观看电影《公主日记》《窈窕绅士》，总结主人公从麻雀变凤凰过程中的诸多礼仪元素以及其培养礼仪修养的方法。

❶ 关小燕. 礼仪：规范行为的行为[M]. 北京：清华大学出版社，2008：36-37.

个人形象礼仪

 课程思政要求

- 进行社会主义核心价值观教育;
- 进行爱国主义教育;
- 开展诚信教育、法律意识教育和道德意识教育;
- 塑造职业形象,提高职业素养;
- 促进学生全面发展

任务1

仪容礼仪

> 世界上没有难看的人,只有不懂得如何让自己打扮得体的人。
>
> ——靳羽西

 学习目标

1. 进行仪容细节的修饰,做到仪容整洁卫生。
2. 能够根据自身面容的特点进行化妆,展现出富有魅力的妆容。
3. 做到发型美观。

 案例导入

今天是海霞大学同学毕业30周年聚会的日子。年近60岁的海霞在毕业后就没有见过任何一位同学。对于今天的同学集会,海霞非常激动。平时不怎么化妆的她觉得应该把自己好好地打扮打扮。于是她涂上厚厚的白粉,抹上深紫色的口红和深蓝色的眼影,兴高采烈地来到聚会地点。当她出现在同学面前时,同学们都大吃一惊。有的同学还走过来关切地问她是否过得不如意，说她看起来脸色不好，充满了沧桑感，她的心情一下就降到了冰点，她纳闷同学们莫名的惊讶与关心，她觉得她自己过得很好。

（资料来源：陈光谊. 现代实用社交礼仪［M］. 北京：清华大学出版社，2009.）

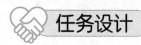 **任务设计**

一、应知应会

在社交中，交往对象对自己发自内心的好恶亲疏，往往都是根据其在见面之初对于自己仪容的基本印象"有感而发"的，这种对他人仪容的观感除了先入为主之外，在一般情况下还往往一成不变，其作用可谓大矣。日本松下电器产业株式会社创始人松下幸之助一次到银座的一家理发厅去理发。理发师对他说："你毫不重视自己的容貌修饰，就好像把产品弄脏一样，你作为公司代表都如此，产品还会有销路吗？"一席话说得他无言以对，以后他接受了理发师的建议，十分注意自己的仪表并不惜破费到东京理发。

一个人的仪容大体上受到两大因素的左右。其一，是本人的先天条件，一个人相貌如何，通常主要受制于血缘遗传，不管一个人是"天生丽质难自弃"，还是长得丑陋不堪，实际上一降生到人世便已"命中注定如此"，其后的发展变化往往不会与之相去甚远。其二，是本人的修饰维护，每个人的先天条件固然很重要，然而这么说并非意味着一个在仪容方面先天条件优越的人，便可以过分地自恃其长，而不去进行任何后天的修饰或维护。事实上，修饰与维护，对于仪容的优劣而言往往起着一定的作用。在任何情况下，一个正常人倘若不注意对本人的仪容进行合乎常规的修饰与维护，往往在他人的心目中也难有良好的个人形象可言。所以我们在平时必须时刻不忘对自己的仪容进行必要的修饰和整理，做到"内正其心，外正其容"。

上述案例中海霞的困惑正是由于她不正确的仪容打扮造成的，因此，在社交中必须注意仪容礼仪。

（一）整洁卫生

要做到仪容整洁卫生，重要的是需要长年累月坚持不懈，不厌其烦地进行以下仪容细节的修饰工作。

1. 坚持洗澡、洗头、洗脸

洗澡可以除去身上的尘土、油垢和汗味，并且使人精神焕发。有可能的话要常洗澡，至少也要坚持每星期洗一次。在参加重大礼仪活动之前还要加洗一次。头发是人体的制高点，因为人们的发型多有不同，故此它颇受他人的关注。只有经常坚持洗头，方可确保头发不粘连、不板结、无发屑、无汗馊气味。若脸上常有灰尘、污垢、泪痕或汤渍，难免会让人觉得此人又懒又脏。所以除了早上起床后、晚上睡觉前洗脸之外，随时随地都要注意面容整洁。

2. 去除分泌物

首先要清除眼角分泌物——"眼屎"，它给人的印象很不雅，所以应经常及时地将其清除；戴眼镜者还应注意，眼镜片上的多余物也要及时揩除。其次要注意去除鼻孔分泌物，在外出上班或出席正式活动之前，要检查一下鼻孔内有无鼻涕，若有要及早清除。再次要去除耳朵的分泌物——"耳蚕"，虽然它不易看到，但也不要忘记去除。最后还要注意去除口部的多余物，这是指口角周围沉积的唾液、飞沫、食物残渣和牙缝间的牙垢，它们看起来让人作呕，必须及时发现，及时清除。

3. 保持手部卫生

在每个人的身上，手是与外界进行直接接触最多的一个部位，它最容易沾染脏东西，所以必须勤洗手，除饭前、便后外，还要在一切有必要的时候洗手，以保持双手整洁。还要常剪手指甲，绝不要留长指甲，因为长指甲不仅会藏污纳垢，而且给人不讲卫生的印象，所以要经常修剪手指甲。手指甲的长度以不长过手指指尖为宜。

4. 注意口腔卫生

坚持每天刷牙，消除口腔异味，维护口腔卫生，是非常必要的。有可能的话，在吃完每顿饭后都要刷一次牙，切勿用以水漱口或咀嚼口香糖等方法来替代刷牙。还要养成平日不吃生蒜、生葱和韭菜等带刺激性气味食物的良好习惯，免得在工作中担心自己说话"带味道"，或是使接近自己的人感到不快。

5. 保持头发整洁

首先应清洗头发。除了要注意采用正确的洗头方法外，最重要的是要定期清洗头发，并且坚持不懈。一般认为，每周至少清洗头发两三次。其次是修剪头发。与清洗头发一样，修剪头发同样需要定期进行，并且持之以恒。在正常情况下，通常应当每半个月左右修剪一次头发，至少，也要确保每个月修剪一次头发。否则，自己的头发便难有"秩序"可言。最后是梳理头发。梳理头发是每天必做之事，而且一日应当不止一次。按照常规，在下述情况下皆应自觉梳理一下自己的头发：一是出门上班前，二是换装上岗前，三是摘下帽子时，四是下班回家时，五是其他必要时。

在梳理自己的头发时，还有三点应予注意：一是梳理头发不宜当众进行，作为私人事务，梳理头发时当然应当避开外人；二是梳理头发不宜直接下手，最好随身携带一把发梳，以便必要时梳理头发之用，不到万不得已，千万不要以手指去代替发梳；三是断发头屑不宜随手乱扔，梳理头发时，难免会产生少许断发、头屑等，信手乱扔，是缺乏教养的表现。

6. 保持脚部清洁

脚作为支撑人体的重要部位，每天要进行运动。它会分泌出大量汗液，恶化脚底环境，为真菌繁衍提供温床，如不及时改善，会导致各种脚部疾病，如脱皮、脚癣、脚部溃烂等。所以，平时要注意清洁脚部，让其通气，擦些护足霜，还要加以适当保健按摩，美化脚部肌肤。

（二）化妆得体

适当化妆，不仅是社交的需要，同时也是对他人尊重的一种表现。做任何事情都贵在得体、适度，化妆也不例外，过分醉心于美容，化得浓艳，不仅有损于皮肤的健康，而且还有碍于别人的观瞻，因此，化妆得体是仪容美的基本要求。

1. 化妆的原则

作为修饰仪容的一种手段，化妆既是一门艺术，又是一种技巧，化妆要达到美化面容的效果，就必须遵循一定的原则。

（1）美化原则　每一个化妆的人都希望化妆能使自己变得更美丽，这是无疑的，但事实上，有些人以为把各种色彩涂抹在脸的相应部位就自然美了，这是错误的。比如，有的幼儿园的孩子被化妆化得脸上一团红、眼睛一片蓝，变得又凶又老气，孩子的天真可爱荡然无存，这样的化妆就不是美了，而是丑了。因此，美化的原则是从效果来说的。要使化妆达到美的效果，首先必须了解脸的各部位特点，孰优孰劣心中有数；还要清楚怎样化妆和修正才能扬长避短，变拙陋为俏丽，使容貌更迷人。这些，要在把握脸部个性特征和正确的审美观的指导下进行。

一个人要让别人觉得美，全身的整体比例很重要，因为只有符合比例的才是和谐的，只有和谐的才是美的。

首先要符合"黄金分割"。著名的"黄金分割"，指事物各部分间的一定数学比例关系，即：将一条线段一分为二，其较短一段与较长一段之比等于较长一段与全线段之比。许多哲学家与美学家认为，无论在艺术界还是自然界中，"黄金分割"都是形式美中较为理想的关系。对于人类而言，通常人的脸型是接近黄金矩形的，女性的椭圆形脸之所以被较多数人视为理想的脸型，就是因为脸型的长宽之比近似黄金矩形。然而生活中的人们并不都是这样的脸型，于是我们可以从美的比例出发，利用发型和化妆弥补脸型的比例不足，使整个头部形象形成一种新的比例关系。

其次要符合"三庭五眼"的比例要求。五官端正就是指符合"三庭五眼"的比例要求。"三庭"是指上庭、中庭和下庭：①上庭，为从额头发际线到两眉头连线之间的距离；②中庭，为从两眉头连线到鼻头底端之间的距离；③下庭，为从鼻头底端到下颏（下巴尖）的距离。理想的比例是上庭∶中庭∶下庭＝1∶1∶1，即三者长度相等。"五眼"是指：①左太阳穴处发际至左眼尾的长度；②左眼长度；③左眼内眼角至右眼内眼角的长度；④右眼长度；⑤右眼眼尾至右太阳穴处发际的长度。理想的比例是这五者长度相等，即从左太阳穴发际到右太阳穴发际之间的横向连线长度正好是五只眼睛的长度，并且均匀分布。"三庭""五眼"见图1-1。"三庭五眼"是人的脸长与脸宽以及颜面器官布局的标准比例，如不符合这个比例，就会与理想脸型产生距离，那么，在化妆时就要运用一定的技巧进行调整和弥补。通过自我形象分析，我们便可以了解自己容貌上的优点与不足，虽然人的相貌在很大程度上依赖于遗传，但是后天的努力、科学的保养及恰到好处的修饰却有举足轻重的作用。

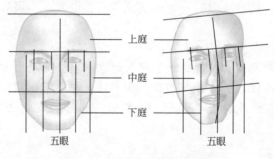

图1-1　"三庭""五眼"结构

（2）自然原则　自然是化妆的生命，它能使化妆后的脸看起来真实而生动，不是一张呆板生硬的面具。如果化妆失去了自然的效果，那就是假，假的东西就无生命力和美感了。自然的化妆要依赖正确的化妆技巧、合适的化妆品；要一丝不苟，井井有条；要讲究过渡、体现层次；要点面到位、浓淡相宜。总之，要使化妆说其有，看似无，就像被化妆的人确确实实长了这样一张美丽的面容，像真的一样。化妆时不讲艺术、技法、手段，胡来一气，敷衍了事，片面追求速度，都有可能使妆面失真。

（3）协调原则　这包括下面几点。①妆面协调：指化妆部位色彩搭配、浓淡协调，所化的妆针对脸部个性特点，整体设计协调。②全身协调：指脸部化妆还必须注意与发型、服装、饰物协调，如穿大红色的衣服或配了大红色的饰物时，口红可以采用大红色的，力求取得完美的整体效果。③身份协调：指礼仪人员化妆时要考虑到自己的职业特点和身份，采用不同的化妆手段和化妆品。作为职业人士，应注意化妆后体现端庄稳重的气质；作为专门从事各种关系建立和协调的从业人员，出头露面的机会多，与有身份、有地位、有权力的人打交道频繁，要表现出一定的人际吸引魅力，化妆就不能太艳俗或太单调，而应浓淡相宜，青春妩媚，适合人们共同的爱美之心。④场合协调：是指化妆要与所去的场合气氛要求一致。日常办公，妆可以化淡一些；出入宴会、舞会场合，妆可以化浓一些，尤其是舞会，妆可以亮丽一些；参加追悼会，素衣淡妆，忌使用鲜艳的颜色。不同的场合不同的化妆，相得益彰，不仅会使化妆者内心保持平衡，也会使周围的人心里舒服。

2. 化妆前的准备

（1）束发　用宽发带、毛巾等将头发束起或包起，最好再在肩上披块围巾，防止化妆时弄脏头发和衣服，也可避免散发妨碍化妆。这样会使脸部轮廓更加清晰明净，以便有针对性地化妆。

（2）洁肤　用清洁霜、洗面奶或洗面皂清洁面部的污垢及油脂，有条件的话还可用洁肤水清除皮屑。然后结合按摩涂上化妆水。

（3）护肤　选择膏霜类，如护肤膏、面霜、乳液等涂在脸上，令肌肤柔滑，并可防止化妆品与皮肤直接接触，起到保护皮肤的作用。

（4）修眉　用眉钳、小剪修整眉形并拔除多余的眉毛，使眉形更加清秀。

3. 化妆的步骤

化妆时要认真掌握化妆的方法。化妆大体上应分为打粉底、画眼线、施眼影、描眉形、上腮红、涂唇彩、喷香水等步骤。每个步骤均有一定方法，必须认真遵守，讲究化妆的方法。化妆的操作程序与要求如表1-1所示。

表1-1　化妆的操作程序与要求

步　骤	目　的	操作要点	注意事项
1. 打粉底	调整面部肤色，使之柔和美丽	① 选择粉底霜 ② 用海绵取适量粉底，细致均匀涂抹	① 粉底霜与肤色反差不宜过大 ② 切记在脖颈部打粉底，以免面部与颈部"泾渭分明"
2. 画眼线	使眼神生动有神，并且更富有光泽	① 笔法先粗后细，由浓而淡 ② 上眼线从内眼角向外眼角画 ③ 下眼线从外眼角向内眼角画	① 一气呵成，生动而不呆板 ② 上下眼线不可在外眼角处交会
3. 施眼影	强化面部立体感，使双眼明亮传神	① 选择与个人肤色适合的眼影 ② 由浅而深，施出眼影的层次感	① 眼影色彩不宜过分鲜艳 ② 工作妆应选用浅咖啡色眼影
4. 描眉形	突出或改善个人眉形以烘托容貌	① 修眉，拔除杂而无序的眉毛 ② 逐根眉毛描眉形	① 使眉形具有立体感 ② 注意两头淡、中间浓，上边浅、下边深
5. 上腮红	使面颊更加红润，轮廓更加优美，显示健康活力	① 选择适宜的腮红 ② 延展晕染腮红 ③ 扑粉定妆	① 注意腮红与唇膏或眼影属于同一色系 ② 注意腮红与面部肤色过渡自然
6. 涂唇彩	改变不理想的唇形，使双唇更加娇媚	① 以唇线笔描好唇线 ② 涂好唇膏 ③ 用纸巾吸去多余的唇膏	① 先涂上唇，后涂下唇，从左右两侧沿唇部轮廓向中间涂 ② 涂完后检查一下牙齿上有无唇膏的痕迹
7. 喷香水	掩盖不雅体味，使之清香怡人	① 选择适宜的香水类型 ② 喷涂于腕部、耳后、颌下、膝后等适当之处	① 香水切勿使用过量 ② 香水气味应淡雅清新

（资料来源：舒泊阳. 现代旅游礼仪与沟通艺术［M］. 天津：南开大学出版社，2009）

4. 化妆后的检查

要做到"四检查"：一是要检查左右是否对称，眼、眉、腮、唇、鼻侧等，两边形状、长短、大小、弧度是否对称，色彩浓淡是否一致；二是要检查过渡是否自然，脸与脖子，鼻梁与鼻侧，腮红与脸色，眼影、阴影层次等过渡是否自然；三是要检查整体与局部是否协调，各局部是否缺漏、碰坏，要符合整体要求，该浓该淡是否达到应有效果，整个妆面是否协调统一；四是要检查整体是否完美，化妆要忌"手镜效果"，即把镜子贴近脸部检查，虽然这样会看清细小的部分，但一般人只是在一米之外的距离与你面谈或招呼。所以要在镜前五十厘米处审视自己，对脸部整体的平衡做出正确的判断。

5. 化妆的禁忌

（1）切忌在公共场合化妆　在众目睽睽之下化妆是非常失礼的，这样做既有碍于别人，也不尊重自己。

（2）女士不能当着男士化妆　如何让自己更加妩媚，应是每个女性的私人问题，即便是丈夫或男朋友，这点距离也是要有的，从某种意义上来说"距离"就是美。

（3）不能非议他人的化妆　由于个人文化修养、皮肤及种族的差异，每个人对化妆的要求及审美观是不一样的。不要总认为只有自己的化妆才是最好的。在和他人交往的过程中，即便是好朋友，也不要主动去为别人化妆、改妆及修饰，这样做就是强人所难和热情过度。

（4）不要借用别人的化妆品　如确实忘了带化妆盒而又需要化妆，在这种情况下除非别人主动给你提供方便，否则千万不要用人家的化妆品，因为这是极不卫生的，也是很不礼貌的。

（5）男士使用化妆品不宜过多　目前，男士化妆品也越来越多，但男女有别。男士不能使用过多的化妆品，否则会给人带来不良的印象，不要让人感到你化妆后有"男扮女装"的感觉。

（三）发型美观

美的发型，使人能在社交中增强自信心。不同的发型，能带给人整洁、庄重、洒脱、文雅、活泼等不同感觉，因而不同的气质、爱好、脸型、发质、年龄的人要针对自身情况，扬长避短，选择和修饰适合自己的发型。饰发主要应注意以下几点。

1. 保持头发的清洁和健康

中国人一般认为头发健康的标准就是具有光泽、发色乌黑、清洁滋润、无头皮屑。当然这离不开平日均衡的营养、适当的运动、充分的休息与头发的护理，另外也离不开定期清洁与修剪。至于洗头的次数可以因人而异，如发质较油腻的人，或是运动量多且易流汗的人，还是天天洗较理想。而活动量少或头皮较干燥的人可每两三天洗一次头。清洁是保持美丽头发最重要的一项。其次要勤梳理修剪，如头发像堆稻草，毫不修整，就会给人邋遢之感。

2. 注意发型与脸型的配合

饰发的目的也是为了仪容的美观，因而要与脸型相配合才能产生整体美。

（1）三角形脸　特点是前额宽而颧骨高，下颌尖小。适合的发型是：配上长长的肩位松起的发型，使前额看起来较修长。

（2）长方形脸　特点是前额宽如颧骨和腮边一般，下巴稍宽。适合的发型是斜角的刘海或两旁较浓密的发型，都可产生阔度上的错觉。

（3）正方形脸　特点是具有方形的前额，同颧骨和腮边一样宽，而有腮骨是显著的特征。适合的发型是一排横过眼眉的小束形刘海，会弱化方角感，卷曲和波纹会转移别人对角形边旁的视线。

（4）圆形脸　特点是脸面的长与宽几乎均等，而两颧之间是最宽的部分。适合的发型：将头发向后直梳只会强调出你想遮藏的圆度；若是短发，就配上头顶上头发浓密的发型；若是长发，则将颈部的头发浓密起来，以转移别人注意圆度的视线。

（5）椭圆形脸　特点是前额宽于下颏，颧骨是最惹目的重点，而脸庞则从颧骨开始适度地修削至微尖的卵形下颌。适合的发型：许多发型都能衬托这样的脸型，关键就在简单，而不应选蓬松的发型以破坏完美的脸型。

3. 兼顾发型的美观与方便

美丽的发型千姿百态，而且随着时代的发展，发型的流行趋势也在千变万化，昨天还流行飘逸的长发，今天就可能流行翻翘式的短发。在选择发型时既要追求美观与时尚，又要兼顾方便易梳。例如在美容院可以梳理出许多漂亮的发型，但若是自己无法整理此发型，那么最好还是放弃，因为很少有人能天天去美容院。尤其是职业女性，每天又要工作又要照顾家庭，最好选择洗发后不必太费时整理的发型。发型的整理既然每天都必须做，就应以简单方便且易于整理的发型为佳，这样可避免增加不必要的额外负担。如果想使头发长久保持发型，简单易行的方法就是早上吹头发时预先喷些发胶或啫喱水，然后用热风吹干，这样发型就可长久不变，保持一天的美丽与清爽。

二、能力开发

（一）阅读思考

不同职业角色的妆容技巧

每个人都有自己特定的社会角色。由于在不同的交际场所"扮演"的角色不同，因此，装扮或表现也要相应有所区别。每一个角色都有一个自己的定位。凸显角色是一种行为选择，也是一个人在自我定位时，决定哪一个角色比其他角色重要的过程。

1. 高级主管的妆容技巧

当一位新的部门主管走马上任，人们在观察他时，通常会较多地注意那些无形的价值，如个人形象、人际沟通能力、人品及性格等。因此，身为部门主管注意自己的妆容，不断强化自己的妆容技巧是必要的。

（1）女性主管　女性主管要在工作中做到真正与男性处于同等地位，必须从自信与装扮上提升自己作为一个独立人格存在的水准。要尽可能打扮得端庄得体，发型、妆容、首饰和衣服应该和谐统一。装扮要尽可能优雅、完美。

（2）男性主管　女士们通常羡慕男士不用花多少精力去装扮，以为他们只要穿上一套得体的西装就可以了，但在当今的市场竞争社会里，已有越来越多的男士开始意识到仅仅做到这些是远远不够的。男性主管也必须努力注意自己的形象。

① 内衣不仅要干净，也要合身。

② 第一次与重要人物见面时，着装要尽可能含蓄，以免咄咄逼人。色彩和款式较含蓄的高级丝质领带比色彩艳丽的领带更好。

③ 眉毛间杂乱的毛发看上去不整洁，要设法修整。

④ 参加重要会议，首先要考虑清楚自己到底应以什么样的形象出现，然后，再考虑相应的服饰。

⑤ 如果发型长期不变，肯定会显得落伍，甚至会显得比实际年龄老气。去设计一个更好的发型，改变原有的习以为常的形象。

⑥ 如果总是等鞋子脏了才去擦，那么皮革就很容易老化，一般穿三次就应该擦一次。

⑦ 一次性中性笔只适合学生或临时工用，优质钢笔更能反映出你的成功和个性。

⑧ 手指甲应每两个星期就修剪一次。

⑨ 有趣的塑料手表只是少年的玩物，包括潜水式的手表都会有损职业人士的形象。

⑩ 对于有机会单独与客户接触的职业男士来说，个人卫生是非常重要的。每天都应更换衬衣，早晨要洗淋浴，每天都要刷牙3次。此外，应选择能与裤装和鞋子相匹配的素色或黑色袜子。

2. 接待人员的妆容技巧

每个公司都应该注意公司形象与员工形象之间的协调。因为公司通过宣传等其他方式建立起来的形象最终要由员工来体现和强化。公司应制定出一整套员工形象标准，以帮助他们维护公司的形象。

公司接待人员通常多为女性，公司主管应该让她们了解作为接待员是代表公司接待宾客的，给来访者的第一印象非常重要。一个最佳的接待人员通常就是公司形象的代言人。因此，人事部门在招聘接待人员时必须严格筛选，并制定严格的用人规范。

① 女性应淡妆上岗，化妆与发式应整齐、清洁、端庄。不宜在接待宾客时整理卷发或补妆。

② 珠宝首饰佩戴不宜超过三件，应选用无声响、不夸张、不招摇的饰品。

③ 手和指甲必须随时保持整洁。特别值得注意的是，不要把流行的"酷妆"带到工作岗位上来。因为在职场工作的每一位员工，都应按照职场的妆容礼仪规则要求自己，到公司接受服务的可能都是有业务关系的朋友或服务对象，因此，绝不能将私人化的妆容形象带到职场上来。一个人的形象应随着环境的变化而变化，在休闲环境下是良好的形象，到了职场环境下可能就不合时宜了。

3. 求职人员的妆容技巧

不论是已经有工作经验者还是刚毕业的学生，任何想获得一份工作的人都需要经过面试。所以，专门探讨一下有关面试时的妆容技巧是有必要的。

面试最初三分钟的印象非常重要，在这三分钟里主考官会对求职者形成初步的感性认识。印象好可能会给求职者更多的时间以便其深入了解，印象不好可能就会匆匆结束面试，或缩短面试过程。在相互不认识的人之间，以貌取人并没有错。因为在最初的印象中，形象是对方能够获取相关信息的最直观、最快捷、最有效的途径。因为，对方不可能在这么短的时间里准确得知一个人的全方位信息。比如，关于一个人的为人处世、人品才能等信息，均需要经过较长时间的了解接触才能获取。所以，应聘时的外在形象对一个应聘者越过最初的障碍会起到非常重要的作用。在准备面试前要做到以下几点。

① 面试前一晚必须睡眠充足，使皮肤保持光洁。

② 女性要用浅色调彩妆化自然一些的淡妆。脸上有斑点的女性要用遮瑕膏将其遮盖。不化妆的女性以及蓄须的男性，在求职过程中容易遭遇偏见，从而会减少许多本应属于自己的机会。女性若浓妆艳抹，比没有化妆的应聘者更糟糕。化一点淡妆，让面部显得清新自然，是最受人们欢迎的。

③ 头发要保持干净，不要用油滑的定型液，否则会给人湿漉漉的感觉。留长发的女性，要把头发扎起来，束带应简单而自然，不要使人觉得稚气未脱。

④ 要洗净、修整指甲，因为在与人握手或做记录时，指甲不清洁总是让人感到尴尬的事情。女性应用无色自然的指甲油，这样看上去会显得更健康。

⑤ 不要用香水，否则会分散考官的注意力。

个人良好的妆容形象对获得一份理想的工作起着重要作用，尤其是当你还没有这方面的经验时，需要依靠自身良好的外在形象，把内在的潜质更好地表现出来，以便于他人能愉快地接受。

（二）案例分析

【案例1】

小张的形象

小张是一家物流公司的业务员，口头表达能力不错，对公司的业务流程很熟悉，对公司的产品及服务的介绍也很得体，给人感觉朴实又勤快，在业务人员中学历是最高的，可是他的业绩总是上不去。

小张自己非常着急，却不知道问题出在哪里。小张从小有着大大咧咧的性格，不爱修边幅，头发经常是乱蓬蓬的，双手指甲长长的也不修剪，身上的白衬衣常常皱巴巴的并且已经变色，他喜欢吃大饼卷大葱，吃完后却不知道去除异味。小张的大大咧咧能被生活中的朋友所包容，但在工作中常常过不了与客户接洽的第一关。

其实小张的这种形象在与客户接触的第一时间已经给人留下不好的印象，让人觉得他是一个对工作不认真，没有责任感的人，通常很难有机会和客户做进一步的交往，更不用说成功地承接业务了。

思考题

（1）小张在个人形象上存在哪些不足？

（2）应从哪些方面加强个人形象礼仪修养？

【案例2】

换妆

吴菲，某高校文秘专业高材生，毕业后就职于一家公司做文员。为适应工作需要，上班时，她毅然放弃了"清纯少女妆"，化起了整洁、漂亮、端庄的"白领丽人妆"：不脱色粉底液，修饰自然、稍带棱角的眉毛，与服装色系搭配的眼影，紧贴上睫毛根部描画的灰棕色眼线，黑色自然形睫毛，再加上自然的唇形和略显浓艳的唇色。虽化了妆，却好似没有化妆，整个妆容清爽自然，尽显自信、成熟、干练的气质。而在公休日，吴菲又给自己来了一个大变脸，化起了久违的"清纯少女妆"：粉蓝或粉绿、粉红、粉黄、粉白等颜色的眼影，彩色系列的睫毛膏和眼线，粉红或粉橘的腮红，自然系的唇彩或唇油，看上去娇嫩欲滴，鲜亮淡雅，整个身心都倍感轻松。

心情好，工作效率自然就高。一年来，吴菲以自己得体的外在形象、勤奋的工作态度和骄人的业绩，赢得了公司同仁的好评。有人说"化妆不只是技术，还是一门艺术、一种生活"这句话一点不错，吴菲的两种妆容正是其集中的体现，得体的妆容给她带来美丽、带来风采、带来自信，展现出良好的个人形象。

思考题

（1）化妆对个人形象的塑造有何意义？

（2）请根据自己的面部特征，找到自己化妆时必须掩盖和修饰的部分，并请尝试进行得体的化妆。

（3）本案例对你有何启示？

【案例3】

气质魅力从头开始

张文在其《礼仪修养与实训教程》(华南理工大学出版社,2009)中描述过这样一个案例:华盛集团公司的卫董事长有一回要接受电视台的采访,为了郑重起见,事前卫董事长特意向公司为自己特聘的个人形象顾问咨询,有无特别需要注意的事项。对方专程赶来之后,仅仅向卫董事长提了一项建议:换一个较为儒雅而精神的发型,并且一定要剃去鬓角。对方的理由是:发型对一个人的上镜效果至关重要。果然,改换了发型之后的卫董事长在电视上亮相时,形象焕然一新。他的发型使他显得精明强干,他的谈吐使他显得深刻稳健。两者相辅相成,令电视观众们纷纷为之倾倒。

思考题

(1)发型在社交中发挥了怎样的作用?

(2)本案例对你有哪些启示?

(三)实战演练

项目1:发型的选择

实训目标:掌握选择发型的基本要领。

实训学时:1学时。

实训地点:教室。

实训方法:选择若干学员上台展示自己的发型,并说明其理由。台下的学员予以点评并提出具体的发型建议,评选出三位最佳发型。最后教师总结。

训练手记:通过训练,我的收获是_____。

项目2:举行"仪容形象设计展示"会

实训目标:综合运用仪容设计的知识和技巧,提高个人仪容设计基本技能。

实训学时:2学时。

实训地点:实训室。

实训准备:化妆盒、棉球、粉底霜、胭脂、眼影、眉笔、唇彩、香水等化妆用品。

实训方法:

(1)将全班学生分组,两两一组,要求其根据所学仪容礼仪知识,扬长避短展现出最美丽的妆容。

(2)在课堂上分组进行形象展示,最好用数码相机进行拍摄,由学生互评,要求从面部化妆、发型设计方面进行重点评价。

(3)由教师进行总结评价,重点评价各组存在的共性问题。

(4)由全班评出"最佳表现"妆容。

训练手记:通过训练,我的收获是_____。

 温故知新

1. 判断题

(1)女士出席宴会、舞会的场合,妆可以化得浓一些。   (   )

(2)女士工作时间可以化妆。   (   )

（3）身材娇小者适宜留短发或盘发。　　　　　　　　　　　　　（　　）

（4）面容美化主要针对女性而言，男性无所谓。　　　　　　　　（　　）

（5）选择发型可不考虑个人气质、职业、身份等因素。　　　　　（　　）

（6）在大众场合，不时用手整理头发，以确保仪容整齐。　　　　（　　）

（7）每天都要梳理头发。　　　　　　　　　　　　　　　　　　（　　）

（8）社交场合可以当众化妆。　　　　　　　　　　　　　　　　（　　）

（9）男士的头发应该前发不覆额，侧发不掩耳。　　　　　　　　（　　）

（10）香水可以全身上下随处喷洒。　　　　　　　　　　　　　　（　　）

2．思考与训练

（1）仪容整洁卫生应体现在哪些方面？

（2）怎样做到发型美观？

（3）化妆的原则和步骤是什么？

（4）化妆应注意哪些禁忌？

（5）为什么在社交中要注重个人仪容礼仪？

（6）良好的仪容对社交有哪些促进作用？

（7）"妆成有却无"，对这句话你是怎样理解的？

（8）对"化妆不只是技术，还是一门艺术、一种生活"这句话你是如何理解的？

（9）搜集护肤品、化妆品的产品知识，学会选择适合自己的产品。

（10）观看视频短片，学习片中的化妆方法和技巧。

（11）作为女士，你能用5分钟时间给自己化一个漂亮的工作妆吗？请实际操作，如果结果不令你满意，要继续实践，反复练习，直到取得满意效果为止。

（12）请对着镜子检查一下，此刻的你，在个人卫生方面还有哪些地方需要改进？

（13）假如你是一名即将毕业的大学生，准备去参加招聘面试，为了能更好地展示自己良好的形象，能在众多的应聘者中脱颖而出，除了注意服装搭配外，在仪容修饰方面你该如何准备？

 考核评价

能力考核评价表

内　　容		评　　价	
学习目标	评价内容	小组评价（5、4、3、2、1）	教师评价（5、4、3、2、1）
知识（应知应会）	仪容的基本要求		
	头发护理常识及头发美化原则和技巧		
专业能力	简单化妆		
	头发护理		
	护手的方法		
通用能力	自我管理能力		
	审美能力		
	自控能力		
态度	一丝不苟、遵守规范		
努力方向：		建议：	

任务2

服饰礼仪

> 一个人的穿着打扮，就是他的教养、品味、地位的真实写照。
>
> ——【英】莎士比亚

 ## 学习目标

1. 能够正确、规范地穿着西装、西服套裙等正装。
2. 着装讲究色彩搭配与和谐之道。
3. 按照礼仪规范的要求佩戴各类饰物。

 ## 案例导入

坏了大事的着装

国内一家效益很好的大型企业的总经理王某，经过多方努力和上级有关部门的牵线搭桥终于使德国一家著名的电气企业董事长同意与自己的企业合作。谈判时为了给对方留下精明强干、时尚新潮的好印象，王某上身穿了一件T恤衫，下身穿一条牛仔裤，脚穿一双旅游鞋。当他精神抖擞、兴高采烈地带着秘书出现在对方面前时，对方瞪着不解的眼睛上下打量了他一会儿后，显出不满的神情。这次合作也没能成功。

 ## 任务设计

一、应知应会

服饰指衣着和装饰，服饰是一种文化，代表着时代的进步和观念的更新。整洁美观、大方得体的服饰是人们用以改变自己或烘托自己的最好、使用最频繁的"武器"，它集中地反映出一个人的身份、教养、文化素质和审美情趣等，而不恰当的服饰可能让人感到不合时宜，缺乏教养，甚至俗不可耐、贻笑大方。正如本任务"案例导入"中的王总经理那样，因为服饰不得体而使"合作"功亏一篑，其教训是值得我们汲取的。因此，我们在日常社交中，必须注重服饰礼仪。

（一）正装的穿着

服饰美能增强自信与自尊，能树立良好形象。服饰穿着整洁大方、自然得体，不仅是对别人的尊重，也反映了自身形象、尊严与素养。

服装根据适用的场合不同，一般可分为功能与特点都不相同的两大类别，即在正式场合中穿着的礼服、职业装等正式服装和在非正式场合穿着的家居服、休闲服等便装。便装较注重自我感觉，方便、舒适、轻松，而正式服装较注重社会评价，严谨、规范、适宜。在社交活动中，人们更多穿着的是正式服装，正式服装主要有以下几类。

1. 男士的西装

西装是男士通用的职业服装，也是现代社交活动中最得体的服装。许多涉外机构，包括国内一些大企业，明文规定职员不能穿短裤、休闲装上班，要求男士必须穿西服打领带。一些剧院也规定了观看者需西装革履。男士服装的流行式样变化较小，因而应准备几套做工考究的西装以应对各种社交场合。

男士西装一般分为美式、英式和欧式三类。男士西装也分为西装套装和西装便装。西装套装有两件套和三件套（外套、马夹、裤子），有双排扣和单排扣，有三个扣眼和两个扣眼之分。

一般男士正式西装最好备三件套，选用较好的毛织品或毛涤混纺织物，采用不鲜艳、没有明显图案的单色。做工要精细，裁剪要合体，式样可趋于保守。为了提高每套西装的利用率，可选偏暗的色彩，适用于办公室、会议、宴会等多种场合。平时上班或参加不太正式的社交活动，可以不穿马夹，只穿套装。有条件的，西装不妨多备一两套，暗色、中性色均有，以分别用于不同场合。

西装的上衣如果是双排扣，不管在什么场合都应把纽扣全部扣上；单排扣西装则可因场合而定，一般两个扣眼的只扣上面一个，三个扣眼的可扣第二个。如全部扣上显得拘谨，只扣第一个显得土气，只扣第三个显得流气，在非正式场合全部敞开既潇洒自由，又不失礼，但参加宴会、婚礼等正式场合必须扣上扣子。

西装套装要与领带、衬衫配套穿。在社交场合，穿西装套装一定要系领带、穿衬衫。在正式场合穿西装套装不仅要配领带与衬衫，而且衬衫领子要挺括、合体，颜色一般为浅色，白色衬衫能适应多种色彩的西装。西装衬衫领子的式样分为标准领、立领、宽角领等。

与西装配套穿的毛衣、毛背心应是V形领，领带应放在V形领毛衣或毛背心里面。一身得体的西装，配上一条精致的领带，会使男士尽显风度，领带对西装有烘日托月的妙处。

正式场合的领带以深色为宜；非正式场合的领带以浅色、艳丽些为好。领带的颜色一般不宜与服装颜色完全一样（参加凭吊活动穿黑西装系黑领带除外），以免给人以呆板的感觉。具体做法是领带底色可与西装同色系或邻近色，但二者色彩的深浅明暗不同，如米色西装配咖啡色领带；领带与西装同是暗色，但色彩形成对比，如黑西装配暗红色领带；一色的西装配花领带，花领带上的一种颜色尽可能与西装的颜色相呼应。领带的打法主要有以下几种。

（1）平结 平结为最多男士选用的领结打法之一，几乎适用于各种材质的领带。要诀：领结下方所形成的凹洞需让两边均匀且对称，见图2-1。

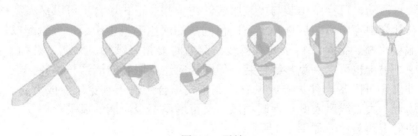

图2-1 平结

（2）交叉结 这是单色素雅且质料较薄领带适合选用的领结。喜欢展现流行感的男士不妨多加使用，见图2-2。

（3）温莎结 温莎结适用于宽领带型的衬衫，该领结应多往横向发展，应避免材质过厚的领带，领结也勿打得过大，见图2-3。

图2-2　交叉结

图2-3　温莎结

图2-4　标准的男士西装穿着

男士穿着西装套装时应注意：合体上衣应长过臀部，四周下垂平衡，手臂伸直时上衣的袖子恰好过腕部。领子应紧贴后颈部。衬衫领子稍高出外衣领。衬衫的袖口也应长出外衣袖口1～2厘米。领结需靠在衣领上，但不能勒住脖子，也不能太往下，否则会显得松松垮垮、不精神。领带系好后，垂下的长度应触及腰带上，超过腰带或不及腰带都不符合要求，领带用领带夹固定。西装上衣左胸部的装饰袋，有时用来插放绢饰，不可用来放钢笔之类的其他东西，钢笔应放在衣服内袋中。西装的裤子要合体，要有裤线，裤长要及脚面1～2厘米。西装套装要配穿皮鞋，式样要稍保守，颜色与衣服相协调。在日常工作中及非正式场合的社交活动，男士可穿西装便装。西装便装上下装不要求严格配套一致。颜色可上浅下深，面料也可以上柔下挺。可以衬衫、领带配西裤，也可以不扎领带，不穿衬衫，穿套头衫或毛衣。

此外，男士参加社交活动也可穿中山装、民族服装或夹克。尤其是在国内参加活动时，如出席庆典仪式（包括吊唁活动）、正式宴会、领导人会见国宾等隆重活动，可穿中山装与民族服装，在一些非正式场合也可以穿夹克衫。

男士在社交中穿中山装应选择上下同色同质的深色毛料中山装，一般配以黑色皮鞋。中山装衣服要平整、挺括，裤子要有裤线。穿着时要扣好领扣、领钩、裤扣。在非正式社交场合中，男士也可穿夹克衫等便装，但同样应注意服装的清洁与整齐。

男士外出还可准备一件大衣或风衣，在正式场合一般不宜穿风衣或大衣，在需要室外活动的场合，大衣或风衣既可保暖挡风，又可增添不少潇洒的风采。

标准的男士西装穿着如图2-4所示。

2. 女士西服套裙的穿着

（1）选择合适的套裙　面料最好是纯天然质地，质量上乘。上衣、裙子及背心等应选用同一种面料。在外观上，套裙所用的面料，讲究的是匀称、平整、滑润、光洁，不仅有弹性、手感好，而且应当不起皱、不起毛、不起球。色彩应当以冷色调为主，借以体现出着装者的典雅、端庄与稳重。一套套裙的全部色彩不要超过两种，不然就会显得杂乱无章。图案要按照常规，商界女士在正式场合穿着的套裙，可以不带任何图案，不宜添加过多的点缀。一般而言，以贴布、绣花、花边、金线、彩条、亮片、珍珠、皮革等点缀或装饰的套裙都不适宜商界女士穿着。尺寸要求上衣不宜过长，下裙不宜过短。裙子下摆恰好达小腿最丰满处，乃是最为标准、最为理想的裙长。紧身式上衣显得较为正统，松身式上衣则看起来更加时髦一些。造型上，"H"形上衣较为宽松，裙子多为筒式；"X"形上衣多为紧身式，裙子大多为喇叭式；"A"形上衣为紧身式，裙子则为宽松式；"Y"形上衣为松身式，裙子多为紧身式，并以筒式为主。套裙款式的变化主要体现在上衣和裙子方面。上衣的变化主要体现在衣领方面，除常见的平驳领、驳领、一字领、圆状领之外，青果领、披肩领、燕翼领等并不罕见。裙子的式样常见的有西装裙、一步裙、筒式裙等，款式端庄、线条优美；百褶裙、旗袍裙、A字裙等，飘逸洒脱、高雅漂亮。

（2）选择和套裙配套的衬衫　与套裙配套穿着的衬衫，有不少的讲究。从面料上讲，主要要求轻薄而柔软，比如真丝、麻纱、府绸、罗布、涤棉等，都可以用作其面料。从色彩上讲，则要求雅致而端庄，不失女性的妩媚。除了作为"基本型"的白色外，其他各式各样的色彩，包括流行色在内，只要不是过于鲜艳，并且与所穿的套裙的色彩不相互排斥，均可用作衬衫的色彩。不过，还是以单色为最佳之选。同时，还要注意，应使衬衫的色彩与所穿的套裙的色彩互相般配，要么外深内浅，要么外浅内深，形成两者的深浅对比。

（3）选择和套裙配套的内衣　一套内衣往往由胸罩、内裤以及腹带、吊袜带、连体衣等构成。内衣应当柔软贴身，并且起着支撑和烘托女性线条的作用。有鉴于此，选择内衣时，最关键的是要使之大小适当。

内衣所用的面料，以纯棉、真丝等面料为佳。它的色彩可以是常规的白色、肉色，也可以是粉色、红色、紫色、棕色、蓝色、黑色。不过，一套内衣最好为同一色，而且其各个组成部分亦为单色。就图案而论，着装者完全可以根据个人喜好进行选择。

内衣的具体款式甚多。在进行选择时，特别应当关注的是，穿上内衣之后，不应当使它的轮廓一目了然地在套裙之外展现出来。

（4）选择合适的鞋袜　选择鞋袜时，首先要注意其面料。女士所穿的与套裙配套的鞋子，宜为皮鞋，并且以牛皮鞋为上品。同时所穿的袜子，则可以是尼龙丝袜或羊毛袜。

鞋袜的色彩则有许多特殊的要求。与套裙配套的皮鞋，以黑色最为正统。此外，与套裙色彩一致的皮鞋亦可选择。但是鲜红、明黄、艳绿、浅紫的鞋子，则最好莫试。穿着套裙时所穿的袜子，可有肉色、黑色、浅灰、浅棕等几种常规选择，只是它们宜为单色。多色袜、彩色袜以及白色、红色、蓝色、绿色、紫色等色彩的袜子，都是不适宜的。

鞋袜在与套裙搭配穿着时，要注意其款式。与套裙配套的鞋子，宜为高跟、半高跟的船式皮鞋或盖式皮鞋。系带式皮鞋、丁字式皮鞋、皮靴、皮凉鞋等，都不宜采用。高筒袜与连裤袜，则是与套裙的标准搭配。中筒袜、低筒袜绝对不宜与套裙同时穿着。

标准的女士套裙穿着如图2-5所示。

3. 女士连衣裙

连衣裙是上衣和裙子的结合体，它不但能尽显女士特有的恬静与妩媚，而且穿着便捷、舒适。连衣裙也可

图2-5　标准的女士套裙穿着

与西装外套等组合搭配，提高服装的使用率。连衣裙的造型丰富多彩，有前开襟、后开襟、全开襟和半开襟的；有紧身的、宽松的、喇叭形的、三角形的、倒三角形的；有无领的、有领的；有方领的、尖领的、圆角领的；有超短的、过膝的、拖地的等各种连衣裙，它们为各种身材的女士在不同场合提供了大量的选材。

穿着连衣裙时虽以个人爱好、流行时尚而定，但社交场合的连衣裙还应以大方典雅为宜。单色连衣裙在大多数场合效果都很好，点、条、格等连衣裙图案也要力求简洁。穿连衣裙要注意避免：一是受时髦潮流的影响，太流行或趋于怪异，变得俗不可耐或荒诞不经；二是不顾及场合，而穿着过低的领口、过紧的衣裙、过透的面料，使人感到极不雅观。正所谓"酌奇而不失其真，玩华而不坠其实"。

4. 女士旗袍

旗袍被公认是最能体现女性曲线美的一种服装，它源自满族旗袍。我国是有着300年旗袍历史的国度，近年来旗袍带着一股从未有过的震撼力在影响着世界各地女性的穿着，它像一种特殊的世界语，迅速被不同民族的人们接受，打破了只有东方女性才适合穿着的传统论断，因而旗袍也可作为社交中的礼服。旗袍作为礼服，一般采用紧扣的高领、贴身、身长过膝、两旁开衩、斜式开襟、袖口至手腕上方或肘关节上端的款式，面料以高级呢绒绸缎为主，配以高跟鞋或半高跟鞋。

（二）着装的色彩搭配

根据礼仪的需要和自己的特点，选择适当的服装色彩进行合理搭配，是穿好服装的第一需要。我们常说："没有不美的色彩，只有不美的搭配。"人们往往会看到同一套衣服，不同人的不同搭配，产生的效果是截然不同的，不乱用颜色，才是适于穿戴的。

1. 色彩搭配的基本法

（1）统一法　使用同一色系，根据其明暗深浅不同来搭配，造成一种和谐美，注意不能衔接太生硬，应尽量过渡自然。

（2）对比法　用对比色搭配，如黑与白、红与黑、黄与蓝等。

（3）调和法　用相近的颜色搭配，如红与橙、绿与蓝，配色明度、纯度应该有所差别，可以一种色深一些，另一种色浅一些。

2. 色彩的主要搭配

（1）"万能色"　色彩中的黑、白、灰是"万能色"，可与任何颜色搭配，尤其是永恒的黑色与白色年年都不落伍；许多世界著名时装大师都以黑、白为主题创造了时装的理想世界。

（2）其他色　有些色彩的组合对大多数人来说都是非常实用而且别致的。如红色与黑、白、深蓝的搭配；黄与黑、绿的搭配；蓝与白、黄的搭配，还有粉红配浅蓝，黄褐配白色，黑色配浅绿等。

（3）色彩搭配的技巧　包括：①应根据肤色、身材、体型来确定颜色，如中国人是黄种人，应避免穿暗黄色、土黄色、紫色等颜色，因为这些颜色会使黄皮肤看上去衰老、不健康；再如身材肥大的人应尽量避免穿浅色、花色，深颜色会给人以收缩感。②要善于调节主色、补色、突出色三者的关系，比如穿西装套装，以西装套装的颜色为主色，以衬衫颜色为补色，用同色系的颜色搭配，而领带则可用对比色为突出色。这样的配色，就能使服装显示出和谐而有层次的美。③应根据人的性格特征来选择颜色，色彩会带给人不同的感觉，如蓝色可以说是男性"永恒的颜色"，它有高雅、理性、稳重的意义，能让人产生信服感、权威感；灰色象征着信心十足，由于它的色彩属性比较中庸、平和，所以不会表现出威严感，但却会显得很庄重；红色似火，会使人感到热情奔放；性格活泼的人宜选择暖色、花色面料，性格沉着的人宜选深色、素色面料。④应根据不同场合选择颜色，英国女王伊丽莎白二世访问中国期间，走出机舱门第一个亮相，穿的是正黄色西装套裙，戴正黄色的帽子，这位女王本人喜欢红色和天蓝色，很少穿黄衣服，但在中国，几千年的历史上黄色是皇帝的专用色，女王来中国访问穿正黄色，既表示尊重中国的传统习俗，又显示了她作为一国君主的高贵身份。⑤要善于减少全身的色彩，色彩的组合适用于减法，全身的色彩种类不宜过多，一般情况下不应超过三种，否则让人感到繁乱、花哨，即便是一些饰品，如丝巾、手套、皮包等，也要尽量与服装配套或一致，以免零乱繁杂；对于男士尤其要避免花哨，应严格控制鲜艳明亮的色彩。

总之，色彩的组合对服装的穿着效果十分重要，要巧用色彩，善于配色，才能用不同色彩主调形成多姿多彩的你。

（三）着装的和谐之道

1. 着装与自身形象相和谐

这里的自身形象有两个含义，一是指所从事的工作的职业形象，二是指自身的身材长相。如果作为一名公关人员，经常要出入各种重要的社交场合，如新闻发布会、揭幕揭牌仪式、宴会舞会等，接触许多人物，上至国家、国际要人，下至平民百姓，应酬活动频繁，工作主题均围绕"形象"二字，所以自身的穿着形象理应重视。一般说来，选择的衣料要考究，做工要精细，裁剪式样要美观以表现出稳重、大方、干练、富有涵养的公关人员礼仪形象。另外，着装与人的身材关系密切，因而应根据自己的特点来选择适宜的服装。俗话说："三分长相，七分打扮"，把握自己的身材特点，扬长避短，会让服饰弥补缺憾。具体应注意以下几点。

① 体型较胖的人，应使用冷色调的、小花型的、质地较软的面料。因为粗呢、厚毛料、宽条绒等会造成增加面积的效果，使胖人看起来更胖，给人一种笨重感。大花型面料有扩张效果，暖色、明亮的颜色也有扩张感，这都是体型较胖者所不宜选取的。

② 身材矮小的人，宜穿一色服装，最好鞋袜也同色。如爱穿花布，以选择清雅小型花纹为宜，衣领式样可取方领、V形领。裤子宜选用式样简单的传统式西裤，令腿显长。女士穿高跟鞋与颜色略深的丝袜，也能使双腿看上去较长，但不宜穿下摆有花纹的裙子。

③ 腰粗的人，可选择剪裁自然、曲线不明显的款式，或选肩部较宽的衣服。不宜穿紧腰式的裤子，或是把上衣掖在里面，避免使人特别注意你的腰部。不要穿松紧带裙子，以免看起来更胖。

④ 腿型不佳的人，可选择裙装与宽松的裤子。腿胖的女士可选有蓬松感的裙子和宽大的裤子，不宜穿对褶裙，以免更显腿粗；腿短的女士，穿裙装时选高腰设计加宽腰带，长裤则与上装同色。O形腿的人，应避免紧身裤，可穿质地优良的长裤或八分裤。裙长保持膝盖以下。

2. 着装与出入场所相协调

要根据场合的不同选择着装，通过适宜的穿着、打扮给他人留下美好的印象，以便于活动的顺利展开。

（1）正式场合　正式场合指的是商务谈判、重要的商务会议、求职面试等正规、严肃的场合。男士在正式场合通常穿严肃的西装套装（上下装面料相同、颜色相同）。纯黑色西装在西方通常用于婚礼、葬礼及其他极为隆重的场合，而正式的商务场合最常使用的西装套装颜色为深蓝色和深灰色，深蓝色或深灰色西装搭配白衬衫，是商务场合男士的必备服装。女士在正式的商务场合当中，与男士西装相对应的是女士西装套裙或套裤（上衣领子与男士西装领子相似），而西装套裙又比西装套裤更正式。

（2）半正式场合　半正式场合是指无重大活动、无重要严肃事务的商务场合（需要注意的是，有些着装要求非常严格的公司只有周末允许穿半职业装）。男士在半正式场合，不用系领带，可以选择不太正式的西装上衣，比如亲切感更强的咖啡色西装，以及其他权威感较弱的明快的颜色。面料可以选择更随意舒适的粗花呢等。上装和长裤采用不一样的面料和不一样的颜色，看上去更加轻松。搭配的时候要注意颜色与面料上下的平衡感。男士半职业装可以搭配高品质的针织衫以及时尚感、休闲感较强的衬衫，衬衫的领型可有较多变化。长裤的面料和颜色可以更加自然随意。需要注意的是，长裤的款式还是以西裤款式为主，不可出现宽松裤、萝卜裤、牛仔裤等休闲时尚裤型。女士的半职业装款式变化与组合非常丰富，可以将正装的西装套裙与套裤分开来穿，搭配经典款式的连衣裙、针织衫、短裙、衬衫。各个款式的细节处理可以更加富有创意，颜色可以更加明亮丰富，但仍然要保持躯干线条的清晰干练。

（3）休闲场合　所谓"休闲"，指的是"停止工作或学习，处于闲暇轻松状态"。在这种休闲状态下，服装应当舒适、轻松、愉快，因此在款式上，男士和女士都采用宽松的款式，比如夹克衫、T恤衫、棉质休闲裤、牛仔装等。服装颜色可以选择鲜艳新奇的色彩。女士连衣裙、短裙或衬衫的款式细节、图案和色彩都可以更大胆、更丰富。

（4）商务酒会场合　西方男士在特殊场合的礼服分为晨礼服、晚礼服等，但近年来有逐渐简化的趋势。国内一般公司的小型商务酒会、聚会，男士穿深色西装即可，但是领带的图案和颜色都需要更加华丽一些。女士的服装尽量以小礼服风格的款式为主，但不宜过于暴露肌肤，领、袖、肩既不可过于裸露又不可过于严实，千万不要过于隆重、夸张，裙长在膝盖上下比较妥当。布料可以选用带丝缎短裙、纱裙等，也可用无领无袖单色连衣裙搭配亮丽的首饰、富有质感的毛皮围巾、丝巾等增强闪光点和华丽感。酒会穿的鞋可以选丝绸面料、露趾的晚装鞋，提包换成小巧一些的晚装包。

（5）晚宴场合　国际商务场合隆重晚宴需要晚礼服。晚礼服是晚上8：00以后穿用的正式礼服，是礼服中档次最高、最具特色、最能充分展示个性的礼服样式。女士的晚礼服常与披肩、外套、斗篷等相搭配，与华美的装饰手套等共同构成整体效果。西方传统晚礼服款式强调女性窈窕的腰肢，突出臀部以下裙子的重量感，肩、胸、臂的充分展露为华丽的首饰留下表现空间。面料通常选用闪光缎、丝光面料，充分展现华丽、高贵感。多配高跟的凉鞋或修饰性强、与礼服相宜的高跟鞋。中国女性的身材和西方女性有所不同，因此可以选用面料华丽、制作精美的旗袍式晚礼服，同样能够产生惊艳的效果。男士参加晚宴的时候可以根据自身的喜好选择正式晚礼服或黑色西装，但一定注意细节处理要恰到好处。

（6）运动场合　商务人员会经常参加公司组织的体育比赛或观看体育比赛，参加此类活动应当穿运动装。运动装与休闲装都具有宽松、舒适的特点，但是运动装比休闲装更加适宜人体运动。不同的体育比赛有不同的运动装款式，参加活动之前应当准备好相应的服装。

（7）家居场合　下班回家之后通常应当换上家居服。家居服也有晨衣、睡衣等诸多款式，但其一致的特点是非常舒适、宽松、随意。因此，需要提醒商务人员注意的是，假如有客人来访，只要不是非常非常熟悉的人，就一定要换上休闲服或半职业装会见客人。即使是在家里，穿着睡衣之类的家居服见同事或客户也是非常不礼貌的。有些家居服的款式是会客时穿的，但也只适用于见很熟的私人朋友或邻居等。最后要提醒大家的是，家居服绝不可以穿到自家大门以外，哪怕你只是去楼下小卖店买瓶酱油，穿着睡衣也是非常失礼的。

3. 着装整体要和谐
服饰的穿着与搭配要考虑整体协调性。具体要注意的有以下几点。
① 切忌撞色，配色时要么用柔性搭配，运用同色系或类似色，表现稳重，要么用暗

性配色，以对比组合表现个性，如在正式服装中选用了撞击的颜色，如蓝西服、黄衬衫、红领带，会显得滑稽可笑。

② 切忌服装线条不搭配。例如，穿有条外衣搭配有条衬衫再配斜条领带，形象就不佳。

③ 切忌质感冲突。如厚重质料的上衣配厚重质料的衬衣，或毛呢上衣配一轻柔的裙子则不协调。

④ 忌款式配合不当。例如，外衣是传统的，领带却是很新潮的，会让人觉得不伦不类。

可见，着装只有把握自我特点，适应不同环境，并且保持整体的协调一致，才能穿出风采与神韵，显示个性与风格。

（四）服装饰物的佩戴

1. 饰物佩戴的原则

（1）符合身份　俗话说：做什么要有做什么的样。如果你在做着售货员的工作，却用饰物给自己打扮得珠光宝气，你自己认为合适吗？所以，佩戴饰物时，一定要使之符合自己的身份。

（2）搭配得宜　穿着工作装的最好饰物是金银饰物，一般不戴珠宝饰物。而且饰物最好能与服装搭配和谐，从颜色、样式、整体效果上，都应该仔细协调，尽量让其浑然天成。另外，男士应该谨慎选择饰物，尽量不要赶时髦，比如戴耳环就不太适合。

（3）以少为好　有些人总是爱显示自己的优越性，好像自己佩戴了什么，就比别人高一等一样，于是将身上能戴上饰物的地方全部武装起来。其实大可不必。即使你有这样的心态，也不一定非要在数量上与他人一决高下，品质不是更能显示出气质吗？何必非要把自己打扮成一个珠宝推销员一样？一般而言，正确的佩戴原则以不超过两种为限，另外，同样的品种也不能超过两个。

2. 常见饰物的佩戴

各类饰物的佩戴有具体的要求，在社交中应该区别对待，使饰物发挥出其自身特有的作用。

（1）丝巾的选择和佩戴　丝巾是女士的钟爱。确实，不管什么场合，利用飘逸柔媚的丝巾稍做点缀，一下就能让你的穿着更有味道。挑选丝巾重点是丝巾的颜色、图案、质地和垂坠感。可以用丝巾调节脸部气息，如红色系可映得面颊红润；或是突出整体打扮，如衣深巾浅、衣冷色巾暖色、衣素巾艳。但佩戴丝巾要注意：如果脸色偏黄，不宜选用深红、绿、蓝、黄色丝巾；脸色偏黑，不宜选用白色、有鲜艳大红图案的丝巾。丝巾不要放到洗衣机里洗，也不要用力搓揉和拧干，只要放入稀释的清洁剂中浸泡一两分钟，轻轻拧出多余水分再晾干就行了。

（2）围巾、帽子、手套的选择和佩戴　围巾的花色品种很多，与帽子一样，起御寒保暖和美观的作用。巧妙地选戴围巾，效果远远超过不断地更新衣服。围巾的面料有纯毛、纯棉、人造毛织物、真丝绸、涤丝绸等。围巾的色彩及图案也名目繁多。男士一般应选用纯毛、人造毛织物制作的围巾，色彩应选用灰色、棕色、深酱色或海军蓝，不能选用丝绸类的围巾。女士对围巾的选择范围极大，可选用丝绸类及色彩多样的三角巾、长巾及方巾等。除可用来围在脖子上取暖外，还可以将围巾扎在头发上、围在腰上作装饰品。如果配上丝巾扣，围巾围戴变化就更多了。对女士来说，不论怎样选戴围巾，都要与年龄、身份和环境相协调，与所穿衣服的面料、款式、颜色及使用者的肤色相配。围巾一般在春冬季节使用比较多。它的搭配要和衣服、季节协调。厚重的衣服可以搭配轻柔的围巾，但轻柔的衣服却绝不能搭配厚重的围巾。围巾和大衣一般都适合室外或部分公共场所穿着，到了房间里面就要及时摘掉，不然会让人感到压抑。

帽子是由头巾演变来的。在现代生活中，帽子不仅有御寒遮阳的作用，还具有装饰功能。在男女衣着中，帽子也占据着举足轻重的地位。戴帽子时，一定要注意帽子的式样、颜色与自身装束、年龄、工作、脸形、肤色相谐调。一般来说，圆脸适合戴宽边顶高的帽子，窄脸适合戴窄边的帽子。女士的帽子，种类繁多，不同季节造型和花色不同。例如，在冬天，女士可戴手工制的绒线帽；地位较高的女士可选择小呢帽；年轻姑娘可选择小运动帽。戴帽子的方法也很多，例如，帽子戴得端端正正显得很正派，稍往前倾一些显得很时髦。另外，戴眼镜的女士不适宜戴有花饰的帽子；身材矮小者，应戴顶稍高的帽子。戴帽子应注意的一般礼仪是：戴法要规范，该正的不能歪，该偏前的不能偏后；男性在社交场合可以采用脱帽方式向对方表示致意；在庄重和悲伤的场合，除军人行注目礼外，其余人应一律脱帽。

在西方的传统服饰中，手套曾经是必不可少的配饰。现在，不管在哪儿，手套除了御寒以外，无非就是为了保持手臂的清洁和防止太阳暴晒了。和别人握手，不管冬夏，都要摘掉手套；女士握手，有时不用摘掉手套显得更加礼貌；进屋以后，一般要马上摘下手套；吃饭的时候，手套必须摘下。

（3）腰带的搭配和注意事项　腰带更重要的是装饰作用。男士的腰带一般比较单一，质地大多是皮革的，没有太多的装饰。穿西服时，都要扎腰带；而其他的服装（如运动、休闲服装）可以不扎腰带。夏季只穿衬衫并把衬衫扎到裤子里去的时候，也要系上腰带。女士的腰带很丰富，质地有皮革的、编织物的、其他纺织品的，纯装饰性的场合更多；款式也多种多样。女士使用腰带要注意这样几个问题：一是和服装的协调搭配，包括款式和颜色，比如穿西装套裙一般选择皮革或纺织的、花样较少的腰带，以便和服装的端庄风格搭配，要是穿着轻柔织物连衣裙装时，腰带的选择余地大一些；暗色的服装不要配用浅色的腰带，除非出于修正形体的需要。二是要和体型搭配，比如个子过于瘦高，可以用较显眼的腰带，形成横线，分割一下，增加横向宽度；如果上身长下身短，可以适当提高腰带到比较合适的上下身比例线上，造成比较好的视觉效果；如果身体过于矮胖，就要避免使用大的、花样多的腰带扣（结），也不要用宽腰带。三是要和社交场合协调，职业场合不要用装饰太多的腰带，而要显得干净利落一些；四是参加晚宴、舞会时，腰带可以花哨些。

无论男女，扎腰带一定要注意：出门前看看你的腰带扎得是否合适，腰带有没有"异常"，在公共场合或别人面前动腰带是不合适的；在进餐的时候，更不要当众松紧腰带，这样既不礼貌，也不雅观；如果必要，可以起身到洗手间去整理；经常注意检查自己的腰带是不是有损坏，以提早替换，避免发生"意外"。

（4）皮包　皮包具有使用及装饰作用，在现代服饰中起着画龙点睛的作用。皮包的种类千变万化，有肩挂式、手提式、手拿式及双肩背式等。在选购时要考虑它的适用范围。正式场合应选用质地较好、做工精细、外观华丽、体积不大的皮包；平时上班和日常外出使用的皮包不必太华丽，以实用性和耐用性为主；使用皮包要考虑其颜色与季节和着装是否相一致。皮包与使用人的体形也有很大关系，例如，体形小巧的人不能选用太大的皮包；体形矮胖的人不要选用太秀气的皮包；瘦高的人虽有较大的选择余地，但也不能选用太大或太小的皮包。在参加公务活动时应携带公文包。

（5）丝袜　丝袜在服装整体搭配中起着举足轻重的作用。在国外，正式场合中如果女性不穿丝袜，就如同不穿内衣一样十分不雅。丝袜不仅能保护腿、足部的皮肤，掩盖皮肤上的瑕疵，还能与衣服相搭配，使女性更添魅力。

在工作场合穿着裙装及皮鞋时，一定要穿丝袜，而且必须是连裤丝袜。这样可以避免丝袜因质量问题掉落，也不会将袜口露在外面。有的人因为怕热而穿中长袜或短丝袜，这是不职业的做法。而平时在穿连衣裙及凉鞋时，就不要再穿丝袜了。因为凉鞋本来就是为了凉快的，再穿袜子就显得多此一举了。不过现在有一种前后包脚的凉鞋，是属于较为正式的款式，就必须穿袜子了。穿凉鞋时，要注意脚趾和脚后跟的洁净，不要把黑乎乎的指甲缝和老茧丛生的脚后跟露在外面，平时应注意保养。

丝袜的选穿不能敷衍了事，但要根据自身特点和着装风格做到合理选穿，亦不是件容易的事，以下是一些可供参考的经验：对于日常忙于上班的职业女性，不妨选一些净色的丝袜，只要记住深色服装配深色丝袜，浅色服装配浅色丝袜这一基本方法就可以了。丝袜和鞋的颜色一定要相衬，而且丝袜的颜色应略浅于皮鞋的颜色（白皮鞋除外）。颜色或款式很出位的袜子对腿型要求很高，对自己腿型没有自信的女孩不可轻易尝试。品质良好的裤袜要比长筒丝袜令人更有安全感，能够避免袜头松落。白丝袜很容易令人看上去又胖又矮，应该避免。上班族更不要穿着彩色丝袜，它会令人感到轻浮，缺乏稳重之感。参加盛会穿晚装时，配一双背部起骨的丝袜会使高雅大方的格调分外突出。但穿此类丝袜时，切记注意别将背骨线扭歪，否则极其失礼。

（6）戒指 在西方，戒指是无声的语言。一般来说，将戒指戴左手各手指上有不同含义：在食指上表示未婚或求婚；戴在中指上表示正在热恋中；戴在无名指上，表示已订婚或结婚；戴在小指上则表明"我是独身者"。右手戴戒指纯粹是一种装饰，没什么特别的意义。中国人也戴戒指，但一定不能乱戴。一般情况下，一只手上只戴一枚戒指，戴两枚或两枚以上的戒指是不适宜的。参加较正规的外事活动，最好佩戴古典式样的戒指。

（7）项链 项链的粗细应与脖子的粗细成正比，与脖子的长短成反比。从长度上分，项链可分为四种：短项链约40厘米，适合搭配低领上衣；中长项链约50厘米，可广泛使用；长项链约60厘米，适合在社交场合使用；特长项链约70厘米，适合用于隆重的社交场合。

（8）耳饰 耳饰有耳环、耳链、耳钉、耳坠等款式，仅限女性使用，并且讲究成对使用，也就是说每只耳朵上均佩戴一只。工作场合，不要一只耳朵上戴多只耳环。另外，佩戴耳环应兼顾脸型，不要选择和脸型相似形状的耳环，使脸型的短处被强调夸大。耳饰中的耳钉应小巧而含蓄。

（9）手镯 有雕塑感的木质宽手镯带有中性色彩，金属宽手镯就显得很酷。而另一种风格的宽手镯——用人造宝石镶上图案，必将制造出一种目不暇接的华丽氛围。它主要强调手腕和手臂的美丽。可以只戴一只，通常应在左手。也可以同时戴两只，一只手戴一个，也可以都戴在左手。

（10）手链 男女都可以佩戴手链，但一只手上只能戴一条，而且应戴在左手上。它可以和手镯同时佩戴。在一些国家，佩戴手链、手镯的数量、位置，可以表示婚姻状况。手链不要和手表同时戴在一只手上。

（11）手表 在社交场合，佩戴手表，通常意味着时间观念强、作风严谨。在正规的社交场合，手表往往被看作首饰。它也是一个人地位、身份、财富状况的体现。所以男士的手表往往引人注目。在正式场合佩戴的手表，在造型上要庄重、保守，避免怪异、新潮，尤其是尊者、年长者更要注意。一般正圆形、正方形、长方形、椭圆形和菱形手表适用范围极广，也适合在正式场合佩戴，而那些新奇、花哨的手表造型，仅适合少女和儿童。正式场合应选择单色或双色手表，色彩要清晰、高雅，黑色的手表最理想。除数字、商标、厂名、品牌外，手表没必要再出现其他无意义的图案。像广告表、卡通表等不宜出现在工作人员的手腕上。另外，在交际场合，特别是和别人交谈时，不要有意无意地看表，否则对方会认为你对交谈心不在焉、不耐烦，想结束谈话。

（12）胸花　胸花是为女性特别设计的，专门用于装饰女性的胸、肩、腰、头、领口等部位。胸花有鲜花和人造花两种。相比之下，鲜花佩戴起来更显高雅，但不能持久。选择胸花时，一定要考虑服装的类型、颜色、面料，要考虑所出席的社交活动的层次，要考虑自身的体型和脸型条件。例如，个子矮小的女士适合小一点的胸花，佩戴时部位可稍高一些；个子高大的女士可选择大一点的胸花，佩戴时位置可低一些。要注意别胸花的部位，穿西装应别在左侧领上，穿无领上衣时应别在左侧胸前。发型偏左时胸花应当居右，发行偏右时胸花应当偏左，其高度应在从上往下数第一粒、第二粒纽扣之间。

（13）领针　领针专门用来别在西式上装左侧领上。男女都可以用。佩戴时戴一只就行了，而且不要和胸针、纪念章、奖章、企业徽章等同时使用。在正式场合，不要佩戴有广告作用的别针，不要将它别在右侧衣领、帽子、书包、围巾、裙摆、腰带等不恰当的位置。

（14）发饰　常见的发饰主要有头花、发带、发箍、发卡等。通常，头花和色彩鲜艳、图案花哨的发带、发箍、发卡，都不要在上班时佩戴。

（15）脚链　脚链是当前比较流行的一种饰物，多受年轻女士的青睐，主要适合于非正式场合。佩戴它，可以吸引别人对佩戴者腿部和步态的注意，如果腿部缺点较多，就不要用。一般只戴一条脚链。如果戴脚链时穿丝袜，就要把脚链戴在袜子外面，让脚链醒目。

除以上这些常见的饰物外，还有鼻环、脐环、指甲环、脚戒指等。它们多是标榜前卫、张扬个性的选择，一般建议慎重佩戴，尤其在严肃的场合不要佩戴。

有些女士一次佩戴太多的首饰，项链、耳坠、戒指、手链、胸针等，像全副武装的士兵一样，看起来既累赘又缺乏品位。佩戴首饰的作用不是为了显示珠光宝气，而是要对整体服装起到提示、浓缩或扩展的作用，以增强一个人外在的节奏感和层次感。像服装一样，首饰也有它自己的季节走向，春夏季可戴轻巧精致些的，以配合衣裙和缤纷的季节；秋冬季可戴庄重和典雅的，可以衬出毛绒衣物的温暖与精致。切不可一条项链戴过春夏秋冬，没有适合的可以不戴，否则会显得单调和缺乏韵律。切忌用首饰突出自己身体中不太漂亮的部位。如脖颈上有赘肉和褶皱的女士，就不适合戴太有个性色彩的项链，以免别人过多关注；手指欠修长丰润的，不要戴镶有大宝石或珍珠的戒指。

佩戴首饰一定要和你的身份气质及服装相协调才有品位。学生不要戴太多的首饰。气质文静的女士不要戴过于夸张和象征意义太浓的首饰，否则会使别人产生错乱感。

当穿职业装时最适合佩戴珍珠或做工精良的黄金、白金首饰，穿晚装时可以戴宝石或钻石首饰，穿休闲装时比较适合戴个性化或民族风格的首饰。

二、能力开发

（一）阅读思考

穿衣的法则

1. 女人穿衣的20条黄金法则

① 由浅入深，穿衣有三层境界：第一层是和谐，第二层是美感，第三层是个性。

② 聪明、理智的你买衣服时可以根据下面三个标准选择，不符合其中任何一个的都不要掏出钱包：你喜欢的、你适合的、你需要的。

③ 经典很重要，时髦也很重要，但切不能忘记的是一点匠心独具的别致。

④ 衣服和鞋子一样，适合自己的就是最好的。

⑤ 不要太注重品牌，这样往往会让你忽视了内在的东西。

⑥ 衣服可以给予女人很多种曲线，其中最美的依然是S形，衬托出女性苗条、修长的身段，女人味儿十足。

⑦ 应该多花些时间和精力在服装的搭配上，不仅能让你以10件衣服穿出20款搭配，而且还锻炼自己的审美品位。

⑧ 即使你的衣服不是每天都洗，但也要在条件许可的情况下争取每天都更换一下，两套衣服轮流穿着一周比一套衣服连着穿3天会更加让人觉得你整洁、有条理。

⑨ 选择精良材质的保暖外套，里面则穿上轻薄的毛衣或衬衫，这样的国际化着装原则将会越来越流行。

⑩ 绝没有所谓的流行，穿出自己的个性就是真正的流行。

⑪ 无论在色彩还是细节上，相近元素的使用虽然安全却不免平淡，适当运用对立元素，巧妙结合，会有事半功倍的美妙效果。

⑫ 优雅的衣着有温柔味道，但对于成熟的都市女子来说，最根本的是高贵和冷静。

⑬ 时尚发展到今日，其成熟已经体现为完美的搭配而非单件的精彩。

⑭ 闪亮的衣饰在晚宴和聚会上将会永远风行，但全身除首饰以外的亮点不要超过2个，否则还不如一件都没有。

⑮ 一件品质精良的白衬衫是你衣橱中不能缺少的，没有任何衣饰比它更加能够千变万化。

⑯ 每个季节都会有新的流行元素出台，不要盲目跟风，让自己变成潮流预报员，反而失去了自己的风格。关键是购买经典款式的衣饰，耐穿、耐看，同时加入一些潮流元素，不至于太显沉闷。

⑰ 黑色是都市永远的流行色，但如果你脸色不是太好则最好避免，加入灰色的彩色既亮丽又不会太跳跃，是合适的选择。

⑱ 寻找适合自己肤色的色彩，一定要注意服装是穿在自己身上的，而不是白色或者黑色的模特衣架。

⑲ 重视配饰，衣服仅仅是第一步，在预算中留出配饰的空间，认为配饰可有可无的人是没有品位的。

⑳ 逐步建立自己的审美方向和色彩体系，不要让衣橱成为色彩王国。选择白色、黑色、米色等基础色作为日常着装的主色调，而在饰品上活跃色彩，有助于建立自己的着装风格，给人留下明确的印象。

2. 男人穿衣的20条黄金法则

① 黑色是庄重、富有乃至豪华的象征，所以，男士的第一套西装应该是黑色素面的。

② 男士的第二套西装应为深灰色素面，然后是深蓝色素面、深灰色细条纹、深蓝色细条纹、深灰色方格。

③ 细条纹或者方格越不明显越好，选择那种只有细看才能看得出图案的面料。

④ 欧式对排扣西装由于纽扣位置较低，有一种上半身显长的感觉，所以身材较矮的男士应该慎重穿着。

⑤ 衣领有纽扣的衬衫不能搭配双排扣西装。

⑥ 如果拥有一件大衣，那么应该是灰色的，第二件大衣应该是黑色的，第三件是咖啡色的，第四件是藏青色的。

⑦ 皮鞋应该是一尘不染、光亮可鉴的，所以任何时候都不要让它显得风尘仆仆。

⑧ 300元的皮鞋的寿命不及600元皮鞋的一半，而1200元的皮鞋也许能穿一世。

⑨ 即使是1200元的皮鞋也不要连续穿着N天以上。

⑩ 如果你还不能理直气壮地使用香水，那么一定要选择气味清爽的香皂。

⑪ 有些纯棉衬衫特别便宜，别忘了它们的寿命也特别短，经不起熨烫。

⑫ 如果不系领带，那么不要扣紧衬衫的领口。

⑬ 对于一位要求体面的成熟男士来说，领带上的图案如果是卡通人物或动物、人像，那么绝对无法搭配西装。

⑭ 领带尖不应低于皮带头，但也不要高于它。

⑮ 腰带和鞋在质地材料和颜色方面都要一致。

⑯ 绅士风度始于足下，正式西装只能以传统、庄重的系带式皮鞋相配。

⑰ 不要在正式、隆重的场合穿着非黑色皮鞋，即使它被擦拭得十分体面，也会显得你本人不懂体面。

⑱ 千万不要买所有成分都是人造纤维的袜子，最好是羊毛、丝毛或毛棉混纺、纯棉袜子。

⑲ 年过24岁，应该摒弃白色袜子，它会使你显得像一个学生。

⑳ 不论年龄几何，花袜子总是不适合男性的。

 思考题

（1）作为女士，请对照穿衣的黄金法则规范自己的着装。

（2）作为男士，请对照穿衣的黄金法则规范自己的着装。

（二）案例分析

【案例1】

利用服饰巧妙地修饰形体缺陷

沈秋月是一家公司的经理助理，因为工作的关系，她非常注重自己的穿着。可她有一个烦恼，那就是她的身体有些丰满。如果穿职业装，势必将身体衬托得鼓鼓囊囊，不但有失美观，还时不时会惹来男性异样的目光。很快她就对自己的服装进行了调整，她改穿背心式的长洋装，这样里面不但可以搭配不同颜色的上衣，而且能造成前胸的视觉分割，使得身体看起来更顺畅；同时，极力修饰自己修长的腿，选择深色调的长筒袜。这样搭配之后，无论她走到哪里，都会引来欣赏和赞美的目光，瞬间提升了自己的职场气质指数。

张明朗是客服经理，每天要跟形形色色的顾客打交道，除了能说会道外，她也不忘让自己的衣服替自己说话。用她自己的话来说，她长得哪儿都不对，比如大腿胖、小腿粗、有小肚子、臀部还宽，那些具有修身效果的紧身衣服她连试都不敢试。后来经高人指点，她开始关注时髦的宽长裙，这样不但可以对她的粗腿和小肚子加以修饰，还可以将臀部巧妙地隐藏起来。当她和客户沟通时，不但显得气质优雅，还体现出非凡的身份，用一句流行的话来形容就是：很有范儿！

陈菊英是一位中学教师，为人师表自然要格外注意衣着。学校规定老师必须穿西装，可她又矮又胖，腰还比较粗，穿上西装整个成了一个滚筒，这身打扮背地里不知道引来同事和学生多少笑话。自从她升任教导主任后，第一件事情就是换衣服。她听从服装店店员的建议，给自己选择了伞状上衣，腰部以下有蓬松的下摆，恰到好处地遮挡了粗壮的腰部，并且使得她的个子显得不那么矮小。

思考题

（1）本案例对你选择服饰有何启示？

（2）你存在形体缺陷吗？你准备怎样利用服饰巧妙地修饰形体缺陷？

【案例2】

财税专家应怎样着装？

有位女职员是财税专家，她有很好的学历背景，常能为客户提供很好的建议，在公司里的表现一直很出色。但当她到客户的公司提供服务时，对方主管却不太注重她的建议，她所能发挥才能的机会也就不大了。一位时装大师发现这位财税专家在着装方面有明显的缺憾：她26岁，身高147厘米、体重43千克，看起来机敏可爱，喜爱着童装，像个26岁的小女孩，其外表与她所从事的工作相距甚远，所以客户对于她所提出的建议缺少安全感、依赖感，所以她难以实现她的创意。这位时装大师建议她用服装来强调出学者专家的气质，用深色的套装，对比色的上衣、丝巾、镶边帽子来搭配，甚至戴上有黑边的眼镜。女财税专家照办了，结果，客户的态度有了较大的转变。很快，她成为公司的董事之一。

 思考题

（1）时装大师给财税专家的着装建议有哪些？为什么？

（2）本案例对你有哪些启示？

【案例3】

小李的尴尬

小李和几个外国朋友相约周末一起聚会娱乐，为了表示对朋友的尊重，星期天一大早，小李就西装革履地打扮好，对照镜子摆正漂亮的领结前去赴约。北京的八月天气酷热，他们来到一家酒店就餐，边吃边聊，大家好不开心快乐！可是不一会儿，小李已是汗流浃背，不住地用手帕擦汗。饭后，大家到娱乐厅打保龄球，在球场上，小李不断为朋友鼓掌叫好，在朋友的强烈要求下，小李勉强站起来整理好服装，拿起球做好投球准备，当他摆好姿势用力把球投出去时，只听到"嚓"的一声，上衣的袖子扯开了一个大口子，弄得小李十分尴尬。

 思考题

（1）小李的着装存在哪些问题？

（2）本案例对你有何启示？

【案例4】

小芳的戒指

小芳毕业后到一家公司做文秘工作不久，一次在接待客户时，领导让她照顾一位华侨女士。临别时，华侨对小芳热情和周到的服务非常满意，留下名片，并认真地说："谢谢！欢迎你到我公司来做客，请代我向你的先生问好。"小芳愣住了，因为她根本没有男朋友，何谈"先生"呢。可是，那位华侨也没有错，她之所以这么说，是因为看见小芳的左手无名指上戴有一枚戒指。

思考题

（1）从小芳的案例里我们应该汲取什么？

（2）佩戴戒指等饰物有哪些具体要求？

（三）实战演练

项目1：男士西装的穿着

实训目标：掌握西装的穿着要求和搭配方法。

实训学时：2学时。

实训地点：大屏幕教室。

实训准备：领带、衬衫、西装、数码摄像机或数码照相机等。

实训方法：每5个男士一组，分别上台展示西装、衬衫、裤子、鞋袜的搭配，并说明搭配的理由，然后表演系领带。用数码摄像机（或数码照相机）记录整个过程，然后进行大屏幕回放。学生做自我评价，授课教师总结点评学生存在的个性和共性问题。最后评选出若干名"最佳服饰先生"。

训练手记：通过训练，我的收获是_____。

项目2：女士套裙的穿着

实训目标：掌握女士套裙的穿着要点和搭配方法。

实训学时：2学时。

实训地点：大屏幕教室。

实训准备：套裙、衬衫、鞋袜、饰物、数码摄像机或数码照相机等。

实训方法：每5个女士一组，分别上台展示其套裙、衬衫、鞋袜、饰物的搭配，说明搭配的理由，用数码摄像机（或数码照相机）记录整个过程，然后进行大屏幕回放。学生做自我评价，授课教师总结点评学生存在的个性和共性问题。最后评选出若干名"最佳服饰女士"。

训练手记：通过训练，我的收获是_____。

项目3：不同场合的服饰展示会

实训目标：掌握不同场合服饰的穿戴与搭配的方法。

实训学时：2学时。

实训地点：礼仪实训室。

实训准备：半正式场合、休闲场合、运动场合、商务酒会等场合男士、女士的服饰，数码摄像机、投影设备等。

实训方法：学生分组设计不同场合的服饰，每组学生进行角色扮演，演示各场合服饰的穿戴与搭配，用数码摄像机记录整个过程，然后投影回放。学生做自我评价，找出不合规范之处，授课教师总结点评学生存在的个性和共性问题。最后评选出"最佳表现组"。

训练手记：通过训练，我的收获是_____。

 温故知新

1. 判断题

（1）穿西装时一定要加穿背心。　　　　　　　　　　　　　　　　　　　（　　）

（2）穿着要与年龄、职业、场合等相协调。　　　　　　　　　　　　　　（　　）

（3）穿冷色、深色服装使人感觉更苗条，这是因为冷色、深色属于收缩色的缘故。

（3）穿冷色、深色服装使人感觉更苗条，这是因为冷色、深色属于收缩色的缘故。 （　　）

（4）穿的是两个扣子的西装，一般只扣下面一个。 （　　）

（5）女士一套套裙的全部色彩不要超过两种。 （　　）

（6）戒指戴在食指上表示自己还没有男朋友。 （　　）

（7）领带夹的合适位置一般在衬衣的第四与第五个纽扣间。 （　　）

（8）穿西装而又不打领带时，领扣应打开。 （　　）

（9）胸花一般佩戴在左胸部。 （　　）

（10）西服上衣两侧的两衣袋以及裤袋不可装物。 （　　）

（11）西服上衣胸部的衣袋可以装折叠好花式的手帕。 （　　）

（12）西服裤袋后兜可装手帕。 （　　）

（13）打领带时，衬衫的第一颗纽扣一定要扣上。 （　　）

（14）年轻人穿西装可以搭配白袜子和休闲鞋。 （　　）

（15）当有人赞美你的服饰时，可告知其价钱。 （　　）

2．思考与训练

（1）日常生活中违反服装礼仪规范的常见现象有哪些？

（2）如何进行服装色彩的搭配？

（3）男士如何选择适合自己的西装，穿西装有哪些要求？

（4）女士西服套裙应如何穿着？

（5）应怎样佩戴饰物？

（6）服装美的最高境界是外在美和内在美的统一，你对这个问题是怎样理解的？

（7）请根据周围同学的脸形、形体和个性特点，给他（她）在服饰运用上提些合理化的建议。

（8）请根据衣服款式以及衬衣颜色搭配合适的领带，并练习领带的不同打法。

（9）你到某公司应聘营销员这一职位，将如何着装？

（10）在一个阳光明媚的春天，某公司举行盛大的10周年庆典晚会，时间是晚上7：00～9：00，地点在一个五星级酒店宴会大厅。请问男士和女士应分别如何穿戴入场？

（11）请对以下三个事例加以评价。

事例1：一所名气很大的幼儿园老师上门家访，结果引出了转学风波。原来，幼儿园老师上门家访，前脚离开，后脚就引起了一场家庭会议，"我们一定要转园！"妈妈、奶奶斩钉截铁。园长想不通了，别人抢着要求进园，这家却强烈要求退园，一问原因才知："不能把宝贝交给这样的老师"——挨个家访的女老师穿着吊带背心，还是露脐装！

事例2：一位大型国有企业的秘书正在陪同外商参观，优雅的举止、礼貌的谈吐赢得外商的好评，却意外地发现秘书小姐的丝袜破了个洞。

事例3：小刘是公司办公室主任，他十分注意正装的穿着，穿西服套装，袖长及手腕，裤长及鞋面，身长盖及臀部；衬衣领子高出外套一厘米，袖边长出外套一厘米；领带尖对着皮带扣；黑色皮鞋和深色袜子。

（12）作为男性职业人员请每天出门前对照以下"男士仪容仪表自我检测"仔细审视自己，看看自己哪些方面需要改进，以养成良好的习惯。

男士仪容仪表自我检测

发型款式大方，不怪异，头发干净整洁，长短适宜。无浓重气味，无头屑，无过多的发胶、发乳。

鬓角及胡须已剃净，鼻毛不外露。

脸部清洁滋润。

衬衣领口整洁，纽扣已扣好。

耳部清洁干净，耳毛不外露。

领带平整、端正。

衣、裤袋口平整伏贴。衬衣袖口清洁，长短适宜。

手部清洁，指甲干净整洁。

衣服上没有脱落的头发和头皮屑。

裤子熨烫平整，裤缝折痕清晰。裤腿长及鞋面。拉链已拉好。

鞋底与鞋面都很干净，鞋跟无破损，鞋面已擦亮。

（13）作为女性职业人员，请每天出门前对照以下"女士仪容仪表自我检测"仔细审视自己，看看自己哪些方面需要改进，以养成良好的习惯。

女士仪容仪表自我检测

头发保持干净整洁，有自然光泽，不要过多使用发胶；发型大方、高雅、得体、干练，前发以不要遮眼、遮脸为好。

化淡妆：眼亮、粉薄、眉轻、唇浅红。

服饰端庄：不太薄、不太透、不太露。

领口干净，脖子修长，衬衣领口不过于复杂和花哨。

饰品不过于夸张和突出，款式精致、材质优良，耳环小巧、项链精细，走动时安静无声。

公司标志佩戴在要求的位置，私人饰品不与之争夺别人的注意力。

衣袋中只放小而薄的物品，衣装轮廓不走样。

指甲精心修理过，不太长、不太怪、不太艳。

裙子长短、松紧适宜。拉链拉好，裙缝位正。

衣裤或裙子以及上衣的表面无明显的内衣轮廓痕迹。

鞋洁净，款式大方简洁，没有过多装饰与色彩，鞋跟不太高、不太尖。

衣服上没有掉落的头发和头皮屑。

丝袜无勾丝、无破洞、无修补痕迹，包里有一双备用丝袜。

 考核评价

能力考核评价表

内 容		评 价	
学习目标	评价内容	小组评价（5、4、3、2、1）	教师评价（5、4、3、2、1）
知识（应知应会）	服装的色彩组合		
	服装的和谐		
专业能力	男士西装的穿着		
	女士西装套裙的穿着		
	饰物的佩戴		
通用能力	自我管理能力		

内 容		评 价
通用能力	审美能力	
	自控能力	
态度	一丝不苟的精神、遵守规范	
努力方向：		建议：

任务3

仪态礼仪

礼貌是一种语言。它的规则与实行，主要要从观察、从那些有教养的人们的举止上去学习。

——【英】洛克

 ## 学习目标

1. 在社交场合，能够以正确优美的站姿、坐姿、走姿、蹲姿塑造出良好的交际形象。
2. 在社交场合，能够正确遵循眼神、微笑、手势等礼仪规范要求，展现出大方自然的个性形象。
3. 能够杜绝各种不良的行为举止。

 ## 案例导入

如此眼神

本来飞机已经晚点了，好不容易到了某国的某市又要转机。礼仪专家张文教授随乘客一起下了飞机，首先迎接他们的是边防警察。只见这些边防警察有的倚门而立，有的挥袖招手，还有的干脆坐着休息，眼神里没有丝毫亲切、热情之意。张文教授和几个客人来到登机处，负责登记的工作人员是一位年轻姑娘，她头都没有抬，催促着："快点儿，填表！"张文教授小心翼翼地说："我的行李找不到了，怎么办？"她眼一翻，手一指："你问我？我还要问你呢！"她的表现令在场乘客瞠目结舌。

 ## 任务设计

一、应知应会

仪态，又称"体态"，是指人的身体姿态和风度。姿态是身体所表现的样子，风度则是内在气质的外在表现。人的一举手、一投足、一弯腰乃至一颦一笑，并非偶然的随意的，这些行为举止自成体系，像有声语言那样具有一定的规律，并具有传情达意的功能。

人们可以通过自己的仪态向他人传递个人的学识与修养，并能够以其交流思想、表达感情。英国哲学家培根说："在美的方面，相貌的美高于色泽的美，而秀雅合适的动作又高于相貌的美。"在社交中，仪态是极其重要、有效的交际工具，它用一种无声的语言向人们展示出一个人在道德品质、人品学识、文化品位等方面的素质和能力，用优良的仪态礼仪表情达意，往往比语言更让人感到真实、生动。所以，我们在社交中必须举止优雅，做到仪态美。

本任务"案例导入"中的机场工作人员就没有给乘客们留下良好的印象，原因就在于他们没有做到仪态美。

（一）体态

1. 站姿

俗话说："站如松"，站姿是人类的一种象征，男子的站姿如"劲松"之美，具有男子汉刚毅英武、稳重有力的阳刚之美；女子的站姿如"静松"之美，具有女性轻盈典雅、亭亭玉立的阴柔之美。正确的站姿是自信心的表现，会给人留下美好的印象。

图3-1 标准的站姿

（1）标准的站姿 标准的站姿，从正面看，全身笔直，精神饱满，两眼正视（而不是斜视），两肩平齐，两臂自然下垂，两脚跟并拢，两脚尖张开成60°，身体中心落于两腿正中；从侧面看，两眼平视，下颌微收，挺胸收腹，腰背挺直，手中指贴裤缝，整个身体庄重挺拔。

站姿的要领有：一是平，即头平正、双肩平、两眼平视；二是直，即腰直、腿直、后脑勺、背、臀、脚后跟成一条直线；三是高，即重心上拔，看起来显得高。

标准的站姿见图3-1。

（2）不同场合的站姿

① 在升国旗、奏国歌、接受奖品、接受接见、致悼词等庄严的仪式场合，应采取严格的标准站姿，而且神情要严肃。

② 在发表演说、新闻发言、做报告宣传时，为了减少身体对腿的压力，减轻由于较长时间站立双腿的疲倦，可以用双手支撑在讲台上，两腿轮流放松。

③ 主持文艺活动、联欢会时，可以将双腿并得很拢站立，女士可站成"丁"字步，让站立姿势更加优美。站"丁"字步时，上体前倾，腰背挺直，臀微翘，双腿叠合，玉立于众人间，富于女性魅力。

④ 门迎、侍应人员往往站的时间很长，双腿可以平分站立，双腿分开不宜超过肩。双手可以交叉或前握垂放于腹前；也可以背后交叉，右手放到左手的掌心上，但要注意收腹。

⑤ 礼仪小姐的站立，要比门迎、侍应更趋于艺术化，一般可采取立正的姿势或"丁"字步。如双手端执物品时，上手臂应靠近身体两侧，但不必夹紧，下颌微收，面含微笑，给人以优美亲切的感觉。

（3）站姿的训练

① 训练地点：建议在四面墙安装有高度及地的镜子的形体训练室进行。

② 训练准备：准备书籍、音乐播放器材、音乐歌曲CD等。

③ 训练方法

a. 面向镜子按照动作要领体会标准的站姿。

b. 个人靠墙站立，要求脚后跟、小腿、臀、双肩、后脑勺都紧贴墙，进行整体的直立和挺拔训练。每次训练20分钟左右（应坚持每天一次）。

c. 在头顶放一本书使其保持水平，促使人把颈部挺直，下巴向内收，上身挺直，每次训练20分钟左右（应坚持每天一次）。

d. 训练时可以配上优美的音乐，放松心情，减轻单调、疲劳之感。女性穿半高跟鞋进行训练，以强化训练效果。

2. 坐姿

俗话说："坐如钟"，坐姿是人际交往中人们采用最多的一种姿势，它是一种静态姿势。幽雅的坐姿给人一种端庄、稳重、威严的美。

（1）标准的坐姿　落座时，要坚持尊者为先的原则入座，不要争抢；通常侧身走近座椅，从椅子的左侧就座，如果背对座椅，要首先站好，全身保持站立的标准姿态，右腿后退一点，用小腿确定椅子的位置，上身正直，目视前方就座。落座时声音要轻，动作要缓。落座过程中，腰、腿肌肉要稍有紧张感。女士着裙装落座时，要事先从后向前双手拢裙，不可落座后整理衣裙。

坐立时，上身正直而稍向前倾，头、肩平正，要不内收，通常只坐椅子的1/2到2/3处，两臂贴身下垂，两手可以搭放在椅子扶手上，无扶手时，女士右手搭在左手上，放于腹部或者轻放于双腿之上；男子双手掌心向下，自然放于膝盖上。男士膝盖可以自然分开，但不可超过肩宽；女士膝盖不可以分开。女士要注意使膝盖与脚尖的距离尽量拉远，以使小腿部分看起来显得修长些，只有脚背用力挺直时，脚尖与膝盖的距离才最远，在视觉上产生延伸的效果，会使小腿部分看起来修长，腿部线条优美。当与他人进行交谈时，要注意不能只是转头，而应将整个上身朝向对方，以视对其重视和尊敬。

离座时要先以语言或动作向周围的人示意，方可站起，突然一跃而起会使周围的人受到惊扰；同落座时一样要注意按次序进行，尊者为先；起身时不要弄出响声，站好后才可离开，同样要从左侧离座。

人在坐着时，由臀部支撑上身，减少了两腿的承受力。由于身体重心下降，上身适当放松，可减轻心脏的负担。因此坐姿是一种可以维持较长时间的姿势。它既是一种主要的白昼休息姿势，也是一般的工作、劳动、学习姿势，还是社交、娱乐的常见姿势。正因为这个缘故，坐姿要求端正、大方、舒展。

标准的坐姿见图3-2。

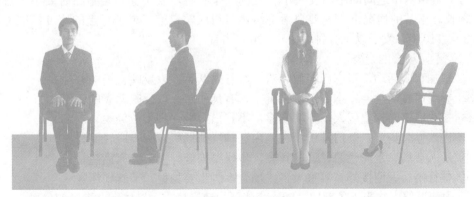

图3-2　标准的坐姿

（2）不同场合的坐姿

① 谈判、会谈时，场合一般比较严肃，适合正襟危坐，但不要过于僵硬。要求上体正直，短坐于椅子中部，注意不要使全身的重量只落于臀部，双手放在桌上、腿上均可。双脚为标准坐姿的摆放。

② 倾听他人教导、知识、传授、指点时，对方是长者、尊者、贵客，坐姿除了要端正外，还应坐在座椅、沙发的前半部或边缘，身体稍向前倾，表现出一种谦虚、迎合、重视对方的态度。

③ 在比较轻松、随便的非正式场合，可以坐得轻松、自然一些。全身肌肉可适当放松，可不时变换坐姿，以做休息。

（3）坐姿训练

① 训练地点：建议在形体训练室进行。

② 训练准备：准备靠背椅子若干把、书籍、音乐播放器材、音乐歌曲CD以及训练器材等。

③ 训练方法

a. 面对镜子，按坐姿基本要领，着重脚、腿、腹、胸、头、手部位的训练，体会不同坐姿，纠正不良习惯，尤其注意起座、落座练习。每次训练20分钟（应坚持每天一次）。

b. 训练时可以配上优美的音乐，放松心情，减轻单调、疲劳之感。女性穿半高跟鞋进行训练，以强化训练效果。

c. 利用器械训练，增强腰部、肩部力量和灵活性，进行舒肩展背动作练习。

3. 走姿

俗话说："行如风"，这说的是走姿，走姿始终处于动态之中，体现了人类的运动之美和精神风貌。男士的走姿要刚健有力，豪迈稳重，有阳刚之气；女士的走姿要轻盈自如，含蓄飘逸，有窈窕之美。

（1）标准的走姿　有人编了走路的动作口诀，体现了走姿的要领：双眼平视臂放松，以胸领动肩轴摆，提髋提膝小腿迈，跟落掌接趾推送。

标准的走姿为：上身基本保持站立的标准姿势，挺胸收腹，腰背笔直；两臂以身体为中心，前后自然摆动。前摆约35度，后摆约15度，手掌朝向体内；起步时身子稍向前倾，中心落前脚掌，膝盖伸直；脚尖向正前方伸出，行走时走直线。

正确的行走，上体的稳定与下肢的频繁规律运动形成对比和谐、干净利落、鲜明均匀的脚步，富有节奏感，前后、左右行走动作的平衡对称，都会呈现行走时的形式美。

男子走路两步之间的距离要大于自己的一个脚长，女子穿裙装走路时要小于自己的一个脚长。正常的情况下步速要自然舒缓，显得成熟自信，男子行走的速度标准为每分钟108～110步，女子以每分钟118～120步为宜。

（2）不同场合的走姿

① 参加喜庆活动，步态应轻盈、欢快、有跳跃感，以反映喜悦的心情。

② 参观吊丧活动，步态要缓慢、沉重、有忧伤感，以反映悲哀的情绪。

③ 参观展览、探望病人，环境安谧，不宜出声响，脚步应轻柔。

④ 进入办公场所，登门拜访，在室内这种特殊场所，脚步应轻而稳。

⑤ 走入会场、走向话筒、迎向宾客，步伐要稳健、大方、充满热情。

⑥ 举行婚礼、迎接外宾等重大正式场合，脚步要稳健，节奏稍缓。

⑦ 办事联络，往来于各部门之间，步伐要快捷又稳重，以体现办事者的效率、干练。

⑧ 陪同来宾参观，要照顾来宾行走速度，并善于引路。

（3）以走姿促健美　良好的走姿能起到健美的作用。曾两度荣获奥斯卡最佳女主角奖的美国著名好莱坞影星简·方达，非常注重研究形体健美。她的健美形体曾一度成为人们羡慕和效仿的标准。她以自己的亲身体验和心得总结，撰写了《简·方达健美操》一书，这本书一经面世就备受推崇，风靡世界。她在日常生活中加强锻炼，始终保持了健美的形体。她有一套走路健身法，对形体健美颇为有效。其方法可以概括为如下几点。

① 活泼轻松地走：为了获得走路的有氧锻炼效果，简·方达摸索出理想的步速是6.9～8千米/小时，即120米/分钟左右。

② 中心向前倾：走路时，脚掌的用力方向应是向后蹬，而不是向下扣。

③ 步伐不要过小，稍微拉大一些走，可以加快速度，并使步子富有节奏感，使腿和臀部处于充分活动的状态。

④ 提高重心：走路时，要挺胸收腹，背要直，头要抬。颈部和腰部都要有挺起感。身体要保持正直，但不要紧张、僵直，要放松。

⑤ 两手臂的摆动要自然有力：甩臂要像吊钟的钟摆一样，幅度要大而有力，但始终要保持轻松自如。

（4）走姿训练

① 训练地点：建议在形体训练室进行。

② 训练准备：准备书籍、音乐播放器材、音乐歌曲CD等。

③ 训练方法

a. 在地面上画一条直线，行走时手部叉腰，上身正直，双脚内侧踩在线上，行走时按要求走出相应的步位与步幅。可以纠正行走时摆胯、送臀、扭腰以及"八字步态"、步幅过大或过小的毛病。训练时配上行进音乐，音乐节奏为每分钟60拍。

b. 头顶书本行走，进行整体平衡练习。重点纠正行走时低头看脚、摇头晃脑、东张西望、脖颈不正、弯腰弓背的毛病。

c. 进行原地摆臂训练。站立，两脚不动，原地晃动双臂，前后自然摆动，手腕进行配合，掌心要朝内，以肩带臂，以臂带腕，以腕带手，纠正双臂横摆、同向摆动、单臂摆动、双臂摆幅不等的现象。

d. 对镜子行走，进行面部表情等的整体协调性训练。

e. 训练时可以配上优美的音乐，放松心情，减轻单调、疲劳之感。女性穿半高跟鞋进行训练，以强化训练效果。

4. 蹲姿

俗话说："蹲要雅"，蹲姿是人的身体在低处取物、拾物、整理物品、整理鞋袜时所呈现的姿势，它是人体静态美与动态美的综合。蹲姿要动作美观，姿势优雅。

（1）标准的蹲姿　标准的蹲姿有如下要求：首先要讲究方位，当需要捡拾低处或地面物品的时候，可走到其物品的左侧；当面对他人下蹲时，要侧身相向；当需要整理鞋袜或于低处整理物品时可面朝前方，两脚一前一后，一般情况是左脚在前，右脚在后，目视物品，直腰下蹲。直腰下蹲后，方可弯腰捡低处或地面的物品，及整理鞋袜或低处工作。取物或工作完毕后，先直起腰部，使头部、上身、腰部在一条直线上，再稳稳站起。

（2）蹲姿的种类　蹲姿的种类主要有高低式、单膝点地式和交叉式三种。

① 高低式：这是常用的一种蹲姿，基本特征是双膝一高一低。此蹲姿男士、女士均可使用。要领是：下蹲后，左脚在前，右脚在后；左脚完全着地，小腿基本垂直地面；右脚要脚掌着地，脚跟提起；右膝要低于左膝，右膝内侧可靠于左上腿的内侧，形成左膝高右膝低的姿态。臀部向下，基本上以右腿支撑身体。女士应注意双腿紧靠，男士两

腿之间可有适当的距离。

② 单膝点地式：这种蹲姿，适用于男士，其特征是双腿一蹲一跪。它是一种非正式的蹲姿，多用于下蹲时间较长或为了用力方便时采用。下蹲后，右膝点地，臀部坐在其脚跟之上，以其脚尖着地。另一条腿全脚掌着地，小腿垂直于地面。双膝同时向外，双腿尽力靠拢。

③ 交叉式：这种蹲姿优美典雅，其基本特征是双腿交叉在一起，此蹲姿适用于女士。要领是：下蹲后，左脚在前，右脚在后，左小腿垂直于地面，全脚着地。左腿在上，右腿在下，二者交叉重叠，右膝从后下方伸向左前侧，右脚跟抬起，脚掌着地，两腿前后靠近，全力支撑身体。上身略向前倾，臀部朝下。

（二）表情

美国心理学家登布在其《推销员如何了解顾客心理》一文中说："假如顾客的眼睛朝下看，脸转向一边，表示你被拒绝了；假如他的嘴唇放松，笑容自然，下颌向前，则可能会考虑你的提议；假如他对你的眼睛注视几秒钟，嘴角以至鼻翼部位都显出微笑，笑得很轻松，而且很热情，这项买卖就做成了。"由此可见面部表情在传情达意方面有着重要的作用。面部表情作为丰富且复杂的体态语的一个重要方面，它包括脸色的变化、肌肉的收展以及眉、鼻、嘴等的动作，我们这里主要重点介绍一下眼神和微笑。

1. 眼神

俗话说："眼睛是心灵的窗户"，它是人体传递信息最有效的器官，而且能表达最细微、最精妙的差异，显示出人类最明显、最准确的交际信号。正如著名印度诗人泰戈尔所说："在眼睛里，思想敞开或是关闭，放出光芒或是没入黑暗，静悬着如同落月，或者像忽闪的电光照亮了广阔的天空。那些自有生以来除了嘴唇的颤动之外没有语言的人，学会了眼睛的语言，这在表情上是无穷无尽的，像海一般的深沉，天空一般的清澈，黎明和黄昏，光明与阴影，都在自由嬉戏。"据研究，在人的视觉、听觉、味觉、嗅觉和触觉感受中，唯独视觉感受最为敏感，人由视觉感受的信息占总感受信息的83%。在汉语中用来描述眉目表情的成语就有几十个，如"眉飞色舞""眉目传情""愁眉不展""暗送秋波""眉开眼笑""瞠目结舌""怒目而视"等，这些都是通过眼语来反映人们的喜、怒、哀、乐等情感的，人的七情六欲都能从眼睛这个神秘的器官内显现出来。如著名摄影家解海龙拍摄的《希望工程——大眼睛》，照片中小姑娘（苏明娟）的眼神，曾打动了许多人，她成为"希望工程"的形象代言人。眼神主要由注视的时间、视线的位置和瞳孔的变化三个方面组成。

（1）注视的时间　据有人调查研究，人们在交谈时，视线接触对方脸部的时间占全部谈话时间的30%～60%，超过这一范围，可认为对谈话者本人比谈话内容更感兴趣；低于这一范围，则表示对谈话内容和谈话者本人都不怎么感兴趣。不难想象，如果谈话时心不在焉、东张西望，或只是由于紧张、羞怯不敢正视对方，目光注视的时间不到谈话的1/3，这样的谈话，必然难以被人接受和信任。当然，必须考虑到文化背景，如在有些地方，注视对方可能会造成冒犯。

（2）视线的位置　人们在社会交往中，不同的场合和对象，目光所及之处也是有差别的。有的人在与比较陌生的人打交道时，往往因为不知把目光怎样安置而窘迫不安；已被人注视而将视线移开的人，大多怀有相形见绌之感；仰视对方，一般体现"尊敬、信任"的语义；频繁而又急速的转眼，是一种反常的举动，常是掩饰的一种手段。当然，如果死死地盯着对方或者东张西望，不仅极不礼貌，而且也显得漫不经心。

在社交中，目光注视的部位主要有三种：一是公务注视区间，目光注视的位置是对方眼睛上部的前额三角区，这种注视严肃、郑重，适合汇报工作和与客户谈判，以及与同事讨论问题等正式和庄重的公务场合；二是社交注视区间，目光应停留在对方的眼睛和嘴唇之间的倒三角区，这种目光亲切、友好，利于营造轻松愉快和彬彬有礼的社交氛围，适合各种社交场合；三是亲密注视区间，目光注视的范围应在眼部到胸部的一个较大的倒三角区，这种目光亲近随意、柔和多情，适合于家人和恋人之间。

（3）瞳孔的变化　瞳孔的变化即视觉接触时瞳孔的放大或缩小。心理学家往往用瞳孔变化大小的规律来测定一个人对不同事物的兴趣、爱好、动机等。兴奋时，人的瞳孔会扩张到平常的4倍大；相反，生气或悲哀时，消极的心情会使瞳孔收缩到很小，眼神必然无光。所谓"脉脉含情""怒目而视"等都多与瞳孔的变化有关。据说古时候的珠宝商人已注意到这种现象，他们能窥视顾客的瞳孔变化而猜测对方是否对珠宝感兴趣，从而决定是抬高价钱还是降低价钱。

在社交过程中，与朋友会面或被介绍认识时，可凝视对方稍久一些，这既表示自信，也表示对对方的尊重。双方交谈时，应注视对方的眼鼻之间，表示重视对方及对其发言感兴趣。当双方缄默不语时，就不要再看着对方，以免加剧因无话题本来就显得冷漠、不安的尴尬局面。当别人说了错话或显拘谨时，务请马上转移视线，以免对方把自己的眼光误认为是对其的嘲笑和讽刺。如果你希望在争辩中获胜，那就千万不要移开目光，直到对方眼神转移为止。送客时，要等客人走出一段路，不再回头张望时，才能转移目送客人的视线，以示尊重。

在谈判中也很讲究眼神的运用。一方让眼镜滑落到鼻尖上，眼睛从眼镜上面的缝隙中窥探，就是对对方鄙视和不敬的情感表露。一方在不停地转眼珠，就要提防其在打什么新主意。双目生辉，炯炯有神，表明心情愉快、充满信心，在谈判中持这种眼神有助于取得对方的信任和合作。相反，双眉紧锁、目光无神或不敢正视对方，都会被对方认为无能，可能导致对自己的不利结果。

眼神还可传递其他信息。视线活动多且有规则，表明其在用心思考。听别人讲话，一面点头，一面却不将视线集中在谈话人身上，表明其对此话题不感兴趣。说话时对方将视线集中在你身上的人，表明他渴望得到你的理解和支持。游离不定的目光传递出来的信息是心神不宁或心不在焉。眼神能表达出异常丰富的信息，但微妙的眼神有时是只可意会，难以言传，只能靠我们在社会实践中用心体察、积累经验、努力把握，方能在社交中灵活运用眼神。

怎样才能做到双目炯炯有神呢？眼神的训练不可少。眼神训练可在教室进行。建议准备小镜子（每人一面）、音乐播放器材、音乐歌曲CD、优秀影视剧中的演员和节目主持人通过眼神表达内心情感的影像资料等。具体训练方法：①睁大眼睛训练，有意识地练习睁大眼睛的次数，增强眼部周围肌肉的力量；②转动眼球训练，头部保持稳定，眼球尽最大的努力向四周做顺时针和逆时针360度转动，增强眼球的灵活性；③视点集中训练，点上一根蜡烛，视点集中在蜡烛火苗上，并随其摆动，坚持训练可达目光集中、有神，眼球转动灵活；④目光集中训练，眼睛盯住三米左右的某一物体，先看外形，逐步缩小范围到物体的某一部分，再到某一点，再到局部，再到整体，这样可以提高眼睛明亮度，使眼睛十分有神；⑤影视观察训练，观看录像资料，注意观察和体会优秀影视剧中的演员和节目主持人是如何通过眼神表达内心情感的；⑥训练时可以配上优美的音乐，放松心情，减轻单调、疲劳之感。以上训练方法只要坚持不间断地天天训练，一定会使目光明亮有神。

2. 微笑

著名画家达·芬奇的杰作《蒙娜丽莎》是文艺复兴时期最出色的肖像作品之一。画中女士的微笑给人以美的享受，使人们充满对真善美的渴望，至今让人回味无穷。

微笑，是一种特殊的语言——"情绪语言"。它可以和有声语言及行动相配合，起"互补"作用，沟通人们的心灵，架起友谊的桥梁，给人以美好的享受。工作、生活中离不开微笑，社交中更需要微笑。

微笑是世界通用的体态语，它超越了民族和文化的差异。微笑是人人都喜爱的体态语，正因为如此，无论是个人和组织，都充分重视微笑及其作用。

世界著名的希尔顿饭店的总经理希尔顿，每当遇到员工时，都要询问这样一句话："你今天对顾客微笑了没有？"他指出："饭店里第一流的设备重要，而第一流服务员的微笑更重要，如果缺少服务员的美好微笑，好比花园里失去了春日的太阳和春风。假如我是顾客，我宁愿住进虽然只有破旧地毯，却处处可见到微笑的饭店，而不愿走进只有一流设备而不见微笑的地方。"正是因为希尔顿深谙微笑的魅力，才使希尔顿饭店誉满全球。

世界著名的保险业精英，被称为"推销之神"的日本的原一平对微笑有非常深刻的认识，他积累自己50年的经验，总结了微笑的10大好处：

① 笑把你的友善和关怀有效地传达给准客户。

② 笑能拆除你与准客户之间的"篱笆"，敞开双方的心扉。

③ 笑使你的外表更迷人。

④ 笑可以消除双方的戒心与不安，以打开僵局。

⑤ 笑能消除自卑感。

⑥ 你的笑能感染对方也笑，创造出和谐的交谈基础。

⑦ 笑能建立准客户对你的信赖感。

⑧ 笑能除去自己的哀伤，迅速地重建自信。

⑨ 笑是表达爱意的捷径。

⑩ 笑会增进活力，有益健康。

原一平经常苦练微笑，经过刻苦训练，他的笑达到了炉火纯青的地步，被誉为"价值百万美金的笑容"，因为他的年薪就是100万美金。他的笑能散发出无比诱人的魅力。

微笑是有规范的，一般要注意四个结合：一是口眼结合，要口到、眼到、神色到，笑眼传神，微笑才能扣人心弦。二是笑与神、情、气质相结合，这里讲的"神"，就是要笑得有情入神，笑出自己的神情、神色、神态，做到情绪饱满，神采奕奕；"情"，就是要笑出感情，笑得亲切、甜美，反映美好的心灵；"气质"就是要笑出谦逊、稳重、大方、得体的良好气质。三是笑与语言相结合，语言和微笑都是传播信息的重要符号，只有注意微笑与美好语言相结合，声情并茂，相得益彰，微笑方能发挥出它应有的特殊功能。四是笑与仪表、举止相结合。以笑助姿、以笑促姿，形成完整、统一、和谐的美。

尽管微笑有其独特的魅力和作用，但若不是发自内心的真诚的微笑，那将是对微笑的亵渎。有礼貌的微笑应是自然坦诚，内心真实情感的表露。否则强颜欢笑，假意奉承，那样的"微笑"则可能演变为"皮笑肉不笑""苦笑"。比如，拉起嘴角一端微笑，使人感到虚伪；吸着鼻子冷笑，使人感到阴沉；捂着嘴笑，给人以不自然之感。这些都是失礼之举。

微笑训练可在教室进行，建议准备小镜子（每人一面）、音乐播放器材、音乐歌曲CD、优秀影视剧中的演员和节目主持人微笑的影像资料等。具体训练方法：①情绪记忆法，即将自己生活中，最高兴的事件中的情绪储存在记忆中，当需要微笑时，可以想起那件最使你兴奋的事件，脸上会流露出笑容，注意练微笑时，要使双颊肌肉用力向上抬，嘴里念"一"音，用力抬高嘴角两端，注意下唇不要过分用力；普通话中的"茄子""田七""前"等的发音也可以辅助微笑嘴型的训练。②对着镜子，练习微笑，调整自己的嘴形，注意与面部其他部位和眼神的协调，做最使自己满意的微笑表情，到离开镜子时也不要改变它。③练习微笑之前要忘掉自我和一切的烦恼，让心中充满爱意。④训练时可以配上优美的音乐，放松心情，减轻单调、疲劳之感。

（三）手势

手是人体上最富灵性的器官，如果说"眼睛是心灵的窗户"，那么手就是心灵的触角，是人的第二双眼睛。手势在传递信息、表达意图和情感方面发挥着重要作用。

手的"词汇"量是十分丰富的。据语言专家统计，表示手势的动词有近两百个。双手紧绞在一起，显示的意义是精神紧张。用手指或笔敲打桌面，或在纸上涂画，显示不耐烦、无兴趣。搓手，显示的意义是有所期待，跃跃欲试，也可表示着急或寒冷。摊开双手，表示真诚和坦直。用手支着头，显示的意义是不耐烦、厌倦。用手托摸下巴，说明老练、机智。用手不停地磕烟灰，表明内心有冲突和不安。突然用手把没吸完的烟掐灭，表明紧张地思考问题等。又如招手致意、挥手告别、握手友好、摆手回绝、合手祈祷、拍手称快、拱手答谢（相让）、抚手示爱、指手示怒、颤手示怕、捧手示敬、举手赞同、垂手听命等。可见，丰富的手势语在人们交往间是不可缺少的。在社会交往中，手势有着不可低估的作用，生动形象的有声语言再配合准确、精彩的手势动作，必然能使交往更富有感染力、说服力和影响力。常见的手势，具体如下。

（1）引领的手势　在各种交往场合都离不开引领动作，例如请客人进门，请客人坐下，为客人开门等，都需要运用手与臂的协调动作，同时，由于这是一种礼仪，还必须注入真情实感，调动全身活力，使心与形体形成高度统一，才能做出色彩和美感。引领动作主要有以下几种表现形式。

① 横摆式：以右手为例，将五指伸直并拢，手心不要凹陷，手与地面呈45度角，手心向斜上方。腕关节微屈，腕关节要低于肘关节。动作时，手从腹前抬起，至横膈膜处，然后，以肘关节为轴向右摆动，到身体右侧稍前的地方停住。同时，双脚形成右丁字步，左手下垂，目视来宾，面带微笑。这是在门的入口处常用的谦让礼的姿势。

② 曲臂式：当一只手拿着东西，扶着电梯门或房门，同时要做出"请"的手势时，可采用曲臂手势。以右手为例，五指伸直并拢，从身体的侧前方，向上抬起，至上臂离开身体的高度，然后以肘关节为轴，手臂由体侧向体前摆动，摆到手与身体相距20厘米处停止，面向右侧，目视来宾。

③ 斜下式：请来宾入座时，手势要向斜下方。首先用双手将椅子向后拉开，然后，一只手曲臂由前抬起，再以肘关节为轴，前臂由上向下摆动，使手臂向下成一斜线，并微笑点头示意来宾。

（2）"OK"的手势　拇指和食指合成一个圆圈，其余三指自然伸张。这种手势在西方某些国家比较常见，但应注意在不同国家其语义有所不同。如：在美国表示"赞扬""允许""了不起""顺利""好"；在法国表示"零"或"无"；在印度表示"正确"；在中国表示"零"或"三"两个数字；在日本、缅甸、韩国则表示"金钱"；在巴西则是"引诱女人"或"侮辱男人"之意；在地中海的一些国家则是"孔"或"洞"的意思，常用此来暗示、影射同性恋。

（3）伸大拇指手势　大拇指向上，在说英语的国家多表示"OK"之意或是打车之意；若用力挺直，则含有骂人之意；若大拇指向下，多表示坏、下等人之意。在我国，伸出大拇指这一动作基本上是向上伸表示赞同、一流、好等，向下伸表示蔑视、不好等之意。

（4）"V"字形手势 伸出食指或中指，掌心向外，其语义主要表示胜利（英文victory的第一个字母）；掌心向内，在西欧表示侮辱、下贱之意。这种手势还时常表示"二"这个数字。

（5）伸出食指手势 在我国以及亚洲一些国家表示"一""一个""一次"等；在法国、缅甸等国家则表示"请求""拜托"之意。在使用这一手势时，一定要注意不要用手指指人，更不能在面对面时用手指着对方的面部和鼻子，这是一种不礼貌的动作，且容易激怒对方。

（6）捻指作响手势 就是用手的拇指和食指弹出声响，其语义或表示高兴，或表示赞同，或是无聊之举，有轻浮之感。应尽量少用或不用这一手势，因为其声响有时会令他人反感或觉得没有教养，尤其是不能对异性运用此手势，这是带有挑衅、轻浮之举。

手势训练建议在形体训练室进行。需要准备音乐播放器材、音乐歌曲CD、投影设备、领导人的影像资料等。具体训练方法：①先观看领导人的影像资料，然后开始训练；②调整体态，保持良好的站姿；③每两人一组对镜子练习常用手势并互相纠正；④教师最后点评、总结。

（四）举止

一个人的举止端庄、行为文明、动作规范，是良好素养的表现，它能帮助个人树立美好形象，也能为组织赢得美誉，反之，则会损害组织形象。《人民日报》有过这样一则报道：中国长江医疗机械厂经过艰难的谈判即将与美国客商约瑟先生签订"输液管"生产线的合同。然而在参观车间时，厂长陋习难改，在地上吐了一口痰，约瑟看后一言不发，掉头就走，只留给厂长一封信："我十分钦佩您的才智和精明，但您吐痰的一幕使我彻夜难眠。一个厂长的卫生习惯可以反映一个工厂的管理素质。况且我们合作的产品是用来治病的，人命关天。请原谅我的不辞而别，否则上帝都会惩罚我的。"一口痰毁了一项合同，可见，日常举止是优美仪态的一个重要组成部分，端庄的举止，文明的行为体现在日常生活中的方方面面，社交中也要求人们的举止有一定的约束。例如以下不受欢迎的坏习惯和不良举止就应在交际中努力戒除。

1. 打呵欠

当你在与人谈话的时候，尤其是当对方在滔滔不绝地发表意见时，那时你也许感到疲倦了，这时要按捺住性子让自己不打呵欠，因为这会引起交际对象的不快。打呵欠在社交场合中给人的印象是：表现出你不耐烦了，而不是你疲倦。

2. 掏耳和挖鼻

有的人有这类不雅的小动作，大家正在喝茶、吃东西的时候，掏耳的小动作往往令旁观者感到恶心，这个小动作实在不雅，而且失礼。即使你想"洗耳恭听"，此时此地也不是时候。同样，用手指挖鼻也是非常失礼的动作。

3. 剔牙

宴会上，谁也免不了有剔牙的小动作，既然这小动作不能避免，就得注意剔牙时不要露出牙齿，而且不要把碎屑乱吐一番，最好用左手掩嘴，头略向侧偏，吐出碎屑时用纸巾接住。

4. 搔头皮

有些头皮屑多的人，在社交的场合也忍耐不住头皮屑刺激的瘙痒，而搔起头皮来。搔头皮必然使头皮屑随风纷飞，这不仅难看，而且会令旁人大感不快。搔头皮这种现象在社交场合是非常失礼的。特别是在宴会上，或者较为严肃、庄重的场合，这种情况下小动作是很难叫人谅解的。

5. 双腿抖动

这种小动作多发生在坐着的时候，站立时较为少见。这种小动作，虽然无伤大雅，但双腿颤动不停，会令对方觉得不舒服，而且也给人情绪不安定的感觉，这也是失礼的。同样，让跷起的腿像钟摆一样打秋千也是相当难看的姿态。

6. 频频看表

在与人交谈时，如果无其他重要约会，最好少看自己的手表。这样的小动作会使对方认为你还有什么重要的事情，不会使谈话继续下去；同时，你的这种小动作可能引起对方的误会，认为你没有耐心再谈下去。如果你确实有事在身的话，不妨婉转地告诉对方改日再谈，并表示歉意。

二、能力开发

（一）阅读思考

风度的培养

风度是社交活动中给人印象深刻的内在潜质的综合反应，风度不但是人的一种性格特征的表现，还是一种内在涵养的表现。风度是一个人的姿态、举止、言谈、作风等表现出来的美。这种美既是一种外在美，又是一个人内心美的自然流露，是内在美和外在美的和谐统一。要想在社交场合风度翩翩，就要重视风度的培养，着力从加强内在的修养这个根本做起。

1. 风度的培养是人内在气质的展现

气质不佳者，难有好的风度。内在气质的优化是靠平时修养、陶冶而成，因而它会不经意地显露出风度。《世说新语》记载：曹操个子较矮，一次匈奴来使，应由曹操接见，可是曹操怕使者见自己矮而看不起，于是请大臣崔琰冒充自己，曹操则持刀扮成卫士站在崔琰的旁边观察使者。崔琰"眉目疏朗，须长四尺，甚有威重"。接见后，曹操派人去探听使者的反应，使者说："魏王雅望非常，然床头提刀者，此乃英雄也。"曹操具有高度的政治、军事、文化素养，养成了封建时代的政治家特有的气质，因此他的风度并不因他身材矮小而受到影响，也不因他扮成地位低下的卫士而被掩盖。

2. 风度的培养离不开良好的德、才、学、识

良好的文化素养，脱俗的思想境界，渊博的学识，精深独到的思辨能力，是构成风度美的重要内在因素。宽宏的气度与气量是自古以来的君子之风，知识丰富且善于辞令，时而妙语连珠，时而幽默风趣，这些风度也可通过语言举止、服饰和作风等转换为外在的形式。如毛泽东有运筹帷幄的政治家风度；周恩来有才思敏捷、风姿潇洒的外交家风度；鲁迅有"横眉冷对"的铮铮铁骨；宋庆龄则留下端庄自然的慈母风度等，高尚的道德修养与高超的学识造就了他们卓然的风度。

3. 风度的培养应注意经常的训练

培养风度要先对自己的气质、性格、经历、知识和文化程度，乃至身材、面容等条件有自知之明。既不能听之任之，对自己毫无要求，以"本色""自然"自夸；也不能乞求过高，操之过急，以至矫揉造作、生硬别扭，或东施效颦、欲美反丑。正确地审度自己，科学地进行自我设计，持久地实践、训练，自然能水到渠成。例如根据自身特点坚持训练站姿、坐姿、走姿、言谈、举止，在各种场合、环境下都能运用自如，只要从容自信，风度也随之而来。正如一位艺术家所言："只有你自己才能识别自己的长处和魅力。它也许是你的低眉浅笑，也许是你的开怀畅谈，也许是你的亲切和蔼。它可能是你

对生活乐趣的领悟，也可能是你的沉静安详。不管你那特有的吸引力是什么，它都会因为魅力的技术因素而得到加强。"

（资料来源：付强. 形体训练与形象塑造 [M]. 北京：人民邮电出版社，2017.）

思考题

（1）仪态训练对风度的培养有何作用？

（2）如何使自己拥有良好的风度？

（二）案例分析

【案例1】

微笑的魅力

　　小艳是某通信企业的一名客服代表，从事的工作是通过电话为用户提供服务。在她所在的企业，有一句信条是：把微笑融入声音，把满意带给客户。而小艳的客户满意指标却始终完不成。部门主管找其沟通原因，小艳的业务、服务态度等都没有问题，那究竟是什么原因影响她的满意指标呢？于是，主管决定和小艳一起上班，坐在她旁边来观察到底是什么原因。经过两天的观察，主管发现一个问题，就是小艳在接电话时，她很主动地为用户服务，但是她始终都没有微笑过。不带感情的声音让客户选择不满意。找到这个原因，主管开始训练小艳在接电话时微笑。主管先给了她一面镜子，让她接电话时随时能看到自己的表情。经过一段时间的训练，小艳在接电话时，时时保持微笑。通过微笑，把她的真诚、热情带给客户，她的满意指标已达到要求。

思考题

（1）微笑有何作用？

（2）微笑应注意什么？

【案例2】

小张的面试

　　小张今天上午要去参加面试，一大早小张穿戴完毕，准时到达面试点。

　　面试官请他坐下，他客套地说："您先坐。"这时面试官稍显尴尬。因为位置不合适，小张入座后不停地调整椅子，导致发出各种嘈杂的声音。

　　面试过程中，考官问的几个问题确实不好把握，小张习惯性地使劲摩擦双手，同时双腿还在不停地抖动，考官看到小张的表现，眼神中有些不解和失望。面试结束后，等待了许久，小张始终没有收到录用通知……

　　正确而优雅的坐姿是一种文明行为，将给人留下良好的印象。小张面试时呈现出入座、坐姿的问题是与文雅、稳重、大方、优美的坐姿要求相悖的。

思考题

（1）正确的坐姿应该是怎样的？

（2）与同学讨论一下应该怎样培养自己的仪态美？

（3）本案例对你有何启示？

【案例3】

金先生失礼

　　风景秀丽的某海滨城市的朝阳大街，高耸着一座宏伟楼房，楼顶上"远东贸易公司"六个大字格外醒目。某照明器材厂的业务员金先生按原计划，手拿企业新设计的照明器材样品，兴冲冲地登上六楼，脸上的汗珠未及擦掉，便直接走进了业务部张经理的办公室，正在处理业务的张经理被吓了一跳。"对不起，这是我们企业设计的新产品，请您过目。"金先生说。张经理停下手中的工作，接过金先生递过的照明器材，随口赞道："好漂亮啊！"并请金先生坐下，倒上一杯茶递给他，然后拿起照明器材仔细研究起来。金先生看到张经理对新产品如此感兴趣，如释重负，便往沙发上一靠，跷起二郎腿，一边吸烟一边悠闲地环视着张经理的办公室。当张经理问他电源开关为什么装在这个位置时，金先生习惯性地用手搔了搔头皮。好多年了，别人一问他问题，他就会不自觉地用手去搔头皮。虽然金先生做了较详尽的解释，张经理还是有点半信半疑。谈到价格时，张经理强调："这个价格比我们预算高出较多，能否再降低一些？"金先生回答："我们经理说了，这是最低价格，一分也不能降了。"张经理沉默了半天没有开口。金先生却有点沉不住气，不由自主地拉松领带，眼睛盯着张经理，张经理皱了皱眉，"这种照明器材的性能先进在什么地方？"金先生又搔了搔头皮，反反复复地说："造型新、寿命长、节电。"张经理找托词离开了办公室，只剩下金先生一个人。金先生等了一会儿，感到无聊，便非常随便地抄起办公桌上的电话，同一个朋友闲谈起来。这时，门被推开，进来的却不是张经理，而是办公室秘书。

思考题

（1）请指出金先生的失礼之处。

（2）本案例对你有何启示？

【案例4】

一个喷嚏损失500百万

　　某公司经理好不容易和一家外国企业就一项合作计划达成了协议。就在他兴高采烈地随同那家外国企业老板去顶楼会议室出席签约仪式步入电梯时，冷不丁地打了一个大喷嚏，而且打喷嚏时也没有用手或其他东西挡一下嘴巴，唾沫星溅到了站在他前面那名外商的脖子上，他连句道歉的话都没有讲。电梯停下来以后，那名外商头也不回地又进了旁边正准备下降的电梯，随即宣布合作取消。

　　那名外商回国后，还特意给某公司经理邮寄来一个包裹。经理打开一看，发现是几打精致的手帕，经理别提有多么懊悔了。

（资料来源：夏志强. 人一生要懂得的100个商务礼仪. 北京：中国书店，2006）

思考题

（1）交际场合应杜绝哪些不良的行为举止？

（2）本案例对你有何启示？

（三）实战演练

项目1：站姿训练

实训目标：掌握站姿的基本要领和不同场合下的站姿，纠正不良站姿。

实训学时：2学时。

实训地点：形体训练室。

实训准备：四面墙安装长度及地镜子的形体训练室、书籍、音乐播放器材、音乐歌曲CD等。

实训方法：

（1）面向镜子按照动作要领体会标准的站姿。

（2）个人靠墙站立，要求后脚跟、小腿、臀、双肩、后脑勺都紧贴墙，进行整体的直立和挺拔训练。每次训练20分钟左右（应坚持每天1次）。

（3）在头顶放一本书使其保持水平促使人把颈部挺直，下巴向内收，上身挺直，每次训练20分钟左右（应坚持每天1次）。

（4）为了使双腿站直，可两腿之间夹一本书进行训练。

（5）训练时可以配上优美的音乐，放松心情，减轻单调、疲劳之感。女性穿半高跟鞋进行训练，以强化训练效果。

训练手记：通过训练，我的收获是_____。

项目2：坐姿训练

实训目标：掌握坐姿的基本要领和不同场合下的坐姿，纠正不良坐姿。

实训学时：2学时。

实训地点：形体训练室。

实训准备：四面墙安装长度及地镜子的形体训练室、靠背椅子若干把、书籍、音乐播放器材、音乐歌曲CD以及训练器材等。

实训方法：

（1）面对镜子，按坐姿基本要领，着重对脚、腿、腹、胸、头、手部位的训练，体会不同坐姿，纠正不良习惯，尤其注意起坐、落座练习。每次训练20分钟（应坚持每天1次）。

（2）训练时可以配上优美的音乐，放松心情，减轻单调、疲劳之感。女性穿半高跟鞋进行训练，以强化训练效果。

（3）利用器械训练，增强腰部、肩部力量和灵活性，进行舒肩展背动作练习。

训练手记：通过训练，我的收获是_____。

项目3：走姿训练

实训目标：掌握走姿的基本要领和特定场合下的走姿，纠正不良走姿。

实训学时：2学时。

实训地点：形体训练室。

实训准备：四面墙安装长度及地镜子的形体训练室、书籍、音乐播放器材、音乐歌曲CD等。

实训方法：

（1）在地面上画一条直线，行走时手部掐腰，上身正直，双脚内侧踩在线上，行走时按要求走出相应的步位与步幅。可以纠正行走时摆胯、送臀、扭腰以及"八字步态"、步幅过大过小的毛病。训练时配上行进音乐，音乐节奏为每分钟60拍。

（2）头顶书本行走，进行整体平衡练习。重点纠正行走时低头看脚、摇头晃脑、东张西望、脖颈不正、弯腰弓背的毛病。

（3）进行原地摆臂训练。站立，两脚不动，原地晃动双臂，前后自然摆动，手腕进行配合，掌心要朝内，以肩带臂，以臂带腕，以腕带手，纠正双臂横摆、同向摆动、单臂摆动、双臂摆幅不等的现象。

（4）对着镜子行走，进行面部表情等的整体协调性训练。

（5）训练时可以配上优美的音乐，放松心情，减轻单调、疲劳之感。女性穿半高跟鞋进行训练，以强化训练效果。

训练手记：通过训练，我的收获是_____。

项目4：蹲姿训练

实训目标：掌握蹲姿的基本要领和特定场合下的蹲姿，纠正不良蹲姿。

实训学时：2学时。

实训地点：形体训练室。

实训准备：四面墙安装长度及地镜子的形体训练室、书籍、音乐播放器材、音乐歌曲CD等。

实训方法：

（1）加强腿部膝关节及踝关节的力量和柔韧性训练，具体方法是压腿、踢腿、活动关节。

（2）有意识地、主动经常地进行标准蹲姿训练，形成良好习惯。

（3）训练时可以配上优美的音乐，放松心情，减轻单调、疲劳之感。

训练手记：通过训练，我的收获是_____。

项目5：眼神训练

实训目标：掌握眼神的基本要领，正确使用眼神。

实训学时：2学时。

实训地点：教室。

实训准备：每人一面小镜子、音乐播放器材、音乐歌曲CD、优秀影视剧中的演员和节目主持人通过眼神表达内心情感的影像资料等。

实训方法：以下方法坚持天天训练，不要间断，必使目光明亮有神：

（1）睁大眼睛训练：有意识地练习睁大眼睛的次数，增强眼部周围肌肉的力量。

（2）转动眼球训练：头部保持稳定，眼球尽最大的努力向四周做顺时针和逆时针360度转动，增强眼球的灵活性。

（3）视点集中训练：点上一支蜡烛，视点集中在蜡烛火苗上，并随其摆动，坚持训练可使目光集中、有神，眼球转动灵活。

（4）目光集中训练：眼睛盯住3米左右的某一物体，先看外形，逐步缩小范围到物体的某一部分，再到某一点，再到局部，再到整体。这样可以提高眼睛明亮度，使眼睛十分有神。

（5）影视观察训练：观看录像资料，注意观察和体会优秀影视剧中的演员和节目主持人是如何通过眼神表达内心情感的。

（6）训练时可以配上优美的音乐，放松心情，减轻单调、疲劳之感。

训练手记：通过训练，我的收获是_____。

项目6：微笑训练

实训目标：掌握微笑的基本要领，在交往中正确使用微笑，养成爱微笑的习惯。

实训学时：2学时。

实训地点：教室。

实训准备：每人一面小镜子、音乐播放器材、音乐歌曲CD、优秀影视剧中的演员和节目主持人微笑的影像资料等。

实训方法：

（1）情绪记忆法，即将自己生活中，最高兴的事件中的情绪储存在记忆中，当需要微笑时，可以想起那件最使你兴奋的事件，脸上会流露出笑容。注意练习微笑时，要使双颊肌肉用力向上抬，嘴里念"一"音，用力抬高口角两端，注意下唇不要过分用力。普通话中的"茄子""田七""前"等的发音也可以辅助微笑口形的训练。

（2）对着镜子练习微笑，调整自己的嘴形，注意与面部其他部位和眼神的协调，做最使自己满意的微笑表情，到离开镜子时也不要改变它。

（3）练习微笑之前要忘掉自我和一切的烦恼，让心中充满爱意。

（4）训练时可以配上优美的音乐，放松心情，减轻单调、疲劳之感。

训练手记：通过训练，我的收获是_____。

项目7：手势训练

实训目标：掌握手势的基本要领、常用手势的标准，纠正不正确的手势，养成良好习惯。

实训学时：2学时。

实训地点：形体训练室。

实训准备：四面墙安装长度及地镜子的形体训练室、音乐播放器材、音乐歌曲CD、投影设备、毛泽东等伟人的音像资料、剪子、文件等。

实训方法：

（1）先观看毛泽东等伟人的音像资料，然后开始训练。

（2）调整体态，保持良好的站姿。

（3）每两人一组，面对镜子练习常用手势，包括：招呼他人、挥手道别、指引方向、递接物品（如剪子、文件等）、鼓掌、展示物品等手势，并互相纠正。

（4）教师最后点评、总结。

训练手记：通过训练，我的收获是_____。

 温故知新

1. 判断题

（1）交际场所最基本的姿势是站立。　　　　　　　　　　　　　　　　　（　　）

（2）标准走姿两臂前摆约25度。　　　　　　　　　　　　　　　　　　　（　　）

（3）人由视觉感受的信息占总信息的1/3。　　　　　　　　　　　　　　　（　　）

（4）可以对异性运用捻指作响手势。　　　　　　　　　　　　　　　　　（　　）

（5）"OK"手势在法国表示正确。　　　　　　　　　　　　　　　　　　　（　　）

（6）在与人交谈时，如果无其他重要约会，最好少看自己的手表。　　　（　　）

（7）坐在椅子上，一般坐满椅子的1/2到2/3处。　　　　　　　　　　　（　　）

（8）在交际场合，双手叉腰属于不良姿势。　　　　　　　　　　　　　　（　　）

（9）与人交谈时手势不宜过多，幅度不宜过大。　　　　　　　　　　　　（　　）

（10）在交际场合，女士可双腿搭于沙发就座。　　　　　　　　　　　　（　　）

（11）在交际场合，女士可叠腿呈四字形就座。　　　　　　　　　　（　　）

2．思考与训练

（1）标准的站姿是怎样的？

（2）标准的走姿是怎样的？

（3）标准的坐姿是怎样的？

（4）标准的蹲姿是怎样的？

（5）眼神包括哪几个方面？

（6）微笑的"四结合"是指什么？

（7）常用手势语有哪些？

（8）社交中，应该力戒哪些不良的举止？

（9）请每天拿出10～20分钟时间练习站、立、行、蹲等姿态。

（10）你对自己的仪态满意吗？请观察一下你周围的人士站姿、坐姿、走姿等方面存在什么问题？提醒自己避免出现这些问题。

（11）你的眼神是否充满了自信和活力？

（12）观察一下日常生活中各个微笑的脸，说说"微笑的脸"有哪些特征？

（13）今天你微笑了吗？试着每天清晨起床后，对着镜子整理仪容的同时，把甜美愉快的笑容留在脸上。

（14）观察你周围的人，分析他们哪些举止仪态符合礼仪要求，哪些不符合礼仪要求。举例列出表现，并分析形成的原因。

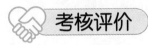 **考核评价**

能力考核评价表

内　　容		评　　价	
学习目标	评价内容	小组评价（5、4、3、2、1）	教师评价（5、4、3、2、1）
知识（应知应会）	仪态礼仪的内容		
	站姿、走姿、坐姿、蹲姿的标准做法		
专业能力	能够在不同的场合中展现出正确的姿态		
	能够正确地运用眼神和微笑		
	能够正确地运用手势		
	能够展现出礼貌的行为举止		
通用能力	自我管理能力		
	审美能力		
	自控能力		
态度	敬业、一丝不苟的精神、遵守规范		
努力方向：		建议：	

项目二

日常交往礼仪

 课程思政要求

- 进行社会主义核心价值观教育；
- 进行爱国主义教育；
- 开展诚信教育、法律意识教育和道德意识教育；
- 塑造职业形象，提高职业素养；
- 促进学生全面发展

任务4

见面礼仪

> 在人与人的交往中，礼仪越周到越保险，运气也越好。
>
> ——【美】托·卡莱尔

 **学习目标**

1. 在社交中得体地称谓对方。
2. 得体地进行自我介绍和为他人做介绍。
3. 规范运用握手等见面礼节。
4. 规范地使用名片。
5. 能够恰当地选择礼品，规范地互赠礼品。

 案例导入

见　面

小李今年大学刚毕业，在大华公司总经理办公室做秘书工作。一天，公司王总经理派他到机场去接广州明光公司销售部的吴丽晶经理。小李准时来到机场，在出口处吴经理见到小李手中的字牌，走到小李面前说："你好！你是小李吧，我是吴丽晶！"小李连忙用不太标准的普通话说："是的是的，我是小李，您好！您就是广州过来的狐狸精（吴丽晶）吧？我是王总派来接您的。我是东方大学行政管理专业毕业的研究生，现在是王总的秘书。"一边说一边伸手准备与吴经理握手。面对小李这样的称呼、这样的自我介绍、这样的握手方式，吴经理会是什么感觉呢？

任务设计

一、应知应会

一个人在社会中欲生存、发展，都必须以各种形式与其他人进行交往。因为没有交往就难以合作，没有合作就难以生存、发展。见面礼仪是与人交往时最基本、最常用的礼节，它最能反映一个人及社会的礼仪水平，可以帮助我们顺利地通往交际的殿堂。人们见面后互致问候，不熟悉的人之间相互介绍，然后握手，互换名片，寒暄后才进入正题。这看似简单，却蕴含复杂的礼仪规则，表达着丰富的交际信息。掌握基本的见面礼仪，能使现代人适应各种社交场合的礼仪要求，赢得交际对象的好感，塑造良好的社交形象。相反，如果不注意社交礼仪，会像"案例导入"中的"小李"那样使交际对象难堪。

（一）称谓的运用

在社会交往中，交际双方见面时，如何称谓对方，这直接关系到双方之间的亲疏、了解程度、尊重与否及个人修养等。得体的称谓，会令彼此如沐春风，为以后的交往打下良好的基础，否则，不恰当或错误的称谓，可能会令对方心里不悦，影响到彼此的关系乃至交际的成功。

1. 称谓的原则

（1）礼貌原则　合乎礼节的称谓，是向他人表达尊重的一种方式。在人际交往中，称谓对方要用尊称。现在常用的有：您——您好、您慢走；贵——贵姓、贵公司、贵方、贵校；大——尊姓大名、大作（文章、著作）；老——王老、李老、您老辛苦了；高——高寿、高见等；芳——芳名、芳龄等。

（2）尊重原则　一般来说，汉族人有崇大崇老崇高的心态，如对同龄人，一般称谓对方为哥、姐；对既可称"叔叔"又可称"伯伯"的长者，以称"伯伯"为宜；对副校长、副处长、副厂长等，也可在姓后直接以正职相称。

（3）恰当原则　许多青年人往往对人喜欢称"师傅"，虽然亲热有余，但文雅不足，且普适性较差。对理发师、厨师、司机称师傅恰如其分，但对医生、教师、军人、干部、商务工作者称师傅就不合适了，如把小姑娘称为"师傅"则要挨骂了！所以，要视交际对象、场合、双方关系等选择恰当的称谓。

2. 称谓的方式

见表4-1。

表4-1　称谓的方式

称谓的表达	举　例
名　字	李平、张明、大李、老李、小李、俊杰
职　务	张总经理或张总、刘市长、王局长、张主任、孙书记
职　称	张教授、赵研究员、周工程师（周工）

称谓的表达	举　例
学　位	孙博士、冯博士
职　业	马教练或马指导、王医生或王大夫、孙律师、邹会计、吴护士长、董秘书、服务员
亲　属	本人的亲属应采用谦称：家父、家叔；舍弟、舍侄；小儿、小女、小婿 对他人的亲属应采用敬称：尊母、尊兄；贤妹、贤侄；令堂、令爱、令郎 仿亲属称呼：大爷、大娘、叔叔、阿姨、大哥、大姐
涉外称呼	夫人、小姐、先生

3. 称谓的禁忌

（1）使用错误的称谓　常见的错误称谓有两种：一是误读，一般表现为念错被称谓者的姓名，比如"郇""查""盖"这些姓氏就极易弄错，要避免犯此错误，就一定要做好先期准备，必要时不耻下问，虚心请教；二是误会，主要指对被称谓者的年纪、辈分、婚否以及与其他人的关系做出了错误判断，比如，将未婚妇女称为"夫人"，就属于误会。

（2）使用不当的行业称谓　学生喜欢互称为"同学"，军人经常互称"战友"，工人可以称为"师傅"，道士、和尚可以称为"出家人"，这并无可厚非。但以此去称谓"界外"人士，并不表示亲近，没准对方不领情，反而产生被贬低的感觉。

（3）使用庸俗低级的称谓　在人际交往中，有些称谓在正式场合切勿使用。例如"兄弟""朋友""哥们儿""姐们儿""死党""铁哥们儿"等一类的称谓，就显得庸俗低级，档次不高。逢人便称"老板"，也显得不伦不类。

（4）使用绰号作为称谓　对于关系一般者，切勿自作主张给对方起绰号，更不能随意以道听途说来的对方的绰号去称谓对方。至于一些对对方具有侮辱性质的绰号，例如，"北佬""阿乡""鬼子""鬼妹""拐子""秃子""罗锅儿""四眼""肥肥""傻大个""北极熊""麻秆儿"等，则更应当免开尊口。另外，还要注意，不要随便拿别人的姓名乱开玩笑。要尊重一个人，必须首先学会去尊重他的姓名。

（二）介绍的礼节

1. 自我介绍

在不同场合，遇见对方不认识自己，而自己又有意与其认识，当场没有他人从中介绍，往往需要自我介绍。自我介绍要注意如下方面。

（1）把握自我介绍的时机　在交际场合，自我介绍的时机包括：与不相识者相处一室；不相识者对自己很有兴趣；他人请求自己做自我介绍；在聚会上与身边的陌生人共处；打算介入陌生人组成的交际圈；求助的对象对自己不甚了解，或一无所知；前往陌生单位，进行业务联系时；在旅途中与他人不期而遇而又有必要与人接触；初次登门拜访不相识的人；利用社交媒介，如信函、电话、电报、传真、电子信函，与其他不相识者进行联络时；初次利用大众传媒，如报纸、杂志、广播、电视、电影、标语、传单等，向社会公众进行自我推介、自我宣传时。

（2）选择自我介绍的方式　自我介绍的方式主要有：第一，应酬式的自我介绍，这种自我介绍的方式最简洁，往往只包括姓名一项即可，如"您好！我叫王平"；它适合于一些公共场合和一般性的社交场合，如途中邂逅、宴会现场、舞会、通电话时，它的对象主要是一般接触的交往人。第二，工作式的自我介绍，工作式的自我介绍的内容包括本人姓名、供职的单位以及部门、担任职务或从事的具体工作等三项，比如，"我叫唐婷，是大地广告公司的客户经理"。第三，交流式的自我介绍，也叫社交式自我介绍或沟通式自我介绍，是一种刻意寻求交往对象进一步交流沟通，希望对方认识自己、了解自己、与自己建立联系的自我介绍，适用于社交活动中，大体包括本人的姓名、工作、籍贯、学历、兴趣以及与交往对象的某些熟人的关系等，如"我的名字叫陈友，是××银行的理财顾问，说起来我跟您还是校友呢"。第四，礼仪式的自我介绍，这是一种表示对交往对象友好、尊敬的自我介绍，适用于讲座、报告、演出、庆典、仪式等正规的场合，内容包括姓名、单位、职务等项。自我介绍时，还应多加入一些适当的谦辞、敬语，以示自己尊敬交往对象，如"女士们、先生们，大家好！我叫宋河，是精英文化公司的常务副总，值此之际，谨代表本公司热烈欢迎各位来宾莅临指导，谢谢大家的支持"。第五，问答式的自我介绍，针对对方提出的问题，做出自己的回答，这种方式适用于应试、应聘和公务交往，在一般交际应酬场合也时有所见，举例来说，对方发问："这位先生贵姓？"回答："免贵姓张，弓长张。"

（3）掌握自我介绍的分寸　首先，语言要力求简洁，要节省时间，通常以半分钟左右为佳，如无特殊情况最好不要长于1分钟，为了提高效率，在做自我介绍时，可利用名片、介绍信等资料加以辅助；其次，态度要自然、友善、亲切、随和，充满自信，整体上讲求落落大方、笑容可掬，要充满信心和勇气，敢于正视对方的双眼，显得胸有成竹，从容不迫，语气自然，语速正常，语言清晰；最后，内容要追求真实，进行自我介绍时所表达的各项内容一定要实事求是、真实可信，过分谦虚，一味贬低自己去讨好别人，或者自吹自擂，夸大其词，都是不足取的。

2. 他人介绍

他人介绍即社交中的第三者介绍。在他人介绍中，为他人做介绍的人一般为社交活动中的东道主、社交场合中的长者、家庭聚会中的女主人、公务交往活动中的公关人员（礼宾人员、接待人员、文秘人员）等。他人介绍要注意如下方面。

（1）他人介绍的时机　这些时机包括：在家中或办公地点接待彼此不相识的客人；与家人外出，路遇家人不相识的同事或朋友；陪同亲友，前去拜会亲友不认识的人；陪同上司、来宾时，遇见了其不相识者，而对方又跟自己打了招呼；打算推介某人加入某一交际圈；受到为他人做介绍的邀请等。

（2）他人介绍的顺序　一般来说，在被介绍的两个人中，应让女士、长者、位尊者拥有"优先知晓权"，例如，介绍年长者与年幼者认识时，应先介绍年幼者，后介绍年长者；介绍长辈与晚辈认识时，应先介绍晚辈，后介绍长辈；介绍老师与学生认识时，应先介绍学生，后介绍老师；介绍女士与男士认识时，应先介绍男士，后介绍女士；介绍已婚者与未婚者认识时，应先介绍未婚者，后介绍已婚者；介绍同事、朋友与家人认识时，应先介绍家人，后介绍同事、朋友；介绍来宾与主人认识时，应先介绍主人，后介绍来宾。

在集体介绍时要注意：①少数服从多数，当被介绍者双方地位、身份大致相似时，应先介绍人数较少的一方。②强调地位、身份，若被介绍者双方地位、身份存在差异，地位高的一方就算人数较少或只一人，也应将其放在尊贵的位置，最后加以介绍。③单向介绍，在演讲、报告、比赛、会议、会见时，往往只需要将主角介绍给广大参加者。④人数较多一方的介绍，若一方人数较多，可采取笼统的方式进行介绍，如"这是我的家人""这是我的同学"。⑤人数较多各方的介绍，若被介绍的不止两方，需要对被介绍的各方进行位次排列。排列的方法：a. 以其负责人身份为准；b. 以其单位规模为准；c. 以单位名称的英文字母顺序为准；d. 以抵达时间的先后顺序为准；e. 以座次顺序为准；f. 以距介绍者的远近为准。

（3）他人介绍的细节　细节决定成败，在介绍中还要注意如下细节，只有这样才能取得良好的交际效果。①介绍者为被介绍者介绍之前，一定要征求一下被介绍双方的意见，切勿上去开口即讲，显得很唐突，让被介绍者感到措手不及；②被介绍者在介绍者

图4-1 为他人做介绍时的手势

询问自己是否有意认识某人时，一般不应拒绝，而应欣然应允，实在不愿意时，则应说明理由；③介绍人和被介绍人都应起立，以示尊重和礼貌；待介绍人介绍完毕后，被介绍双方应微笑点头示意或握手致意；④在宴会、会议桌、谈判桌上，视情况介绍人和被介绍人可不必起立，被介绍双方可点头微笑致意；如果被介绍双方相隔较远，中间又有障碍物，可举起右手致意，点头微笑致意；⑤介绍完毕后，被介绍双方应依照合乎礼仪的顺序握手，并且彼此问候对方，问候语有"你好，很高兴认识你""久仰大名""幸会幸会"，必要时还可以进一步做自我介绍。此外，介绍时不要开玩笑，不要使用易生歧义的简称，特别是在首次介绍时要准确地使用全称。为他人做介绍时的手势见图4-1。

（三）握手的要领

1. 握手的时机

握手是商务活动中最常用的礼节。一般来说，两人初次见面，朋友久别重逢，或者在社交场合偶遇同事、同学、同行、上司等要握手；在家待客和登门拜访，以及告辞或送行要握手；表示理解、支持、鼓励、肯定时要握手，表示感谢、恭喜、祝贺时也要握手。

2. 握手的方式

距握手对象1米处，双腿立正，上身略向前倾，伸出右手，四指并拢，拇指张开，与对方相握，握手时力度适中，上下稍晃动三四次，随即松开手，恢复原状。与人握手，神态要专注、热情、友好、自然，要面含笑容，目视对方双眼，同时问候对方。见图4-2。

图4-2 握手

3. 握手的力度

握手时为了表示热情友好，应当稍许用力，但以不握痛对方的手为限度。在一般情况下，握手不必用力，握一下即可。男子与女子握手不能握得太紧，西方人往往只握一下妇女的手指部分，但老朋友可以例外。

4. 握手的时间

握手时间的长短可根据握手双方亲密程度灵活掌握。初次见面者，一般应控制在3秒钟以内，切忌握住异性的手久久不松开。即使握同性的手，时间也不宜过长，以免对方欲罢不能。但时间过短，会被人认为傲慢冷淡，敷衍了事。

5. 伸手的次序

根据礼仪规范，握手时双方伸手的先后次序，一般应遵守"尊者先伸手"的原则，应该由尊者先伸出手来，位卑者只能在此后予以响应，而绝不可贸然抢先伸手，不然就是违反礼仪的举动。其规则主要包括：男女之间握手，男方要等女方先伸手后才能握手，如女方不伸手，无握手之意，可用点头或鞠躬致意；宾主之间，主人应向客人先伸手，以示欢迎；长幼之间，年幼的要等年长的先伸手；上下级之间，下级要等上级先伸手，以示尊重；多人同时握手切忌交叉，要等别人握完后再伸手。值得注意的是：在公务场合，握手时伸手的先后次序主要取决于职位、身份。而在社交、休闲场合，则主要取决于年龄、性别、婚否。

6. 握手的禁忌

握手虽然司空见惯，看似平常，但是它可被用来传递多种信息，因此在行握手礼时应努力做到合乎规范，并且注意下述几点。

不要用左手与他人握手，尤其是在与阿拉伯人、印度人打交道时要牢记此点，因为在他们看来左手是不洁的。

不要在握手时争先恐后，而应当遵守秩序，依次而行。特别要记住，与基督教信徒交往时，要避免两人握手时与另外两人相握的手形成交叉状，这类似十字架，在基督教信徒眼中是很不吉利的。

不要戴着手套握手，在社交场合女士的晚礼服手套除外。

不要在握手时戴着墨镜，只有患有眼疾或眼部有缺陷者才能例外。

不要在握手时将另外一只手插在衣袋里。

不要在握手时另外一只手依旧拿着香烟、报刊、公文包、行李等东西而不肯放下。

不要在握手时面无表情，不置一词，好似根本无视对方的存在，而纯粹是为了应付。

不要在握手时长篇大论，点头哈腰，滥用热情，显得过分客套，让对方不自在，不舒服。

不要在握手时把对方的手拉过来、推过去，或者上下左右抖个没完。

不要在与人握手之后，立即揩拭自己的手掌，好像与对方握一下手就会使自己受到感染似的。

（四）馈赠的礼仪

中华民族素来重交情，古代就有"礼尚往来"之说。亲友和商务伙伴之间的正当馈赠是礼仪的体现，感情的物化。在社交活动中表达谢意敬意、祝贺庆典活动、祝贺开张开业、适逢重大节日、探视住院病人、应邀家中做客等场合都可以馈赠不同的礼物，用以增进友情。

1. 馈赠礼品的选择

（1）突出情义　馈赠礼品要重视其情感意义，着重体现礼品的精神价值和纪念意义。礼品作为友好的象征物，其意义并不在礼品本身的金钱价值，而在于礼品本身的寓意和通过礼品所传达的情义，这是馈赠礼品的基本思想，所谓"千里送鹅毛，礼轻情义重"。情义是无价的，情义是无法用金钱来衡量的。因此在选择礼品时要着重考虑它的内涵以及想表达的情义。

（2）匠心独运　送人礼品，与做其他许多事情一样，是最忌讳"老生常谈""千人一面"的。选择礼品，应当精心构思，富于创意，力求使之新、奇、特。这就是礼品的独创性。赠送具有独创性的礼品给人，往往可以令其耳目一新，既兴奋又感动，因为这等于是"特别的爱献给特别的你"。真是这样的话，赠送者在对方心目中往往也会因此"升值"。

（3）注意禁忌　1972年，尼克松总统准备访华，急于寻求能代表国家的礼物。美国保业姆公司闻讯后，趁此良机，向尼克松总统献上公司生产的一尊精致的天鹅瓷器珍品，因为瓷器的英文是china，也具有"中国"的意思，尼克松一见，大喜过望，于是把这尊具有双重意义而且具有很高艺术价值的瓷器珍品带到了中国。这说明挑选礼品时，特别是在为交往不深或外地区人士和外国人挑选礼品时，应当有意识地使赠品与对方所在地的风俗习惯一致，在任何情况下，都要坚决避免把对方认为属于伤风败俗的物品作为礼品相赠，这样才表明尊重对方。选择礼品不应忽视的禁忌主要有以下四类：①个人禁忌，如在我国大部分地区，老年人忌讳送发音同"终"的钟，恋人们反感送发音同"散"的伞；②民俗禁忌，如在俄罗斯最忌讳送钱给别人，因为这意味着施舍和侮辱；在欧美等国药品不宜送人；③宗教禁忌，如伊斯兰教认为酒是万恶之源，所以不要向信仰伊斯兰教者送酒；

④伦理禁忌，如各国均规定不得将现金、有价证券、过于昂贵的奢侈品送给公务人员。

2. 赠送礼品的礼仪

赠送礼品的形式多种多样，主要有当面赠送、托人赠送和邮寄赠送三种。当面赠送是最好的送礼形式，因为这样可以亲自介绍礼品的寓意、使用方法，直接表达情意，从而达到通过馈赠礼品来增进彼此情意的目的，而且当面赠送还显示了送礼者的真诚、周到和热情。托人赠送，是请第三者代为转送礼品，此时应在礼品上附上自己的名片或者祝福的卡片，并事先通过电话告知对方。邮寄赠送是向居住在异地的交往对象赠送礼品的一种表达方式，现在即使居住在同一个城市，有时也可以选择邮寄送礼的方式，邮寄礼品往往会给受礼者惊喜、奇妙的感觉，收到意想不到的效果。

送给他人礼品，尤其是在正式场合赠送于人的礼品，在相赠之前，一般都应当认真进行包装。可用专门的纸张包裹礼品或把礼品放入特制的盒子、瓶子里等。礼品包装就像给礼品穿了一件外衣，这样才能显得正式、高档，而且还会使受赠者感到自己备受重视。

当面赠送礼品时，要神态自然，举止大方，表现适当。千万不要像做了"亏心事"，小里小气，手足无措。一般在与对方会面之后，将礼品赠送给对方，届时应起身站立，走近受赠者，双手将礼品递给对方。礼品通常应当递到对方手中，不宜放下后由对方自取。如礼品过大，可由他人帮助递交，但赠送者本人最好还是要参与其事，并援之以手。若同时向多人赠送礼品，最好先长辈后晚辈、先女士后男士、先上级后下级，按照次序，依次有条不紊地进行。

当面亲自赠送礼品时要辅以适当的、认真的说明。可以说明因何送礼，如若是生日礼物，可说"祝你生日快乐"；可以说明自己的态度，送礼时不要自我贬低，说什么"没有准备，临时才买来的""没有什么好东西，凑合着用吧"，而应当实事求是地说明自己的态度，比如"这是我为你精心挑选的""相信你一定会喜欢"等；可以说明礼品的寓意，在送礼时，介绍礼品的寓意，多讲几句吉祥话，是必不可少的；可以说明礼品的用途，对较为新颖的礼品可以说明礼品的用途、用法。

3. 受礼和拒礼的礼仪

一般情况下，对于对方真心赠送的礼物不能拒收，因此没完没了地说"受之有愧""我不能收下这样贵重的礼物"这类话是多余的，有时还会使人产生不愉快的感觉。即使礼物不称你心，也不能表露在脸上。接受礼物时要用双手，并说上几句感谢的话语。千万不要虚情假意，推推躲躲，反复推辞，硬逼对方留下自用；或是心口不一，嘴上说"不要，不要"，手却早早伸了过去。

如果条件许可，在接受他人相赠的礼品后，应当尽可能地当着对方的面，将礼品包装当场拆封。这种做法在国际社会是非常普遍的。在启封时，动作要并然有序，舒缓得当，不要乱扯、乱撕。拆封后还不要忘记用适当的动作和语言，显示自己对礼品的欣赏之意，如将他人所送鲜花捧在身前闻闻花香，然后再插入花瓶，并置放在醒目之处。

有时候，出于种种原因，不能接受他人相赠的礼品。在拒绝时，要讲究方式、方法，处处依礼而行，要给对方留有退路，使其有台阶可下，切忌令人难堪。可以使用委婉的、不失礼貌的语言，向赠送者暗示自己难以接受对方的好意，如当对方向自己赠送一部手机时，可以告之："我已经有一部了"；可以直截了当地向赠送者说明自己之所以难以接受礼品的原因。在公务交往中，拒绝礼品时此法最为适用，如拒绝他人所赠的大额贵重礼品时，可以说："依照有关规定，你送我的这件东西，必须登记上缴。"

4. 赠花的礼仪

鲜花是美好、吉祥、友谊和幸福的象征。我国早在汉代就有"折柳送别话依依"的诗句，可见在当时已有交际赠花之习俗。当今社交中无论是欢迎、送别、婚寿庆祝，还是节庆、开业、慰问、吊唁及国际交往中，人们经常赠以鲜花，言志明心。但由于各地风俗习惯不同，花的含义也不同，送花时必须注意得体，要做到以下几点。

（1）了解"花卉语"　当我们用花为媒介来传递友谊时，要注意运用正确的"花卉语"，以免出现尴尬。

在不同的国家和地区，同一种花也许会有不同的寓意，如在一些国家，菊花和康乃馨被认为是厄运的象征。垂柳在美国表示"悲哀"，但在法国，柳则是"仁勇"的象征。实际上，同一种类型的花卉，因其不同的颜色，也有不同甚至截然相反的意思。如红色的郁金香是"爱的表示"，蓝色的郁金香象征"诚实"，而黄色的郁金香则象征"无望的恋爱"。因此要恰当运用好"花卉语"。

（2）不同场合的赠花　向恋人赠玫瑰花是代表"我真心爱你"；蔷薇花象征"我向你求爱，小天使"；桂花表示"我真情挚意地爱你"。这类花卉赠之恋人，可收心有灵犀一点通之功。若将这类花卉赠之其他对象，则会交际不成，反而引火烧身。

婚礼赠花可以送一束美丽鲜艳的由红玫瑰、吉祥草、文竹等组成的花束。红玫瑰象征爱情美好；吉祥草代表祝朋友吉祥如意、生活美满；文竹绿郁葱葱，代表祝朋友爱情永葆青春。此外，并蒂莲表示"恩爱如初，幸福长存"，百合花象征"百年好合"，它们及红色郁金香等花都是婚礼的理想花卉。

慰问病人，送一束黄月季，表示"早日康复"；一束芝兰，象征"正气清运，贵体早康"；或送一束松、柏、梅花，以鼓励他与病魔作斗争，"坚贞不屈""胜利属于你"。

庆贺生日赠花，年轻一点的可送火红的石榴花、鲜红的月季花、美丽的象牙花，祝其前程如火一样红烈，青春如红花鲜艳等。对年老者，赠之以万年青、寿星草、龟背竹等，以示祝福老人健康长寿，快乐幸福。

此外，新春佳节可以送大丽花、牡丹花、水仙花、桃花、吉庆果、金橘和富贵竹等；祝贺开业可以送红月季、牡丹、一品红、发财树（生意兴隆）等；看望父母可以送剑兰、康乃馨、百合、满天星（百年好合）等；送别朋友可以送芍药花（依依惜别）；迎接亲友可以送紫藤、月季、马蹄莲（热情好客）等；给离退休者可以送兰花、梅花、红枫、君子兰等。

正式场合，如店铺开张、纪念、庆典等，大多可送花篮；迎宾、欢送、演出中送给演员，大多送花环、花束；宴请、招待会等送胸花；参加追悼会时送花圈以示哀悼。

送花一般不能送单一的白色花，因为会被人认为不吉利；送玫瑰花时应送单数，不要送双数，但12除外，不要将红玫瑰送给未成年的小姑娘，不要将浓香型的鲜花送给病人。送一束花时最好用彩色透明纸将花包装好，再系一根与鲜花颜色相匹配的彩带，这样既便于携带，又使花显得更漂亮。

二、能力开发

（一）阅读思考

古人与现代人的见面礼节

1. 古人的见面礼仪

旧识新朋在见面时，总要表示一定的礼节。古人的主要见面礼包括以下方面。

① 揖：拱手行礼，是为揖。这是古代宾主相见最常见的礼节。揖让之礼分为三种：第一种专用于没有婚姻关系的异姓，行礼时推手微向下；第二种专用于有婚姻关系的异姓，行礼时推手平而至于前；第三种专用于同姓宾客，行礼时推手微向上。

② 长揖：这是古代不分尊卑的相见礼，拱手高举，自上而下。

③ 拱：古代的一种相见礼，两手在胸前相合表示敬意。如"子路拱而立"（《论语》）。

④ 拜：古代表示恭敬的一种礼节。古之拜，只是拱手弯腰而已，两手在胸前合抱，头向前俯，额触双手，如同揖。如《孔雀东南飞》中的"上堂拜阿母，阿母怒不止"，这里的"拜"就是焦仲卿对母亲行的礼节。后来亦指将屈膝顿首、两手着地或叩头及地称为"拜"。如《鸿门宴》中的"哙拜谢，起，立而饮之"，这里的"拜"应是这种跪拜礼。

⑤ 拜手：古代的一种跪拜礼。行礼时，跪下，两手拱合到地，头靠在手上。《周礼》中作"空首"，也作"拜首"。如"光明呀，我景仰你，我景仰你，我要向你拜首，我要向你稽首"[《屈原（节选）》]。

⑥ 再拜：拜两次为再拜，表示礼节之隆重。如"谨使臣良奉白璧一双，再拜献大王足下"（《鸿门宴》）。过去书信末尾也常用"再拜"以表示敬意。

⑦ 顿首：跪而头叩地为顿首。"顿"是稍停的意思。行礼时，头碰地即起，因其头接触地面时间短暂，故称顿首。通常用于下对上及平辈间的敬礼。如官僚间的拜迎、拜送，民间的拜贺、拜望、拜别等。也常用于书信的开头或末尾。如"……丘迟顿首"（《与陈伯之书》）。

⑧ 稽首：古代的一种跪拜礼。跪而头触地作较长时间停留为稽首。"稽"是停留拖延的意思。行礼时，施礼者屈膝跪地，左手按右手，拱手于地，头也缓缓至于地，手在膝前，头在手后。头在地必须停留一段时间。稽首是最重的礼节，常为臣子拜见君王时所用。如"孟明稽首曰：'君之惠，不以累臣衅鼓，使归就戮于秦。'"（《崤之战》）。

[资料来源：印文权，古传琴. 古人的见面礼仪. 语文世界（高中版）. 2003，（11）]

2. 现代人的见面礼仪

在国内外交往中，现代人除了使用握手这一见面礼仪之外，以下见面礼仪也是颇为常见的。

（1）点头礼　点头礼适用于路遇熟人，在会场、剧院、歌厅、舞厅等不宜与人交谈之处，在同一场合碰上已多次见面者，遇上多人又无法一一问候之时。行礼的做法是：头部向下轻轻一点，同时面带笑容，不宜反复点头不止，也不必点头的幅度过大。

（2）举手礼　行举手礼的场合与行点头礼场合大致相似，它最适合向距离较远的熟人打招呼。其做法是右臂向前方伸直，右手掌心向着对方，拇指分开、其他四指并齐，轻轻向左右摆动一两下。不要将手上下摆动，也不要在手摆动时用手背朝向对方。

（3）脱帽礼　戴着帽子的人，在进入他人居所，路遇熟人，与人交谈、握手或行其他见面礼时，进入娱乐场所，升挂国旗、演奏国歌等情况下，应自觉主动地摘下自己的帽子，并置于适当之处，这就是所谓脱帽礼。女士在社交场合可以不脱帽子。

（4）注目礼　具体做法是：起身立正，抬头挺胸，双手自然下垂或贴放于身体两侧，笑容庄重严肃，双目正视于被行礼对象，或随之缓缓移动。一般在升国旗时、游行检阅、剪彩揭幕、开业挂牌等情况下，使用注目礼。

（5）拱手礼　拱手礼是我国民间传统的会面礼，多用于在过年时举行团拜活动，向长辈祝寿，向友人恭喜结婚、生子、晋升、乔迁，向亲朋好友表示无比感谢，以及与海外华人初次见面时表示久仰大名。行礼时应起身站立，上身挺直，两臂前伸，双手在胸前高举抱拳，自上而下，或者自内向外，有节奏地晃动两三下。

（6）鞠躬礼　在日本、韩国、朝鲜等国，鞠躬礼十分普遍。目前在我国主要适用于向他人表示感谢、领奖或讲演之后、演员谢幕、举行婚礼或参加追悼活动。行礼时应脱帽立正，双目凝视受礼者，然后上身弯腰前倾。男士双手应贴放于身体两侧裤线处，女士的双手则应下垂搭放于腹前。下弯的幅度越大，所表示的敬重程度就越大。

（7）合十礼　在东南亚、南亚信奉佛教的地区以及我国傣族聚居区，合十礼最为普遍。行合十礼时双掌十指在胸前相对合，五个手指并拢向上，掌尖和鼻尖基本持平，手掌向外侧倾斜，双腿立直站立，上身微欠低头，可以口颂祝词或问候对方，亦可面带微笑，但不准手舞足蹈、反复点头。一般而论，行此礼时，合十的双手举得越高，越体现出对对方的尊重，但原则上不可高于额头。

（8）拥抱礼　在西方，特别是在欧美国家，拥抱礼是十分常见的见面礼与道别礼。在人们表示慰问、祝贺、欣喜时，拥抱礼也十分常用。正规的拥抱礼，讲究两人正面面对站立，各自举起右臂，将右手搭在对方左肩后面；左臂下垂，左手扶住对方右腰后侧。首先各向对方左侧拥抱，然后各向对方右侧拥抱，最后再一次各向对方左侧拥抱，一共拥抱3次。在普通场合行礼，不必如此讲究，次数也不必要求如此严格。

（9）亲吻礼　亲吻礼，也是西方国家常用的见面礼。有时它会与拥抱礼同时使用。行礼时，通常忌讳发出亲吻的声音，而且不应将唾液弄到对方脸上。在行礼时，双方关系不同，亲吻的部位也有所不同。长辈吻晚辈，应当吻额头；晚辈吻长辈，应当吻下颌或吻面颊；同辈之间，同性应当贴面颊，异性应当吻面颊。接吻，即吻嘴唇，仅限于夫妻与恋人之间，而不宜滥用，也不宜当众进行。

（10）吻手礼　吻手礼，主要流行于欧美国家。它的做法是，男士行至已婚妇女面前，首先垂手立正致意，然后以右手或双手捧起女士的右手，俯首以自己微闭的嘴唇去象征性地轻吻一下其手背或是手指。行吻手礼的地点，以在室内为佳。吻手礼的受礼者，只能是妇女，而且应是已婚妇女。

思考题

（1）现代人的见面礼节较之古人的见面礼节有何不同？其发展变化的规律是什么？

（2）东方人常用的见面礼节与西方人常用的见面礼节有何不同？为什么？

（二）案例分析

【案例1】

被拒绝的生日蛋糕

　　有一位先生为一位外国朋友订做生日蛋糕。他来到一家酒店的餐厅，对服务小姐说："小姐，您好，我要为我的一位外国朋友订一份生日蛋糕，同时打一份贺卡，您看可以吗？"小姐接过订单一看，忙说："对不起，请问先生，您的朋友是小姐还是太太？"这位先生也不清楚这位外国朋友结婚没有，从来没有打听过，他为难地抓了抓后脑勺想想说："小姐？太太？一大把岁数了，太太。"生日蛋糕做好后，服务员小姐按地址到酒店客房送生日蛋糕，敲门，一女子开门，服务员小姐有礼貌地说："请问，您是怀特太太吗？"女子愣了愣，不高兴地说："错了！"服务员小姐丈二和尚摸不着头脑，抬头看看门牌号，再回去打个电话问那位先生，没错，房间号码没错。再敲一遍门，"没错，怀特太太，这是您的蛋糕"。那女子大声说："告诉你错了，这里只有怀特小姐，没有怀特太太。"啪一声，门被用力关上，蛋糕掉在了地上。

思考题

（1）案例中的这位先生错在哪儿？

（2）与外国人交往时应怎样使用称呼？

【案例2】

自我介绍不到位

著名礼仪专家金正昆曾谈到这样一件事：有一次去参加春节联欢会，节目开始前我们几个朋友在嘉宾休息室聊天。我们在那儿聊普京和布什这两位总统，讨论到底哪个人口才比较好，哪个人外形比较好，哪个人个人魅力指数比较高，当然这是大家在那儿说笑话了，有的说普京，有的说布什。说着说着来了个小伙子，听清了我们聊的内容就说，我看他们俩都不行，然后自顾自地说了普京的不行，布什的不行。我们大家都误认为他是我们这四五个人中间一个人的熟人，他走之后，我们就问，这个人是谁的朋友？结果在场的四五个人没有一个人认识他。

思考题

（1）案例中的小伙子的行为存在哪些礼仪错误？

（2）在交际场合如何避免自我介绍不到位的情况？

（3）应该怎样进行自我介绍？

【案例3】

不懂握手规矩的小李

小李大学毕业后被××商业集团公司录用，并被安排在办公室工作。一次，单位接到一个通知，说某省考察团要来拜访，单位领导非常重视，让办公室认真负责。办公室主任把这次接待任务交给了小李，特意叮嘱他不能出现任何差错。经过多方请教和努力，小李很快拟定了一个极其详尽而且合理的接待方案，递交上去后，得到了办公室主任的认可和赞赏。

巧合的是小李与这次来访的考察团团长非常熟识，故被列为主要迎宾人员并陪同有关部门领导前往机场迎接贵宾。当考察团团长率领其他工作人员到达后，小李面带微笑，热情地走上前去，先于部门领导与考察团团长握手致意，然后转身向自己的领导介绍这位考察团团长，接着又热情地向考察团团长介绍了随自己同来的部门领导。小李自以为此次接待相当顺利，但他的某些举动却令其领导十分不满。

思考题

（1）小李的举动为什么会令其领导不满？

（2）小李的问题何在？

【案例4】

麦琪的礼物

美国作家欧·亨利在其著名小说《麦琪的礼物》里讲了这样一个故事：妻子十分想在圣诞节来临时送给丈夫一份礼物，她盼望能买得起一条表链，以匹配丈夫祖上留下的一只表。因为没有钱，于是她把自己秀丽的长发剪下来卖了。圣诞之夜，妻子对丈夫献上了自己的礼物——一条精美的表链。丈夫也在惊愕之中拿出了他献给妻子的礼物，竟是一枚精致的发卡。原来，丈夫为给妻子买礼物把自己的表卖了。这时，他们紧紧地拥抱在一起，彼此的爱成为这圣诞之夜唯一的却是最珍贵的礼物。这对夫妻献给对方的礼物，在此时似乎已毫无效用，然而并非如此，它们不仅升华了他们之间的爱，使他们得到了最大的精神满足；而且更激发了他们战胜生活困难、追求幸福生活的决心和意志。有这样的情和爱，世上还有不可克服的困难和不可逾越的生活难关吗？

？思考题

（1）社交中应如何选择馈赠礼品？

（2）本案例对你有何启示？

（三）实战演练

项目1：见面场景模拟训练

实训目标：熟练、规范地运用见面的各种礼节进行交际。

实训学时：2学时。

实训地点：实训室。

实训准备：见面场景、名片若干张。

实训方法：3～5人一个小组，每组设计一个见面场景，将称呼、介绍、握手等见面礼、问候、递接名片等交际礼仪，连贯地演示下来，学生对各组的表演进行评价，最后教师总结。表演之前，每组应就设计的场景和成员的角色进行说明。

训练手记：通过训练，我的收获是＿＿＿＿＿＿＿＿＿＿＿＿＿＿＿＿＿＿＿＿＿。

项目2："我是谁"

实训目标：通过个人选择代表自己的某一件物件达到相互认识的目的。

实训学时：2学时。

实训地点：教室。

实训准备：每个人能够代表自己的某一物件。

实训方法：每位学员课前找一个能够代表自己个性特征或表达自己身份的物件（必须是可以拿得到的），并把它带到课堂上。让每一位成员展示自己所选的物件并解释其表达的含义（例如："我选择了一块石头，因为它坚硬、光滑、色彩丰富等"）。如果人数较多，可以在小组内进行，然后再挑选代表上台展示。

实训思考：

（1）你从其他成员身上学到了什么？

（2）通过这个游戏，你对其他参加者了解达到何种程度？

训练手记：通过训练，我的收获是＿＿＿＿＿＿＿＿＿＿＿＿＿＿＿＿＿＿＿＿＿。

项目3：见面会游戏

实训目标：训练学生与陌生人见面、交往的技巧。

实训学时：2学时。

实训地点：大学生活动中心。

实训准备：简单布置见面会会场。

实训方法：

（1）教师预先设计一些社会角色，确保每个角色都有一个人扮演。活动开始前，给大家一点时间对自己的角色进行熟悉。

（2）活动开始后，大家可以随意走动、聊天。言行一定要符合他所扮演的人物的身份。每位同学要不断地相互交流，尽可能多地让对方知道自己的角色，同时获知对方的角色。

（3）活动过程中要正确运用所学的交际礼仪。

（4）15分钟以后，游戏结束，让大家描述一下他（她）所扮演的角色以及他（她）所用的表达方式。选出最佳演员。

（5）教师可以根据人数分组。

训练手记：通过训练，我的收获是_____。

项目4：馈赠礼品模拟训练

背景介绍：假设A公司和B公司拟进行技术合作，共同开发新型汽车发动机。A公司位于湖北武汉，B公司为辽宁大连的一家公司。双方在大连合作会谈非常顺利。临近本次合作会谈尾声，B公司公共关系部的王经理特地为远道而来的A公司李总经理一行5人每人准备了一袋海产品，作为礼物赠送给对方。

实训学时：1学时。

实训地点：实训室。

实训准备：5份包装精美的礼品。

实训方法：每6名学生为一组，将全班同学分成若干组，然后安排学生分别扮演B公司的王经理和A公司的李总经理等5人，模拟进行礼物馈赠练习。演示礼品的馈赠时应注意礼品馈赠时的口头语言与体态语言的演示。

学生之间互相点评，教师指导纠正。

训练手记：通过训练，我的收获是_____。

 温故知新

1．判断题

（1）"李教授"属于称呼中的职业称呼。　　　　　　　　　　　　　　　（　　）

（2）与人握手时目光应注视对方，以表示对对方的尊重。　　　　　　　（　　）

（3）上下级握手，下级要先伸手，以示尊重。　　　　　　　　　　　　（　　）

（4）初次见面更要注意称呼。　　　　　　　　　　　　　　　　　　　（　　）

（5）应先将未婚女子介绍给已婚女子。　　　　　　　　　　　　　　　（　　）

（6）在社交场合女士可以戴晚礼服手套握手。　　　　　　　　　　　　（　　）

（7）递名片时，名片的文字要正面朝向自己。　　　　　　　　　　　　（　　）

（8）接受他人名片时，应恭恭敬敬，双手捧接，并道感谢。　　　　　　（　　）

（9）当你介绍别人的时候，突然想不起来对方的名字的话，最好实事求是地告诉对方。　　　　　　　　　　　　　　　　　　　　　　　　　　　　　　（　　）

（10）当别人介绍你的时候说错了你的名字，不要去纠正，免得对方难堪。（　　）

（11）为他人做介绍时，应该先把身份高的一方介绍给身份低的一方。　（　　）

（12）越昂贵的礼品所表达的送礼者的情意越深厚。　　　　　　　　　（　　）

（13）赠送具有独创性的礼品给人，往往可以令其耳目一新，既兴奋又感动。（　　）

（14）"精神礼品"受青睐已成为当今人际交往中的一道亮丽的风景线。　（　　）

（15）阿拉伯地区严禁送酒；在西方药品可以送人。　　　　　　　　　（　　）

（16）送礼时不要自我贬低，说什么"没有准备，临时才买来的""没有什么好东西，凑合着用吧"。　　　　　　　　　　　　　　　　　　　　　　　　　　　（　　）

（17）在接受他人相赠的礼品后，应当尽可能地当着对方的面，将礼品包装当场拆封。　　　　　　　　　　　　　　　　　　　　　　　　　　　　　　　（　　）

（18）在我国大部分地区，给老年人送礼物时忌讳送钟。 （　　）

2. 思考与训练

（1）交际中对交际对象应如何称呼？

（2）在为他人做介绍时介绍的次序是什么？应注意哪些问题？

（3）握手的次序是什么？握手时应注意哪些问题？

（4）除握手外，常见的见面礼还有哪些？

（5）怎样选择馈赠的礼品？

（6）哪些交际场合需要馈赠礼品？

（7）赠花的基本礼仪是什么？

（8）请分析以下为他人介绍的事例存在什么问题？

事例1：这位是×××公司的人力资源部张经理，他可是实权派，路子宽，朋友多，需要帮忙可以找他。

事例2：我给各位介绍一下，这小子是我的铁哥们儿，开小车的，我们管他叫"黑蛋"。

 考核评价

能力考核评价表

内　　容		评　　价	
学习目标	评价内容	小组评价（5、4、3、2、1）	教师评价（5、4、3、2、1）
知识（应知应会）	见面礼仪规范		
专业能力	会打招呼		
	称呼、握手、介绍符合礼仪规范		
	馈赠礼物符合礼仪要求		
通用能力	交际能力		
	语言表达能力		
态度	热情、和蔼、周到、细致、遵守规范		
努力方向：		建议：	

任务5

接访礼仪

君子敬而无失，与人恭而有礼，四海之内，皆兄弟也。

——孔子

 学习目标

1. 礼貌、规范地接待来访者，给对方留下美好印象。

2．掌握恰当的拜访时机，以正确的言谈举止拜访客户。

案例导入

接　待

一天上午，金运公司前台接待秘书小张匆匆走进办公室，像往常一样进行上班前的准备工作。她先打开窗户，接着打开饮水机开关，然后翻看昨天的工作日志。这时，一位事先有约的客人要求会见销售部李经理，小张一看时间，他提前了30分钟到达。小张立刻通知了销售部李经理，李经理说正在接待一位重要的客人，请对方稍等。小张就如实转告客人说："李经理正在接待一位重要的客人，请您等一会儿。"话音未落，电话铃响了，小张用手指了指一旁的沙发，没顾上对客人说什么，就赶快接电话去了。客人尴尬地坐下……待小张接完电话后，发现客人已经离开了办公室。

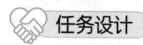

任务设计

一、应知应会

接访礼仪是接待礼仪与拜访礼仪的简称。在社交中，接待是指迎接交际对象，对方无论是应邀而来，还是自行登门来访，都要周到热情地做好接待工作。拜访是指亲自到某处拜见某人，如需要交际对象对某件事给予配合或参与时就要对其进行拜访。接待和拜访的关键是要尊重对方，让其感受到被关注、被尊重，从而取得其信任。本任务"案例导入"中的秘书小张不注意接待工作的礼仪，使客户没有受到尊重与信任，从而丧失了一位重要客户，这其中的教训是深刻的。因此，在社交中，讲究拜访和接待的礼仪是十分必要的。

（一）接待礼仪

1. 做好迎宾的准备

迎接，是给客人以良好第一印象的最重要工作。在接待工作中，把迎宾工作做好，对来宾表示尊敬、友好与重视，来宾就会对东道主产生良好印象，从而为下一步深入接触打下基础。在迎宾工作中，要注意做好以下前期准备工作。

（1）掌握基本状况　商务人员一定要充分掌握来宾的基本状况，尤其是主宾的个人情况，如姓名、性别、年龄、籍贯、民族、单位、职务、专业、偏好等，必要时还需了解其婚姻、健康状况、政治倾向与宗教信仰等。如果来宾尤其是主宾曾经来访过，则在接待规格上要注意前后一致，无特殊原因不宜随意升格或降格。来宾如报出自己一方的计划，比如来访的目的、来访的行程、来访的要求等，应在力所能及的前提下满足其特殊要求，尽可能对对方给予照顾。

（2）制订具体计划　为了避免疏漏，一定要制订详尽的接待计划，以便按部就班地做好接待工作。根据常规，接待计划至少应包括迎送方式、迎送规格、交通工具、膳宿安排、工作日程、文娱活动、游览、会谈、会见、礼品准备、经费开支以及接待、陪同人员等基本内容。

（3）确认抵达时间　有时候，来宾到访时间或因其健康状况，或因紧急事务缠身，或因天气变化、交通状况等的影响，难免会有较大变动。因此，接待方务必要在对方正式启程前与对方再次确认一下抵达的具体时间，以便安排迎宾事宜。

2. 交通工具停靠站迎宾礼仪

（1）迎宾人员　一般来说，迎送人员与来宾的身份要相当，但如果一方当事人因临时身体不适或不在当地等原因不能前来迎送也可灵活变通，由职位相当的人士或由副职出面。遇到这种情况，应从礼貌出发向对方做出解释。另外，迎宾人员最好与来宾专业对口。

（2）迎宾地点　来宾的地位、身份不同，迎宾地点往往有所不同。一般情况下，迎宾的常规地点有：交通工具停靠站（机场、码头、火车站等）、来宾临时住所（宾馆）、东道主的办公地点门外等。在确定迎宾地点时，还要考虑以下因素：双方的身份、关系及自身的条件。

（3）迎宾时间　到车站、机场去迎接客人，应提前到达，绝不能迟到让客人久等。客人刚下飞机或下车就能看见有人等候，一定会很感激；如果是第一次到这个城市，还能因此获得一种安全感。若迎接来迟，会使客人感到失望和焦虑不安，还会因等待而产生不快，事后无论怎样解释都无法消除这种失职和不守信誉造成的印象。

（4）迎宾标识　如果迎接人员与客人素未见面，一定要事先了解一下客人的外貌特征，最好举个小牌子去迎接。小牌子上尽量不要用白纸写黑字，这样会给人晦气的感觉；也不要写"××先生到此来"，而应写"××先生，欢迎您！""热烈欢迎××先生"之类的字样；字迹力求端正、大方、清晰，不要用草书书写。一个好的迎宾标识，既要便于找到客人，又要能给客人留下美好印象——当客人迎面向你走来时会产生自豪感。在单位门口，不要千篇一律地写上"Welcome"一词，而应根据来宾的国籍随时更换语种，这样会给来宾一种亲切感。

（5）问候与介绍　接到客人后，切勿一言不发、漠然视之，而要先与之略做寒暄，比如说一些"一路辛苦了""欢迎您来到我们这个美丽的城市""欢迎您来到我们公司"之类的话。然后要向客人介绍自己的姓名和职务，如有名片更好；客人知道你的姓名后，如一时还不知如何称呼你，你可以主动表示："就叫我小×或××好了。"其他接待人员也要一一向客人做自我介绍，有时可由领导介绍，但更多的时候是由秘书承担这一职责。在做介绍时，态度要热情，要端庄有礼，要正视对方并略带微笑，可以先说"请允许我介绍一下"，然后按职务高低将本单位的人员依次介绍给来宾。对于远道而来、旅途劳顿的来宾，一般不宜多谈。

（6）握手　握手是见面时最常见的礼节，双方相互介绍之后应握手致意。握手时，要注视对方，微笑致意，并使用"欢迎您"等礼貌用语。迎接来宾时，迎宾人员一定要主动与对方握手。

（7）献花　有时迎接重要宾客还要向其献花，一般以献鲜花为宜，并要保持花束的整洁、鲜艳。在社交场合，献什么花、怎么献花，常因民族、地域、风情、习俗、目的的不同而有所区别。一般情况下，应注意从鲜花的颜色、数目和品种三个方面加以考虑。

（8）为客代劳　接到来宾后，在走出迎宾地点时应主动为来宾拎拿行李，但对来宾手上的外套、坤包或是密码箱等则不必"代劳"。客人如有托运的物件，应主动代为办理领取手续。

3. 陪车礼仪

客人抵达后从交通工具停靠站到住地以及访问结束后由住地到交通工具停靠站，有时需要主人陪同乘车。主人在陪车时，应请客人坐在自己的右侧。有司机的时候，后排右位最佳，应留给客人。上车时，应主动打开车门，以手示意请客人先上车，自己后上。一般最好让客人从右侧门上车，主人从左侧门上车，以免从客人座前穿过。如客人先上车坐到了主人的位置上，则不必请客人挪动位置。在接待客人时，客人一般会对将要参加的活动的有关背景资料、筹备情况、有关的建议，当地风土人情、气候、物产，富有特色的旅游点，近期本地发生的大事，本地知名人士的情况，当地的物价等感兴趣，所以接待人员要向客人就上述信息做必要的介绍。

4. 宾馆接待礼仪

将来宾送至宾馆，要主动代为办理登记手续，并将其送入房间。进入客人房间后，应告知客人餐厅何时营业，有何娱乐设施，有无洗衣服务等以便客人心中有数。客人一到当地，最关心的就是日程安排，所以应事先制订活动计划。客人到宾馆后，应马上将日程表送上，以便客人据此安排私人活动。根据活动安排，客人将与哪些人会面与会谈，也应向客人做简略介绍。为了帮助客人尽快熟悉访问地的情况，还可以准备一些有关这方面的出版物给客人阅读，如本地报纸、杂志、旅游指南等。考虑到客人旅途劳累，主人不宜久留，应让客人早些休息，分手前要说好下一次见面的时间和地点，并留下自己的地址和电话号码，以便客人有事时联系。

5. 引导客人的礼仪

（1）注意迎接客户的三阶段行礼　我们国内通行的三阶段行礼包括15度、30度、45度的鞠躬行礼。15度的鞠躬行礼是指打招呼，表示轻微寒暄；30度的鞠躬行礼是敬礼，表示一般寒暄；45度的鞠躬行礼是最高规格的敬礼，表达深切的敬意。在行礼过程中，不要低头，要弯下腰，但绝不能看到自己的脚尖；要尽量举止自然，令人舒适；切忌用下巴跟人问好。

（2）引导手势要优雅　男性接待人员在做引导时，应该是当访客进来的时候，行个礼，鞠个躬，手伸出的时候，眼睛要随着手动，手的位置在哪里眼睛就跟着去哪里。女性接待人员在做指引时，手就要放下来，否则会碰到其他过路的人，等到必须转弯的时候，需要再次打个手势告诉访客"对不起，我们这边要右转"。打手势时切忌五指张开或表现出软绵绵的无力感。

（3）注意危机提醒　在引导过程中，要注意对访客进行危机提醒。比如，在引导访客转弯的时候，熟悉地形的接待人员知道在转弯处有一根柱子，就要提前对访客进行危机提醒；如果拐弯处有斜坡，就要提前对访客说"请您注意，拐弯处有个斜坡"。对访客进行危机提醒，让其高高兴兴地进来，平平安安地离开，这是每一位接待人员的职责。

（4）上下楼梯的引导方式　引导客户上楼梯时，假设接待者是女性，应请客人先走，客人从楼梯里侧向上行，引导者走在中央，配合客人的步伐速度引领；而引导客户下楼梯时，引导者应走在客人的前面，客人走在里侧，引导者走在中间，边注意客人动静边下楼梯。

（5）在走廊和电梯的引导方法　在走廊，接待人员应在客人的左斜前方，距离二三步远，配合步调。若左侧是走廊的内侧，应让客人走在内侧。引导客人乘坐电梯时，接待人员先进入电梯，等客人进入后关闭电梯门，到达时，接待人员按"开"的钮，让客人先走出电梯。

（6）注意开启会客室大门　会客室的门分为内开和外开，在打开内开的门时不要急着把手放开，这样会令后面的宾客受伤；如果要开外开的门，就更要注意安全，一旦没有控制好门，很容易伤及客户的后脑勺。所以，开外开门时，千万要用身体抵住门板，并做一个请的动作，当客人进去之后再随后将门轻轻关上，这是在维护客人的安全。

（7）会客室安排和客厅引导方法　正常情况会客室座位的安排：一般会客室离门口最远的地方是主宾的位子。假设某会议室对着门口有一排一字形的座位席，这些位子就是主管们的位子，而与门口成斜角线的位子就是主宾的位子，旁边是主宾的随从或者直属人员的位子，离门口最近的位子安排给年龄辈分比较低的员工。特殊情况时会客室座位的安排：会客室座位的安排除了遵照一般的情况，也要兼顾特殊，有些人位居高职，却不喜欢坐在主位，如果他坚持一定要坐在靠近门口的位子时，要顺着他的意思，让客人自己去挑选他喜欢的位置，接下来只要做好其他位子的调整就好。当客人走入客厅时，接待人应用手指示，请客人坐下，看到客人坐下后，才能行点头礼再离开。如果客人错坐下座，可提请客人改坐上座，但不要勉强。

6. 奉茶的礼仪

我国人民习惯以茶水招待客人。在招待尊贵客人时，选择什么茶具、怎样倒茶和递茶都有许多讲究。在给客人送茶时，茶具不能有破损和污垢，要洗干净、擦亮，杯内的茶水倒至八分满即可，不可倒满，免得溢出来溅洒到客人身上。茶水冷热也要控制好，千万别烫着客人。端送茶水最好使用托盘，既雅观又卫生；托盘内放一块抹布更好，以便茶水溢出时擦拭。端茶时，有杯柄的茶杯可一手执杯柄一手托在杯底或单手执杯柄；若茶杯没有杯柄，注意不要用手握住茶杯，以减少手指和杯沿部分的接触，更不可把拇指伸入杯内。敬茶时可以按由右往左的顺序逐个奉上，也可按主要宾客或年长者—其他客人、上级领导—其他客人这个顺序敬奉。

7. 接待时的礼仪

（1）主动热情接待客人 在客人到达本单位时，参与接待的相关领导和工作人员应该前往门口迎接。进入办公室或会客室时，接待人员一般应起身握手相迎，对上级、长者、客户来访，应起身上前迎候。如果自己有事暂不能接待来访者，应安排秘书或其他人员接待客人，不能冷落来访者。正在接待来访者时，有电话打来或有新的来访者，应尽量让秘书或他人接听或接待，以避免中断正在进行的接待。

（2）要保持亲切灿烂的笑容 笑是世界的共通语言，笑是接待人员最好的语言工具，访客接待的第一秘诀就是展现亲切笑容。当客户靠近的时候，接待人员绝对不能面无表情地说"请问找谁？""有什么事吗？""您稍等……"。这样的接待会令客人觉得很不自在，相反，一定要面带微笑地说"你好，请问有什么需要我服务的吗？"。

（3）注意使用温馨合宜的招呼语 当接待顾客时，最好不要或者尽量减少使用所谓的专业术语，多使用顾客易懂话语。比如医学专业术语、银行专业术语等，许多顾客无法听懂这些专业术语，如果在与其交谈时张口闭口皆术语，就会让顾客感觉很尴尬，也会使交流受到影响。所以，招呼语要通俗易懂，要让顾客切身感觉到亲切和友善。同时，应尽量使用简单明了的礼貌用语，比如"您好""大家好""谢谢""对不起""请"等，向顾客展现自己的专业风范。另外，还应该尽量使用生动得体的问候语，比如"有没有需要我服务的？""有没有需要我效劳的？"。这样的问候语既生动又得体。切忌使用类似"找谁？""有事吗？"这样的问候语，会让客人感到不舒服，甚至会把客户吓跑。

（4）妥善处理客人意见或建议 对来访者的意见和观点不要轻率表态，应思考后再做答复。对一时不能作答的，要约定一个时间再联系。对能够马上答复的或立即可办理的事，应当场答复，迅速办理，不要让来访者无谓地等待或再次来访。对来访者的无理要求或错误意见，应有礼貌地拒绝，不要使来访者尴尬。

8. 送别礼仪

送别，是留给客人良好的最后印象的一项重要工作。不管你前面的接待工作做得多么周到，如果最后的送别让客人备受冷落，整个接待工作就会功亏一篑。做好送别工作，关键在于一个"情"字。具体而言，送别时应注意以下礼仪。

（1）提出道别 在日常接待活动中，宾主双方由谁提出道别是有讲究的。按照常规，道别应当由客人先提出来，假如主人首先与来客道别，难免会给人以厌客、逐客的感觉。

（2）送别用语　宾主道别，彼此都会使用一些礼貌用语表达对对方的惜别之情，最简单、最常用的莫过于一声亲切的"再见！"，除此之外，"您走好！""有空多联系！""多多保重！"等也是得体的送别用语。

（3）送别的表现　一般客人告辞离去，商务人员只需起身将其送至门口，说声"再见"即可。如果上司要求你代其送客，则应视需要将客人送至相应地点：如果对方是常客，通常应将其送至门口、电梯门口或楼梯旁、大楼底下、大院门外；如果是初次来访的贵客，则要陪伴对方走得更远些。如果只将客人送至会议室或办公室门口、服务台边，则要说声"对不起，失陪"，目送客人走远；如果将客人送至电梯门口，则宜点头致意，目送客人至电梯门关合为止；若将客人送至大门口或汽车旁，则应帮客人携带行李或稍重物品，并帮客人拉开车门，开车门时右手置于车门顶端，按先主宾后随员、先女宾后男宾的顺序或客人的习惯引导客人上车，同时向客人挥手道别，祝福旅途愉快，目送客人离去。在送别的过程中，切忌流露出不耐烦、急于脱身的神态，以免给客人匆忙打发他走的感觉。

（二）拜访礼仪

拜访是公务、商务等社会活动中一件经常性的工作，是最常见的社交形式，同时也是联络感情、增进友谊的一种有效方法。要使拜访做得更得体、更有效，更好地实现拜访的目的，就要重视和学习拜访的礼仪。

1. 约好时间

拜访前，应事先联络妥当，尽可能事先告知，最好是和对方约定一个时间，以免扑空或打乱对方的日程安排，即使是电话拜访也不例外，不告而访是非常失礼的。如果双方有约，应准时赴约，不能轻易失约或迟到。但如果因故不得不迟到或取消访问，一定要设法在事前立即通知对方，并表示歉意。拜访应选择适当的时间，选择一个对方方便的时间。做客拜访一般可在平时晚饭后或假日的下午，要避免在吃饭和休息的时间登门造访。

2. 做好准备

（1）明确拜访目的　无论是初次拜访还是再次拜访，都要事先明确拜访的主要目的。

（2）准备有关资料　商务拜访，比如客户拜访，要准备的资料包括公司及业界的资料、相关产品资料、客户的相关信息资料、销售资料及方案、针对可能出现的情况事先拟订的解决方案或应对方案、一些小礼品等。此外，名片、电话号码簿等也要事先准备好。

（3）设计拜访流程　要针对拜访环节准备好最稳妥、最得体的称呼和开场白，选择好话题材料，确定话题范围等。

（4）电话预约确认　出发前应致电被拜访者，再次确认本次拜访人员、时间和地点等事宜。

（5）注意礼仪细节　到达前，最好先稍事整理服装仪容。如果是重要的拜访对象，要事先关掉手机，这体现了对拜访对象的尊敬，对访问事宜的重视。

3. 上门有礼

到达拜访地点后，如果对方因故不能马上接待，可以在对方接待人员的安排下在会客厅、会议室或在前台安静地等候。如果等待时间过久，可以向有关人员说明，并另定时间，不要显出不耐烦的样子。有抽烟习惯的人，要注意观察该场所是否有禁止吸烟的警示。即使没有，也要问问工作人员是否介意抽烟。如果接待人员没有说"请随便看看"之类的话，就不要随便东张西望，到处窥探，那是非常不礼貌的。到达被访人所在地时，一定要事先轻轻敲门，进屋后等主人安排后坐下。后来的客人到达时，先到的客人应站起来，等待介绍或点头示意。对室内的人，无论认识与否，都应主动打招呼。如果与对方是第一次见面，应主动递上名片，或做自我介绍。对熟人可握手问候。如果你带其他人来，要介绍给主人。进门后，应把随身带来的外套、雨具等物品搁放到对方接待人员指定的地方，不可任意乱放。接茶水时，应从座位上欠身，双手捧接，并表示感谢。吸烟者应在主人敬烟或征得主人同意后，方可吸烟。和主人交谈时，应注意掌握时间。有要事必须要与主人商量或向对方请教时，应尽快表明来意，不要不着边际，浪费时间。

4. 礼貌告辞

拜访结束时彬彬有礼地告辞，可给对方留下良好的印象，同时也给下次的拜访创造良好的氛围和机会。所以，及时告辞、礼貌告辞这一环节相当重要。拜访时间长短应根据拜访目的和主人意愿而定，通常宜短不宜长，适可而止。当接待者有结束会见的表示时，应立即起身告辞。告辞时要同主人和其他客人一一告别。如果主人出门相送，应请主人留步并道谢，热情地说声再见。中途因特殊情况不得不离开时，无论主人在场与否，都要主动告别，不能不辞而别。

5. 拜访过程礼仪

（1）准时到达 让被拜访者无故等候，无论何种原因都是严重失礼的事情。如果是对方要晚点到，要安静等待。可充分利用剩余的时间，检查准备工作。

（2）控制时间 谈话时开门见山，不要海阔天空，浪费时间。最好在约定时间内完成访谈，如果客户表现出有其他要事的样子，千万不要再拖延，如为完成工作，可约定下次拜访时间。

（3）注意言谈举止 要以优雅得体的言谈举止体现素质、涵养和职业精神，赢得对方的好感和敬重。即便与接待者的意见相左，也不要争论不休。要注意观察接待者的举止神情，当有不耐烦或有为难的表现时，应转换话题或口气。总之，要避免出现不愉快或尴尬的场面。

（4）处理好"握手"与"拥抱"的关系 必须事先搞清对方人员的真实身份，根据主次或亲疏的关系，处理好见面时的礼仪关系。

（5）尊重对方习惯 由于被拜访者的国别、民族、年龄、性别以及爱好、兴趣、习惯各有不同，事先要了解清楚，并给予充分的尊重。

（6）讲究服饰 服饰事关拜访者自身的职业形象和所代表的机构形象，也体现对被拜访者的尊重。所以，拜访前对服饰的选择和斟酌马虎不得。

（7）及时致谢 对拜访过程中接待者提供的帮助要及时适当地致以谢意。

（8）事后致谢 若是重要约会，拜访之后给对方寄一封谢函或留一条短信，会加深对方的好感。

二、能力开发

（一）阅读思考

待客座次礼仪

为了表示对客人的尊重，主人在安排座次时，应当将客人安排在尊位上。尊位的确定方法应根据具体情况而定，其通常包括以下几种。

1. 面门为尊

主宾双方相对而坐，且其中一方的座位面向正门时，则面对正门的座位为尊位，应礼让于客人；背对正门的座位为卑位，适合主人就座，如图5-1所示。

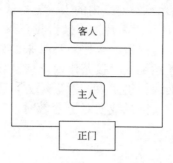

图5-1 面门为尊的座次排列

2. 以右为尊

主宾双方面向正门并列而坐时，则以面对正门方向的视角为准，右侧为尊位，左侧为卑位，如图5-2（a）所示；主宾双方相对而坐，且双方都不面向正门时，则以进门方向的视角为准，右侧为尊位，左侧为卑位，如图5-2（b）所示。

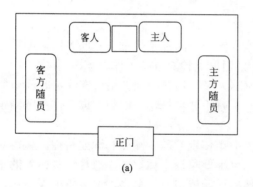
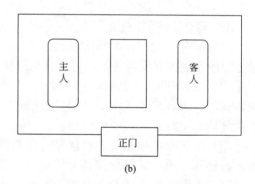

(a)   (b)

图5-2 以右为尊的座次排列

3. 以远为尊

主宾双方并排坐于正门的一侧时，离门较远的座位为尊位，较近的座位为卑位，如图5-3所示。

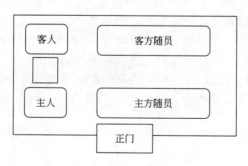

图5-3 以远为尊的座次排列

4. 居中为尊

当客人较少而主人一方参与会见者较多时，可由主人一方的人员以一定的方式围绕在客人的两侧或四周，让客人坐在中央，呈现出"众星捧月"的姿态，如图5-4所示。

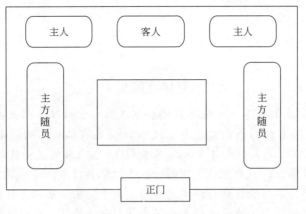

图5-4 居中为尊的座次安排

5. 佳座为尊

即以相对较好的座椅为尊位。例如，长沙发尊于单沙发，沙发尊于椅子，椅子尊于凳子，高座椅尊于矮座椅，宽大舒适的座椅尊于狭窄而不舒适的座椅等。

值得注意的是，如果主人还未来得及让座，客人便已自行选择了座位并已经就座，此时就应主随客便，让客人自由就座，客人所坐的位置即为尊位。

（资料来源：张鹏. 商务礼仪与职业形象[M]. 北京：清华大学出版社，2019.）

思考题

（1）在接待中，除了待客座次外，还有哪些礼宾次序需要注意？

（2）本阅读材料对你有何启示？

（二）案例分析

【案例1】

小王的失礼之处

小王和小李是大学同学。大学毕业后，各奔东西。如今，小王在A公司当业务员，小李在B公司当经理。A公司正好准备与B公司做一笔买卖（第一次），而小王得知此事后，便自告奋勇，一来想去探望一下十多年没见的朋友，二来也想提升一下自己在公司的地位。这天下午，小王便去了B公司的经理室，结果在门口被秘书拦下。经过一番解释，秘书告诉他李经理不在，并将公司的电话号码给他。

隔了几天，小王打电话给B公司，预约成功，定于星期三下午3∶30见面。结果由于堵车，小王晚去了一个小时。到了以后，经打听，经理还在，就推门进去。老朋友相见，十分欢喜。小王马上冒出一句："小李，这几年过得不错啊！"李经理感到有些尴尬。接着两人寒暄了几句。小王便在沙发上一坐，跷起了二郎腿，掏出一支烟递给李经理，李经理不抽，小王自己便大口大口地抽起来，整个经理室顿时烟雾笼罩。李经理实在觉得不适，就打开窗户，说："我这几天咽喉发炎，闻不得烟味儿，请原谅。"小王也就不抽了。

接着两人聊开了大学生活……临走之际，小王说明来意，并将一块名牌手表送给李经理，李经理死活不接，并解释公司有规定：对500元以上的礼品概不接受。

思考题

请指出小王的失礼之处？

【案例2】

小张错在哪里？

　　小张大学毕业后在扬州××玩具厂办公室工作。中秋节前两天办公室陈主任通知他，明天下午3：00本公司的合作伙伴上海××贸易有限公司的刘副总经理将到本市（××玩具厂的出口订单主要来自××贸易公司），这次来的主要目的是了解××玩具厂是否有能力有技术在60天内完成美国的一批圣诞玩具订单，××玩具厂很希望拿到这份利润丰厚的订单，李厂长将亲自到车站接站。由于陈主任第二天将代表李厂长出席另外一个会议，临时安排小张随同李厂长一起去接刘副总经理，小张接到任务后，征得李厂长同意，在一个四星级宾馆预订了房间，安排厂里最好的一辆轿车去接刘副总经理。

　　第二天上午，小张忙着布置会议室，通知一家花木公司送来了一批绿色植物，准备欢迎条幅，又去购买了水果，一直忙到下午2：30，穿着休闲服的小张急急忙忙随李厂长一起到车站，不料，市内交通拥挤，到车站后发现，刘副总经理已经等待了十多分钟，李厂长不住地抱歉，小张也跟着说，厂子离市区太远，加上堵车才迟到的，小张拉开车前门请刘副总经理上车说："这里视线好，您可以看看我们扬州的市貌。"随后，又拉开右后门请李厂长入座，自己急忙从车前绕到左后门上了车，小车到达宾馆后，小张推开车门直奔总台，询问预订房间情况，为刘副总经理办理入住手续，刘副总经理提行李跟过来。小张将刘副总经理送到房间后，李厂长与刘副总经理交流着第二天的安排，小张在房间里转来转去，看看是否有不当之处。片刻后，李厂长告辞，临走前告知刘副总经理晚上6：00接他到扬州一家著名的餐馆吃晚饭。

　　小张随李厂长出来后，却受到李厂长的批评，说小张经验不够。小张觉得很冤枉，自己这么卖力，又是哪里出错了？

思考题

　　（1）小张的接待准备工作充分吗？

　　（2）小张在礼仪上有什么不足？

　　（3）小张接到这份接待工作后，应该怎样做更合适？

【案例3】

麦克拜访客户的秘诀

　　麦克具有丰富的产品知识，对客户的需要很了解。在拜访客户前，麦克会尽量掌握客户的一些基本资料。麦克常常以打电话的方式先和客户约定拜访的时间。

　　今天是星期四，下午4点刚过，麦克精神抖擞地走进办公室。他今年35岁，身高6英尺（1英尺＝30.48厘米），深蓝色的西装上看不到一丝的皱褶，浑身上下充满朝气。

　　从上午七点开始，麦克便开始了一天的工作。麦克除了吃饭的时间，始终没有闲过。麦克五点半有一个约会。为了利用四点至五点半这段时间，麦克便打电话，向客户约定拜访的时间，以便为下星期的推销拜访而预做安排。

　　打完电话，麦克拿出数十张卡片，卡片上记载着客户的姓名、职业、地址、电话号码资料以及资料的来源。卡片上的客户都是居住在市内东北方的商业区内。

　　麦克选择客户的标准包括客户的年收入、职业、年龄、生活方式和嗜好。

麦克的客户来源有3种：一是现有的顾客提供的新客户的资料；二是麦克从报刊上的人物报道中收集的资料；三是从职业分类上寻找客户。

在拜访客户以前，麦克一定要先弄清楚客户的姓名。例如，想拜访某公司的执行副总裁，但不知道他的姓名，麦克会打电话到该公司，向总机人员或公关人员请教副总裁的姓名。知道了姓名以后，麦克才进行下一步的推销活动。

麦克拜访客户是有计划的。他把一天当中所要拜访的客户都选定在某一区域之内，这样可以减少来回奔波的时间。根据麦克的经验，利用45分钟的时间做拜访前的电话联系，即可在某一区域内选定足够的客户供一天拜访之用。

麦克下一个要拜访的客户是国家制造公司董事长比尔先生。麦克正准备打电话给比尔先生，约定拜访的时间。

做好拜访前的准备工作使麦克成为一名优秀的业务员。

思考题

（1）麦克拜访客户有哪些秘诀？

（2）本案例对你有何启示？

（三）实战演练

项目：接待探访模拟训练

实训目标：熟悉接待、探访的有关礼节，能够正确运用其礼仪规范。

实训学时：2学时。

实训地点：实训楼前、电梯间、会议室。

实训准备：办公家具、茶具、茶叶、热水瓶或饮水机、企业宣传资料等。

实训方法：一部分学生扮演来访团体成员，一部分学生扮演接待方成员，模拟演示以下情境。

（1）在门口迎接客人。

（2）引导客人前往接待室。

（3）与客人搭乘电梯。

（4）引见介绍。

（5）招呼客人。

（6）为客人奉送热茶。

（7）送别客人。

演示完毕后，可两组人员角色对调，再演示一遍，充分体会探访、接待的不同礼仪要求。

训练手记：通过训练，我的收获是＿＿＿＿＿＿＿＿＿＿＿＿＿＿＿＿＿＿＿＿＿。

温故知新

1. 判断题

（1）到住宅探访，如果门户是敞开的，可直接进去。　　　　　　　　　（　　）

（2）到车站迎接客人，见到客人后应主动帮助客人提取行李，帮客人拿公文包或手提包。　　　　　　　　　　　　　　　　　　　　　　　　　　　　　　　（　　）

（3）在接待室看到客人来时，要立即从座位上站起来，礼貌地招呼。　　（　　）

（4）在接待中，对于来访者的伞、帽、包等物，要指明挂放处，有时可以帮助放置。
　　　　　　　　　　　　　　　　　　　　　　　　　　　　　　　　（　　）

（5）送客时，不论是送至电梯、门口或车站，都要挥手道别，而且要等客人走远时再回接待室。　　　　　　　　　　　　　　　　　　　　　　　　　（　　）

2．思考与训练

（1）接待的基本礼节有哪些？

（2）访问应注意哪些礼仪？

（3）一个夏日的晚上，你到朋友家上门拜访，好客的女主人热情地接待了你，并为你端上一杯龙井茶。你正在喝茶时，却发现杯中有一根头发。此时，你该怎么办？

（4）进行拜访礼仪实践。学生2～4人为一组，利用业余时间，到亲朋好友家进行拜访。拜访的目的可以是社会调查、礼节性拜访或是请教问题等。拜访结束后，每个人写出详细的拜访过程，在教师的指导下，在全班进行拜访总结。

（5）假如你明天要拜访一为重要客户，列出你需要做哪些形象准备和资料准备？

（6）王秘书做过秘书工作多年，积累了不少经验。近日，领导让他给新来的秘书介绍一下接待经验，如果你是王秘书你应怎样介绍？

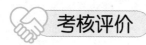 **考核评价**

能力考核评价表

内　　容		评　　价	
学习目标	评价内容	小组评价（5、4、3、2、1）	教师评价（5、4、3、2、1）
知识（应知应会）	接待的准备		
	拜访的准备		
专业能力	热情接待客人		
	拜访符合规范		
通用能力	交际能力		
	语言表达能力		
态度	热情、和蔼、周到、细致、遵守规范		
努力方向：		建议：	

任务6

通信礼仪

良好的礼貌是由微小的牺牲组成的。

——【美】爱默生

 **学习目标**

1．能够礼貌、规范地接打电话。

2. 能够正确、规范地使用移动电话。

3. 能够规范地收发短信。

4. 熟练使用传真，并注意其礼仪规范。

5. 网络沟通符合礼仪规范。

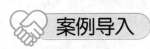

接 电 话

小王到某公司实习，第一天上班，被安排到接电话的岗位，心里感到非常不舒服，心想："电话谁不会打！几岁起就接电话了。"第一次遇到外来电话，铃声刚响，他就抓起话筒，结果电话断了，部门经理批评了他。第二次接电话，是对方拨错了号码，小王一听拨错了便说："你打错了！""啪"地挂断了电话。正好被刚进来的总经理看到了，总经理当场批评了他。小王傻眼了。

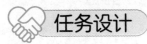

一、应知应会

人所共知，现代社会是一个信息的社会。对于现代人而言，信息就是资源，信息就是财富，信息就是生命，所以大家不约而同地对信息重视有加。目前，多种多样的现代化通信工具层出不穷。它们的出现，为人们获取信息、传递信息、利用信息，提供了越来越多的选择。

通信，一般有其特定的含义。它是指人们利用一定的电信设备来进行信息的传递。被传递的信息既可以是文字、符号，也可以是表格、图像。当今，在日常生活里，人们接触最多的通信手段主要有电话、短信、传真、电子邮件等。通信礼仪，通常指在利用上述各种通信手段时所应遵守的礼仪规范。

（一）电话礼仪

电话是人们开展社交活动不可缺少的工具，在日常生活和工作交往中，都要利用电话与别人取得联系和交谈。据美国《电话综述》（Telephone Review）说，一个人一生平均有8760小时在打电话。在录像电话还没普及之前，人们通过电话给人的印象完全靠声音和使用电话时的习惯，要想有"带着微笑的声音"或者通过电话赢得信任，就必须掌握使用电话的礼节与技巧。

1. 电话语言要求

目前大部分电话能传输的信号是声音，但这一信号载体却包含着许多信息。说话人想做什么，要做什么，是高兴还是悲伤，还有对另一方的信任感、尊重感，彼此都可以清晰地得知。这些都取决于电话的语言与声调。因此，电话语言要求礼貌、简洁和明了，以准确地传递信息。

（1）态度礼貌友善　当我们使用电话交谈时，我们不能简单地将对方视作一个"声音"，而应看作是面对一个正在交谈的人。尤其是对办公人员来说，我们面对的是公众，如果是初次交往，那么，这样一次电话接触便是你给公众的第一次"亮相"，应十分慎重。因此，在使用电话时，多用肯定语，少用否定语，酌情使用模糊用语；多用些致歉语和请托语，少用些傲慢语、生硬语。礼貌的语言、柔和的声音，往往会给对方留下亲切之感。正如日本一位研究传播学的权威人士所说："不管是在公司还是在家庭里，凭这个人在电话里的讲话方式，就可以基本判断出其'教养'的水准。"

（2）传递信息简洁　电话用语要言简意赅，将自己所要讲的事用最简洁、明了的语言表达出来。因为通话的一方尽管有诸如紧张、失望而表情异常的体态语言，但通话的另一方不知道，他所能得到的判断只能是来自他听到的声音。在通话时最忌讳发话人吞吞吐吐、含糊不清、东拉西扯，正确的做法是：问候完毕对方，即开宗明义，直言主题，少讲空话，不说废话。

（3）控制语速、语调　通话时语调温和，语气、语速适中，这种有魅力的声音容易使对方产生愉悦感。如果说话过程语速太快，则对方会听不清楚，显得应付了事；太慢，则对方会不耐烦，显得懒散拖沓；语调太高，则对方听得刺耳，感到刚而不柔；太低，则对方会听得不清楚，感到有气无力。一般说话的语速、语调和平常的一样就行了，即使是长途电话，也无须大喊大叫，把受话器放在离嘴两三寸（1寸＝3.33厘米）的地方，正对着它讲就可以了。另外，通电话时，周围若有种种异样的声音，会使对方觉得自己未受尊重而变得恼怒，这时应向对方解释，以保证双方心情舒畅地传递信息。

2. 接电话

（1）迅速、礼貌地接听电话　接电话首先应做到迅速接听，力争在铃响三次之前就拿起话筒，这是避免让打电话的人产生不良印象的一种方式。电话铃响过三遍后才做出反应，会使对方焦急不安或不愉快。正如日本著名社会心理学家铃木健二所说："打电话本身就是一种业务。这种业务的最大特点是无时无刻不在体现每个人的特性"，"在现代化大生产的公司里，职员的任务之一，是一听到电话铃声就立即去接"。接电话时，也应首先自报单位、姓名，然后确认对方，如："您好！这是××公司营销部。"如果对方没有马上进入正题，可以主动请教："请问您找哪位通话？"

（2）仔细聆听并积极反馈　作为受话人，通话过程中，要仔细聆听对方的讲话，并及时作答，给对方以积极的反馈。通话方总听不清楚或意思不明白时，要马上告诉对方。在电话中接到对方邀请或会议通知时，应热情致谢。

（3）规范地代转电话　如果对方请你代转电话，应弄明白对方是谁，要找什么人，以便与接电话人联系。此时，请告知对方"稍等片刻"，并迅速找人。如果不放下话筒喊距离较远的人，可用手轻捂话筒或按保留按钮，然后再呼喊接话人。如果你因别的原因决定将电话转到别的部门，应客气地告知对方，你将电话转到处理此事的部门或适当的职员，如："真对不起，这件事是由财务部处理，如果您愿意，我帮您转过去好吗？"

（4）认真做好电话记录　如果要接电话的人不在，应为其做好电话记录，记录完毕，最好向对方复述一遍，以免遗漏或记错。可利用电话记录卡片做好电话记录。电话记录卡片见图6-1。

（5）特殊情况的处理　这包括：①电话铃响时，如果自己正在与客人交谈，应先向客人打招呼，然后再去接电话，如果发觉打来的电话不宜为外人所知，可以告诉对方"我身边有客人，一会儿我再给您回电话"，不要抛下客人，在电话中谈个没完，这样身边的客人有被轻视的感觉。②不要在听电话时与旁人打招呼、说话或小声议论某些问题，如果通电话时，有人有急事来找你，应先对电话那端的人说声"对不起"，如果为回答通话对方的提问，需向同事请教时，可说声"请让我核实一下"。③如果使用录音电话，应事先把录音程序整理好，把一些细节考虑周到，不要先放一长段音乐，也不要把程序搞得太复杂，让对方莫名其妙、不知所措。④如果对方打错了电话，应当及时告知，不要讽刺挖苦，更不要表示出恼怒之意，如果来电人需要把电话打到别的部门，你可以说"您要找的人在××部门，电话号码是×××××××××"。

```
┌─────────────────────────────────────────────┐
│  给 _____                    │
│  日期 _____    时间 _____    │
│                                               │
│  你不在办公室时                        先生     │
│  _____ 公司的 _____  女士     │
│                                        小姐     │
│  电话_____                           │
│     ○ 电话              ○ 请打电话回去          │
│     ○ 要求来访          ○ 还会打电话来          │
│     ○ 是否紧急          ○ 回你的电话            │
│        留言 _____                    │
│        _____                        │
│                                               │
└─────────────────────────────────────────────┘
```

图6-1　电话记录卡片

接听电话的顺序、用语及注意事项见表6-1。

表6-1　接听电话的顺序、用语及注意事项

顺　序	基本用语	注意事项
1. 拿起电话听筒并告知自己的姓名	• "您好，××公司××部××"（直线），"您好，××部×××热线"（内线） • （上午10点以前）"早上好" • （电话铃响3声以上才接时）"让您久等了，我是××部×××"	• 电话铃响3声之内接起 • 在电话机旁准备好记录用的纸笔 • 接电话时，不使用"喂"回答 • 音量适度，不要过高 • 告知对方自己的姓名
2. 确认对方	• "×先生，您好！" • "感谢您的关照"等	• 必须对对方进行确认 • 如是客户来电，要对其表达感谢之意
3. 听取对方来电用意	"是""好的""清楚""明白"	• 必要时应进行记录 • 谈话时不要离题
4. 进行确认	"请您再重复一遍""那么明天在×××见，9点钟"等	• 确认时间、地点、对象和事由 • 如是留言，必须记录下来电时间和留言人
5. 结束语	"清楚了""请放心""我一定转达""谢谢""再见"等	
6. 放回电话听筒		轻轻放下电话

3. 打电话

（1）选择适宜的通话时间　打电话的时间应尽量避开上午7点前、晚上10点以后的时间，还应避开晚饭时间。有午休习惯的人，也请不要用电话打扰他。电话交谈所持续的时间也不宜过长，事情说清楚了就可以了，一般以3～5分钟为宜。因为在办公室打电话，要照顾到其他电话的进、出，不可过久占线，更不可将办公室的电话或公用电话用作聊天的工具，这是惹人讨厌的行为。著名相声表演艺术家马季曾说过一段相声，名叫《打电话》，就是讽刺这种行为的。

（2）通话之前做好准备　通话之前应该核对对方公司或单位的电话号码、公司或单位的名称及接话人姓名。写出通话要点及询问要点，准备好在应答中使用的备忘纸和笔，以及必要的资料和文件。估计一下对方情况，决定通话时间。

（3）注意通话的礼节　接通电话后，应主动示好，自报家门和证实对方的身份。应

先说明自己是谁，除非通话的对方与你很熟悉，否则就该同时报出你的公司及部门名称，然后再提一下对方的名称。打电话要坚持用"您好"开头，"请"字在中，"谢谢"收尾，态度温文尔雅。若你找的人不在，可以请接电话的人转告，如"对不起，麻烦您转告×××……"，然后将你所要转告的话告诉对方。最后别忘了向对方道一声谢，并且问清对方的姓名。切不可"咔嚓"一声就把电话挂了，这样做是不礼貌的，即使你不要求对方转告，你也应该说一声："谢谢，打扰了。"打电话结束时，要道谢和说再见，这是通话结束的信号，也是对对方的尊重。注意声音要愉快，听筒要轻放。一般来说，应是打电话的人先搁下电话，接电话的人再放下电话。但是，假如是与上级、长辈、客户等通话，无论你是通话人还是发话人，都最好让对方先挂断。

（4）特殊情况的处理　这包括：①通话中如有人无意闯入，可以示意请此人坐下等候，或此人自觉退出等候；否则，你可向电话那端的人说声"对不起"后，简短和来人说两句话后（如可以说"等我打完这个电话后再和你谈"）继续通电话；如果办公室有来客时电话铃响了，可以暂时不接，除非你一直在等这个电话，如属于这种情况，则应向来客说明情况。②如果需要留言请对方回电，就要请对方记下你的电话号码，这样对方回电就不必再去查电话号码簿，即使对方是熟人，双方经常通电话，也要告诉对方回电的号码，同时别忘了告诉对方回电的合适时间；如果对方是在外地，则最好说明自己将于何时再打电话，请其等候，不可以让对方花钱打长途电话找你。③如果要找的人不在，则应对代接你电话的人说"谢谢，我过会儿再打"或"如方便，麻烦您转告××"或"请告诉他回来后给我来个电话，我的电话号码是××"，切不可"咔嚓"一下就挂断电话。④如果出现线路中断，打电话的一方应负责重拨，接电话的一方应稍候片刻；重拨越早越好，接通后应先表示歉意，尽管这并非自己的过错，可以说"对不起，刚才线路出了问题"；即使通话即将结束时出现线路中断，也要重拨，继续把话讲完；要是在一定时间内打电话的一方仍然未重拨，接电话的一方也可以拨过去，然后询问"刚才电话断了，不知您是否还有没讲完的事"。

拨打电话的顺序、用语及注意事项见表6-2。

表6-2　拨打电话的顺序、用语及注意事项

顺　序	基本用语	注意事项
1. 准备		・确认拨打电话对方的姓名、电话号码 ・准备好要讲的内容、说话的顺序和所需要的资料、文件等 ・明确通话所要达到的目的
2. 问候、告知自己的姓名	"您好！我是××公司××部的×××"	・一定要报出自己的姓名 ・讲话时要有礼貌
3. 确认电话对象	・"请问××部的×××先生在吗？" ・"麻烦您，我要找×××先生"	・必须确认接电话的是否为你要找的人 ・确认是你要找的人接的电话后，应重新问候
4. 电话内容	"今天打电话是想向您咨询一下关于××的事……"	・应先将想要说的结果告诉对方 ・如是比较复杂的事情，应提醒对方做记录 ・对时间、地点、数字等进行准确地传达 ・说完后可总结所说内容的要点
5. 结束语	"谢谢""麻烦您了""那就拜托您了"等	・语气诚恳、态度和蔼
6. 放回电话听筒		・对方放下电话后再轻轻挂掉电话

4. 电话语音留言礼仪

（1）留言应该简短，并且提供几种选择　表明身份后给出选择；留言；打到另一个分机上；等待接线员。有时需要留稍长的信息，如"您好，我是张某，我今天和周五都会出差，晚上7点之前不能给您回电话，请留下姓名、电话和简短信息"。如果你带着手提电脑，可留下电子信箱地址，说明可以用电子邮件联系。

（2）录音之前应遵循以下几点　a. 调整机器，使其在铃响4声后运作，这是多数地方的一个非公开准则；b. 写下你想录在磁带里的话，然后练习一遍或两遍；c. 越短越好。先给出姓名和电话号码，以使对方知道是否找对了人，最后说"请留言"。你不必重复事实说"我现在不在家"或者"不能立即接电话"。

（3）如果你是打电话的一方，要注意做到以下几点　a. 不管接电话的是人还是机器，都做好立刻说话的准备；b. 如果拨错了号，只要听见嘟嘟声，就留言，不用表明身份，只要说"对不起，我打错了"；c. 一开始就给出你的全名，这样，对方不用为了找到电话而重放整篇留言；d. 简短地说出打电话的原因，如果事情紧急，你应该说"我必须在明天的某某时间之前和您谈谈"；e. 留下自己完整的电话号码时语速要慢，在地区代码和当地号码间要有简短的停顿，即使对方已经有你的号码，也要留下；f. 说出什么时候可以找到你；g. 不要和没有直接对话的人说再见，不要说你很遗憾没见到对方，或者说这已经是你第二次打电话了；h. 不要重复信息，如果中午打第二次电话，重复早上10点的留言，这既不必要，也是恼人的。

注意，不要运用语音留言作为逃避某人电话的一种方式。实际上，很多语音留言系统可以显示打电话的时间，所以容易引起对方的怀疑和不快。

（二）手机礼仪

无论是在社交场所还是工作场合，放肆地使用手机已经成为礼仪的最大威胁之一，手机礼仪也越来越受到关注。在国外，如澳大利亚电信的各营业厅就采取了向顾客提供"手机礼仪"宣传册的方式，宣传手机礼仪。在使用手机的时候应该注意以下礼仪。

1. 注意手机使用的场合

在会议中、和别人洽谈的时候，最好的方式还是把手机关掉，起码也要调到振动状态。这样既显示出对别人的尊重，又不会打断发言者的思路。而那种在会场上铃声不断，像是业务很忙，使大家的目光都转向他，这实际给人的印象只能是缺少教养。

公共场合特别是楼梯、电梯、路口、人行道等地方，不可以旁若无人地使用手机，应该把自己的声音尽可能地压低一下，而绝不能大声说话，同时不要妨碍他人通行。

在一些场合，比如在看电影时或在剧院打手机是极其不合适的，如果非得回话，或许采用静音的方式发送手机短信是比较适合的。

2. 考虑对方是否方便接听

给对方打手机时，尤其当知道对方是身居要职的忙人时，首先要想到的是，这个时间他（她）方便接听吗？并且要有对方不方便接听的准备。在给对方打手机时，注意从听筒里听到的声音来鉴别对方所处的环境。如果很静，应想到对方在会议上，有时大的会场能感到一种空阔的回声，当听到噪声时对方就很可能在室外，开车时的隆隆声也是可以听出来的。有了初步的鉴别，对能否顺利通话就有了准备。但不论在什么情况下，是否通话还是由对方来定为好，所以"现在通话方便吗？"通常是拨打手机的第一句问话。其实，在没有事先约定和不熟悉对方的前提下，我们很难知道对方什么时候方便接听电话。所以，在有其他联络方式时，还是尽量不打对方手机好些。

在餐桌上，关掉手机或是把手机调到振动状态还是必要的，避免正吃到兴头上的时候，被一阵烦人的铃声打断。

不要在别人能注视到你的时候查看短信。一边和别人说话，一边查看手机短信，对别人不尊重。

当与朋友面对面聊天时，不要正对着朋友拨打手机，避免让对方心中不愉快。

要讲究公德，不要用手机偷拍。在用手机拍照或摄像时应征得对方同意。

3. 注意安全使用手机

使用手机时必须牢记"安全至上"，否则不但害人，还会害己。要注意不要在驾驶汽车时使用手机，以防止发生车祸；不要在病房、油库等地方使用手机，免得它们所发出的信号有碍治疗或引发火灾、爆炸；不要在飞机飞行期间使用手机，否则极可能使飞机"迷失方向"，造成严重后果。

出于自我保护和防止他人盗机、盗取密码等多方面考虑，通常不宜随意将本人的手机借给他人使用，或是前往不正规的维修点对其进行检修。考虑到相同的原因，随意借用别人的手机也是不恰当的。

4. 讲究手机置放文明

在一切公共场合，手机在没有使用时，都要放在合乎礼仪的常规位置。不要在没使用的时候放在手里或是挂在上衣口袋外。放手机的常规位置有：一是随身携带的公文包里，这种位置最正规；二是上衣的内袋里；有时候，可以将手机暂放腰带上，也可以放在不起眼的地方，如手边、手袋里，但不要放在桌子上，特别是不要对着对面正在聊天的客户。

（三）电子邮件礼仪

电子邮件，即通常说的E-mail。它是一种重要的通信方式，因其方便快捷、费用低廉，深受人们喜爱，使用者越来越多，尤其是国际间通信交流和大量信息交流更是优势明显。对待电子邮件，也应讲究礼仪。

1. 书写规范

虽然是电子邮件，但是写信的内容与格式应与平常书信一样，称呼、敬语不可少，签名则仅以打字代替即可。写电子邮件语言要简略，不要重复，不要闲聊，写完后要检查一下有无错误。因为发出去的邮件很可能被对方打印出来研读或是贴在公告牌上。写完后还要核定所用字体和字号大小，太小的字号不仅让收件人读起来费力，也显得粗心和不够礼貌。写邮件时最好在主题栏写明主题，以便让收件人一看就知道来信的主旨。

2. 发送讲究

电子邮件的发送有如下讲究：最好不要令正文栏空白而只发送附件，除非是因为各种原因出错后重发的邮件，否则不仅不礼貌，还容易被收件人当作垃圾邮件处理掉。重要的电子邮件可以发送两次，以确保能发送成功。发送完毕后，可通过电话等询问是否收到邮件，通知收件人及时阅读。应尽快回复来信，如果暂时没有时间，就先简短回复，告诉对方自己已经收到其邮件，有时间会详细说明。

3. 注意安全

电子邮件是计算机病毒重要的传染源和感染病毒的主要渠道。收发电子邮件都要注意远离计算机病毒。发送电子邮件时要注意尽可能不使邮件携带计算机病毒。因此如果没有反病毒软件实时监控，发送邮件前务必要用杀毒程序杀毒，以免不小心把有毒信件寄给对方。要是没有把握，不妨用贴文的方式代替附加文档。

接收电子邮件时的安全问题更为重要，来历不明的信件必须谨慎处理，若不确定则最好删除。对于没有正文仅有附件的不明邮件，除非与发件人熟悉或事先约定好了，原则上都不应该打开附件，对正文中提示的邮件地址不熟悉一般不要轻易打开，因为这往往是陷阱，许多国际电话费骗子就把诱饵放在这里。在删除了怀疑的病毒邮件后，要及时清空邮件回收箱。

此外，要注意定期及时清理邮件收件箱、发件箱、回收箱，空出有限的邮箱容量空间。及时将一些有用的电子邮件地址记下来并存入通信簿也是很必要的。

此外还要注意，不要轻易向他人乱发电子邮件，一般收到他人的电子邮件后应立即回复对方。

（四）QQ礼仪

目前网络即时通信工具几乎成了职场中最受欢迎的网络工具。人们可以通过这些通信工具联络事宜，就算近在咫尺，也无须起身交谈。与远方的协作客户交谈，轻轻敲几下键盘就可以解决问题，这种交流在过去是无法想象的。现在使用最普及的就是MSN和QQ。需要注意的是，网络通信虽然方便、快捷，但毕竟只是辅助通信手段，不能当成唯一的通信方式。当有重要的、正式的、紧急的事宜时，必须通过传统的方式，比如电话、书面信函甚至面访的形式完成。职场中使用QQ这一网络通信工具的礼仪要注意以下方面。

1. 礼貌待人

使用QQ时，应当严格要求自己，做到诚实友好交流，不侮辱欺诈他人，即使与互不相识的人交流，也应彬彬有礼、有理有节。

2. 正确使用QQ的名称

MSN和QQ都可以用个性名称，但如果因公使用，应该使用规范的名称，比如公司名称、个人姓名等，以方便别人知道你是谁。不要使用过于个性的名字。如果对方的QQ是个性化名字，你可以在"修改备注名称"中把对方的名字改成他们的单位名称或姓名，这样不论什么时候，都可以一目了然地知道对方是谁。

3. 慎用个性表情

QQ有非常丰富的个性表情。工作中使用的时候，个性表情一定要慎重使用，不可过于频繁，也不要滥用。个性表情毕竟是"表情"，不是语言，网络即时通信的语言还是文字。而且，不要发一些容易让人产生误会、格调不高的个性表情。假如每篇内容都是一蹦一跳的，让人去猜具体表达意思的图标，没有一个文字，也是非常让人厌烦的。

4. 注意聊天的内容

因公网络即时通信应在工作时间使用，尽量不要在非工作时间和别人聊工作，除非你们事先有过约定。正式说话之前应先打招呼，下线之前，应和刚才说话的人打声招呼，那种"神龙见首不见尾"的"大侠"式作风，是不受人欢迎的。既然有即时性特点，你发送的内容对方同时就能收到、看到。所以在发送内容之前要"三思而后行"，不要有错字、别字及容易引起歧义的话，以及可能泄露单位机密的内容。学会使用状态说明。如果正忙于其他事，无法顾及QQ的消息回复时，建议把QQ设置成"忙碌""外出就餐""接听电话"等，甚至可以自定义个性化说明信息，以免让人产生你在QQ前但又不想理他的错觉。

值得注意的是，在工作期间，MSN、QQ是应该服务于工作的，而不是私聊的工具。所以，无论游戏、聊天等功能多有诱惑，工作时都应禁用，这是起码的职业道德修养。

5. 合理使用，抵制低俗

不在QQ上发布、转载违法、庸俗、格调低下的言论、图片、信息等，要坚决抵制黄色、低俗、诽谤、恶意攻击等不健康的网上聊天、交友、游戏等活动；增强自我保护意识，不随意约会网友，即使在网上已非常熟悉；不利用网络知识进行攻击网站、网页等活动，自觉维护网络安全和网络秩序。

（五）微信礼仪

微信这种即时聊天工具，相比QQ更特别，增加了不少新功能，便捷的语音聊天功能及其他新功能，而且没有通信费等，一经推出就受到很多人的喜欢，相对来说似乎比QQ交流增加了便利和感情色彩。微信礼仪我们需要注意以下几点。

1. 注意联系的时间

微信联系一般以私人目的为主，但也有因公联系的。不管是使用语音功能还是文字或图片，都要注意时间，避免在对方不方便的时候，特别是在休息的时候联系。除非你们有约定，否则不应该在早七点前、晚十点后联系。如果是因公联系，晚上七八点后就应避免再联系。

2. 注意内容

文字内容现在基本都是手写，所以更要慎重处理，避免手指不小心碰错了地方，发错了内容。输入数字时，手写功能更易出错，所以输好后应审查一遍再发出。发送前最好再确认一下联系人，有时同时聊天的人有好几位时，容易将内容发错对象，引起尴尬。听别人语音内容的时候，最好戴上耳机，除非你周围没人，否则不要让你和朋友间的私密语音和大家"分享"。

3. 注意刷屏

刷屏已经变成了大部分手机用户的习惯性动作，有事没事刷两下，看看谁有什么动态，同时该关心的关心，该点赞的点赞，该调侃的调侃，每个人都忙得不亦乐乎。但最忌讳的就是在别人伤口上撒盐。同时，也要注意发心情和分享的内容不要太过频繁，你不停地发，浪费人家的流量，让人反感。这是不符合微信礼仪要求的。

4. 关注"朋友圈"

微信上尽可能不要每天上传大量的共享内容。要知道，别人可能不仅仅只有你一位好友，他不能一直看"朋友圈"的信息，当然有时"朋友圈"的内容是写给自己的，那就要及时将可见范围设置为私密。也最好不要在里面发布自己的身份信息，如身份证号码、驾驶证号码等重要的个人信息，以防被不法分子窃取。同时转发也应转发健康有用的朋友圈内容，朋友圈内容每天每时每刻都在不停地更新着，看到了就想转，转前应该全文读一遍，不要转发有错误、影响自身形象的内容。

5. 公众微信注意形象

公众微信越开越多，建议开通公众微信的要讲究公众形象，讲究公众应遵守的基本道德。另外关注者也应注意分辨，那里不乏很多打广告的或不法的公众微信，最好分辨清楚了再去关注或转发其内容。

二、能力开发

（一）阅读思考

网络戒律一览

1. 美国计算机伦理协会为计算机伦理学所制定的十条戒律

（1）你不应用计算机去伤害别人。

（2）你不应干扰别人的计算机工作。

（3）你不应窥探别人的文件。

（4）你不应用计算机进行偷窃。

（5）你不应用计算机作伪证。

（6）你不应使用或拷贝你没有付钱的软件。

（7）你不应未经许可而使用别人的计算机资源。

（8）你不应盗用别人智力成果。

（9）你应该考虑你所编程序的社会后果。

（10）你应该以深思熟虑和慎重的方式来使用计算机。

2. 美国的计算机协会的伦理道德和职业行为规范

（1）为社会和人类做出贡献。

（2）避免伤害他人。

（3）要诚实可靠。

（4）要公正并且不采取歧视性行为。

（5）尊重包括版权和专利在内的财产权。

（6）尊重知识产权。

（7）尊重他人的隐私。

（8）保守秘密。

3. 南加利福尼亚大学网络伦理声明

（1）不可有意地造成网络交通混乱或擅自闯入网络及其相连的系统。

（2）不可商业性地或欺骗性地利用大学计算机资源。

（3）不可偷窃资料、设备或智力成果。

（4）不可未经许可而接近他人的文件。

（5）不可在公共用户场合做出引起混乱或造成破坏的行动。

（6）不可伪造电子函件、电子邮件信息。

4.《全国青少年网络文明公约》

为增强青少年自觉抵御网上不良信息的意识，团中央、教育部、文旅部、国务院新闻办、全国青联、全国学联、全国少工委、中国青少年网络协会向全社会发布了《全国青少年网络文明公约》。公约内容如下：

要善于网上学习，不浏览不良信息；

要诚实友好交流，不侮辱欺诈他人；

要增强自护意识，不随意约会网友；

要维护网络安全，不破坏网络秩序；

要有益身心健康，不沉溺虚拟时空。

（资料来源：田长军　有礼任走天下．广州：中山大学出版社，2006. http://it. rising. com.cn）

思考题

（1）网络沟通已成为人们沟通交往的重要方式之一，网络沟通会引发哪些伦理问题？

（2）我国加强网络沟通戒律宣传和教育有何现实意义？

（二）案例分析

【案例1】

一位秘书的经历

王芳是在某公司工作多年的秘书，主要负责接待以及外线电话的转接。她现在已经是一名优秀的秘书了，可在她成长过程中也出现过许多大大小小的错误，现仅列举两个典型例子。

其一，王芳刚做秘书工作时，认为打电话不过是连几岁小孩都会做的简单事情，但发生的一件事情让她改变了这种观点。一次，总经理让她询问对方对合同中几个条款的看法。她没有认真研究这几个条款，也没有询问总经理的意见，马上拨通对方的电话。当对方提出几个方案时，她无法和对方进行任何交流，自然也无法达到侧面了解对方真实意图的目的。慌乱之中，她竟忘了做电话记录，整整半个小时的通话，在她脑中是一片空白。幸好她比较坦诚，如实向总经理做了汇报。总经理亲自给对方打电话，表示歉意，这才如期签署合同。自从这件事情发生后，她专门准备了一个笔记本记录电话内容等，有关计算机文件也及时保存、备份。

其二，王芳每天负责处理大量的电子邮件，除了那些垃圾邮件，她将所有往来邮件都保留在电子信箱中。这样做确实也带来很多方便，即使出差也可以从信箱中查阅历史文件。但有一段时间，她连续七天没有收到任何邮件，给客户的邮件也没有一个回复。她用电话跟客户联系，客户说发出去的邮件全部退回。她赶紧请教有关计算机人员，这才发现这是由于邮箱空间爆满所致。

（资料来源：谢迅.商务礼仪［M］. 北京：对外经济贸易大学出版社，2007）

思考题

（1）打电话前应该思考哪些问题？

（2）使用电子邮件应注意什么？

【案例2】

对方会看到你打电话的表情

日本有一个特别有名的销售员，有人结合他的经历写了一本书，叫《史上最伟大的推销员》。这个推销员的伟大之处在哪儿呢？他的工作中又有哪些有趣的故事？

有一天晚上，他回到家后，比较累了，决定先睡一觉。但他定了一个闹钟，同时告诉他老婆，晚上十点的时候，一定要把他叫起来，因为他跟一个很重要的客户约好在十点半的时候打电话。

到十点的时候，不等他老婆催他，他听到闹钟就醒了，然后去洗手间洗漱，接着又是刮胡子，又是穿衬衫、打领带的，还穿上了西装和皮鞋。最后拿了个本子，在电话机旁正襟危坐，一到十点半就准时给对方打电话。

业务倒是谈得很顺利，十几分钟就搞定了。但是他这番怪举动让他老婆感到很奇怪：不就一个电话吗？有必要搞得跟个神经病似的吗？大半夜的还要起来精心打扮一通，好像现在不是晚上，而是星期一一大早。

你猜他是怎么解释的？他跟他老婆说，如果我很邋遢、很懒散的话，对方虽然看不到我的样子，但是我自己的精神面貌不好，而这会通过我的语气变化传达到对方那里。经过这么一番打扮，我看起来正式多了，人也精神多了。虽然看不见对方，我也要尊重对方，我相信，对方一定能感受到！

一个人的成功与伟大，从来都不是无缘无故的。他凭借着这样的好心态赢得了众多的客户，很多客户觉得，不管什么时候和这个推销员打电话，都会感觉他精神百倍，好像全心全意地在做这件事。客户要是感觉到你是全心全意的，哪怕只是对待一通电话，他也会觉得受到了极大的尊重。

（资料来源：陈乾文. 别说你懂职场礼仪［M］. 北京：龙门书局，2010）

？思考题

（1）与客户进行电话沟通时，怎样让客户觉得你是尊重他（她）的？

（2）本案例对你有什么启示？

【案例3】

违背网络礼仪的小李

小李的女友小丽向他提出了分手，小李怀恨在心，为泄私愤，他在本市一家有名的网络论坛上发布了一个名为"拜金女被人包养，为钱抛弃初恋男友"的帖子。帖子中虚构了女友贪慕虚荣，主动投入有钱富商怀抱而将初恋男子抛弃的情节，并公布了女友的真实身份，引发网友围观。

经朋友提醒后，小丽在网上发现了该帖子，立刻要求该社区版主删除帖子，并向派出所报了案。民警利用网络侦查手段锁定并找到了小李，对其捏造事实诽谤他人的行为给予了应有的处罚。

？思考题

（1）在社交中，应遵守哪些网络礼仪规范？

（2）关于网络礼仪，你有哪些好的做法？

（三）实战演练

项目1：电话（手机）使用模拟训练

实训目标：掌握使用电话（手机）的礼仪。

实训学时：1学时。

实训地点：教室。

实训准备：固定电话或手机。

实训方法：两人一组，用固定电话或手机现场表演各类情形的通话，其他同学观摩，表演结束后，由同学们点评，最后老师总结。以下情形供参考。

（1）双方第一次进行业务联系；

（2）下级向上级通过电话汇报工作；

（3）正在与客户交谈时电话震动提示有来电；

（4）在电影院看电影时必须接听一个十分重要的来电。

也可发挥想象，设计其他情形。

训练手记：通过训练，我的收获是＿＿＿＿＿＿＿＿＿＿＿＿＿＿＿＿＿。

项目2：自编小品"打电话"

实训目标：强化电话礼仪规范。

实训学时：2学时。

实训地点：实训室。

实训准备：场地、电话等。

实训方法：学生3～5人分为一组，自编小品表演打电话（手机），可以将打电话（手机）中不规范的礼仪表现演示出来，师生点评。

训练手记：通过训练，我的收获是＿＿＿＿＿＿＿＿＿＿＿＿＿＿＿＿＿＿＿＿＿＿。

 ## 温故知新

1．判断题

（1）电话语言要求礼貌、简洁和明了，以准确地传递信息。　　　　　　（　　）

（2）早晨7点前、晚上10点后一般不宜给人打电话。　　　　　　　　　（　　）

（3）打电话时，一般说话的语速、语调和平常的一样就行了，长途电话可以大喊。

　　　　　　　　　　　　　　　　　　　　　　　　　　　　　　　　（　　）

（4）接电话首先应做到迅速接，力争在铃响三次之前就拿起话筒。　　　（　　）

（5）假如是与上级、长辈、客户等通话，无论你是通话人还是发话人，都最好让对方先挂断。　　　　　　　　　　　　　　　　　　　　　　　　　　　　　（　　）

（6）边走路边打手机很有派头。　　　　　　　　　　　　　　　　　　（　　）

（7）会见特别重要的客人时，只要把手机调到震动就可以。　　　　　　（　　）

（8）发手机短信可以不署名。　　　　　　　　　　　　　　　　　　　（　　）

（9）开车中不适宜接打手机。　　　　　　　　　　　　　　　　　　　（　　）

（10）在与人谈话时不停地查看或编发短信。　　　　　　　　　　　　（　　）

（11）使用手机短信要尽量使用清楚明白的语言，不随意简化省略。　　（　　）

（12）书写传真件时，在语气和行文风格上，应做到清楚、简洁且有礼貌。（　　）

（13）发送电子邮件时可将正文栏空白只发送附件。　　　　　　　　　（　　）

（14）应尽快对收到的邮件进行回复。　　　　　　　　　　　　　　　（　　）

（15）每天都应查看自己的电子邮箱。　　　　　　　　　　　　　　　（　　）

2．思考与训练

（1）收发传真应注意哪些礼仪？

（2）收发电子邮件应注意哪些礼仪？

（3）手机使用应注意哪些礼仪？

（4）网上发帖、聊天应注意哪些礼仪？

（5）以下接电话过程中有哪些错误的礼仪行为。

电话铃声响起，响了五六声。

女：喂！五湖四海公司，你找谁？

客：我的手机好像出了问题，请问要找谁处理呢？

女：你等一下。

转接声音很久……

男：喂！找谁？

客：我的手机出问题了，有一位小姐帮我转到这里的。

男：我们这是业务部，不管手机修理的问题（不耐烦）。

客：我应该找谁呢？可以帮我转一下吗？

男：好啦！你等一下。

转接声又响了好久……

女：喂！

客：我的手机出了问题，请问如何……（被打断）

女：电话转错了吧！

客：那我到底要怎么办？

女：我再帮你转转看。

电话又响很久……没人接听

客：怎么搞的（骂声）！

"喀！"客户把电话挂掉了。

（6）使用电子邮件发送信息。在收件人一栏打上自己的电子信箱地址，给自己发一封公务的信件。然后作为信件接受方，感受一下信件格式、所用文字、预期是否恰当。

（7）或许你在网上对人有不礼貌的行为，或许别人对你有不礼貌的行为。请试举一例，并根据所学的知识和技术，提出解决问题的方案。

（8）手机已经和人们的日常生活形影不离，不管是休息、聚会、吃饭，不管是坐姿、站姿、卧姿，甚至上课、开会，人们都可能放下手机，讲讲你心目中人们的手机综合征有哪些？并说明还有哪些是不礼貌的行为。

（9）给大家讲一个你亲身经历过（或者听说过）的有关QQ或者微信的"故事"。

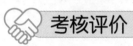 **考核评价**

能力考核评价表

内　　容		评　　价	
学习目标	评价内容	小组评价（5、4、3、2、1）	教师评价（5、4、3、2、1）
知识（应知应会）	通信礼仪		
	电话的基本要求		
专业能力	能礼貌规范地接、打电话		
	能正确规范地使用移动电话		
	接发传真符合礼仪规范		
	网络沟通符合礼仪规范		
通用能力	自我管理能力		
	沟通能力		
	自控能力		
态度	遵守规范、热情友善		
努力方向：		建议：	

公共礼仪

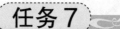

> 礼节乃是一封通行四方的推荐书。
>
> ——【英】伊丽莎白女王

学习目标

1. 能在个人出行过程中遵守乘坐各类交通工具的礼仪规范。
2. 遵守宾馆住宿的各项礼仪规范。
3. 参加各类公共文体娱乐休闲活动时应展示出良好的礼仪形象。
4. 遵守各类公共场所特定的礼仪规范。

案例导入

乘 火 车

某商贸公司经理武力为了与新亚公司洽谈一笔重要生意，即将前往新亚公司所在的A城。武力准备乘火车去A城，顺便给他在A城的朋友带些土特产。上了火车，武力找到自己座位后便急忙将行李和两袋子土特产平行摆了一排，然后又将放洗漱用品的袋子挂在了衣帽钩上。列车启动了，武力想喝水，可暖瓶中水不多，武力便不断地喊叫列车员。喝过水后，武力又拿出些水果来吃。吃了水果，他顺手将果皮扔到窗外。火车继续前行，武力感到有些疲乏，于是脱了鞋，把脚放在席位上，鞋与袜子立时散发出一股难闻的气味。周围的乘客厌恶地皱着眉头，捂着鼻子。坐在他对面的中年男士目睹了这一切。到了A城，武力几经周折终于找到了新亚公司。进了经理室，武力发现端坐在老板席上的竟是火车上坐在他对面的那位男士。这时，中年男士也认出了他。接下来任凭武力把话说得天花乱坠，中年男士也不同意与他合作。

任务设计

一、应知应会

人是社会的人，除了个人生活、家庭生活之外，人们还必不可少地要置身于公共场合，参与社会生活。特别是在为社会公众提供服务的地方——各类公共场所，如剧院、车站、机场、码头、体育场等更要礼让、包容、理解、互助，表现出良好的礼仪素养和文明意识。

这些场所最容易显示出个人的文明礼貌程度，判断一个人究竟是知礼讲礼，还是粗俗无礼，最重要的就是观察他在公共场所的礼仪行为。就像本任务"案例导入"中的主人公武力，他由于在乘坐火车时不讲究公共礼仪规范，从而丧失了一次重要的合作机会。因此，作为一名现代人，应十分重视公共礼仪，自觉遵守社会公德，维持公共秩序，以较高的礼仪水准、良好的自我形象，对社会发挥出示范作用。

（一）交通出行礼仪

1. 乘轿车礼仪

（1）讲究上下车顺序　同女士、长者、上司或嘉宾乘双排座轿车时，应先主动打开车后排的右侧车门，请女士、长者、上司或嘉宾在右座上就座，然后把车门关上，自己再从车后绕到后排左侧打开车门，在左座坐下。到达目的地后，若无专人负责开启车门，则自己应先从后排左侧门下车后绕到后排右侧门，把车门打开，请女士、长者、上司或嘉宾下车。

（2）注意车上谈吐举止　在轿车行驶过程中，乘车人之间可以适当交谈，但不宜过多与司机交谈，以免司机分神。话题一般不要谈及车祸、劫车、凶杀、死亡等使人晦气的事情，也不要谈论隐私性内容以及一些敏感且有争议的话题，可以讲一些沿途景观、风土人情或畅叙友情等能够使大家高兴的事，使大家的旅行轻松愉快。举止要文明，不要在车内吸烟，因为车内相对封闭容易使空气浑浊。不要在车内脱鞋赤脚，女士不要在车内化妆，不要在车内乱吃东西、喝饮料，不要在车内吐痰或向车外吐痰，更不要通过车窗向车外扔东西，这是有损形象和缺少社会公德的。

（3）注意进出车的举止　尤其是女士更要注意进出小轿车时举止优雅得体。进车时，首先开门后手自然下垂，可半蹲将整裙摆顺势坐下，依靠手臂作支点腿脚并拢抬高，继续保持腿脚并拢姿势，脚平移至车内，略调整身体位置，坐端正后，关上车门。出车时双脚膝盖并拢抬起，同时移出车门外，身体可以随转，着裙装时小腿膝盖都要并拢并同时移出车门。身体保持端坐状态，侧头，伸出靠近车门的手，打开车门，然后略斜身体把车门推开。双脚膝盖并拢着地，一手撑座位，一手轻靠门框，身体移出车门。当身体从容地从车身内移出时，双脚可分开些，但保持膝盖并拢，起身直立身体后，转身关车门，关车门时不要东张西望，而是面向车门。

2. 自驾车礼仪

（1）严格遵守交通规则　驾驶车辆须严格遵守交通规则。驾驶人员应该树立正确的驾驶观念，把遵守交通规则当作保护自己和他人生命财产的一种方式。上车后，行驶之前，务必系好安全带，这是出于对自身安全的考虑。安全带在发生碰撞或紧急刹车时会迅速收紧，能有效防止身体撞到前面坚硬的物体（如方向盘等）。带有安全气囊的车辆，乘员必须系好安全带；否则，气囊弹出时，可能会带来致命的伤害。系安全带时，将安全带慢慢平顺拉出，使安全带位于肩与颈根部之间，通过胸部适当位置，将搭口插头插入插座，当听到"喀"的一声为止。系安全带不正确，一旦发生交通事故就不能充分发挥其作用。解除安全带时，用左手拿安全带，用右手按下安全带扣环按钮将其摘下。左手慢慢将其放回去。注意不要快速松手，防止金属扣弹回打碎玻璃或者打伤自己。

（2）养成良好的行为习惯　驾驶人员要注意自己的道德修养，养成良好的行车习惯，在一些细小的做法上都要注意自己的行为举止。如驾驶人员在驾驶过程中，应将痰吐到随身携带的废纸中，停车后扔入垃圾箱中，不往车外吐痰；把废纸和其他废弃物扔到随车携带的垃圾箱或等车辆停止后扔到道路边的垃圾箱内，不要开着车突然把包装纸、烟头等从车窗扔出去，也不要在停车收拾完垃圾后直接把东西往地上一扔，弄得车外遍地都是；为保持车内新鲜的空气，不要在车里抽烟；进出轿车时，替女士开（关）门是男士应有的风度，一只手开门，另一只手垫在车门顶上，万一女士不小心一抬头撞到车门顶的时候，撞到的是你的手而不是金属门；道路拥挤或车辆堵塞时，要有等待的耐心，这也是一种涵养；清洗自己的车辆时，不仅要考虑保持车辆外观整洁，还要保持周围的环境整洁等。

（3）安全礼让　驾驶人员在行车中，经常会遇到违章行驶、占道抢行、强行超车等不讲文明礼貌的行为。此时，驾驶人员应正确处理好有理与无理的关系，要宽容、大度和注意礼让；经常保持冷静的心态，"宁可有理让无理，不可无理对无理"，尽量避免引起事端。要做到：①发现前方道路或路口堵塞，应按顺序减速或停车，等前方路口疏通后或前方车辆开始行驶时，再尾随继续行驶；②与其他人员发生争执时，应该理智处理，不要带着情绪驾车，俗话说，退一步海阔天空；③遇违章超车和强行占道行驶的车辆，应注意避让。

（4）助人为乐　要做到：①行车中，发现有需要援助的车辆时，应该减速停车，给对方以帮助；②发现其他车辆陷入损坏路段而不能行驶时，应尽力给予帮助；③遇其他驾驶人员向自己询问路线时，应耐心回答，实事求是；④发现其他驾驶人员行驶的路线不正确时，应及时提醒，耐心回答和解释；⑤前方遇有交通事故，需要帮助时，应减速停车，协助对方，保护事故现场，并立即报警；⑥发现其他驾驶人员的车辆有隐患或驾驶操作方法不正确时，应及时提醒对方，以防事故的发生。

（5）文明行车　驾驶人员在行车中，必须严格遵守法律、法规和规章，始终坚持文明驾驶，礼让行车；做到不开英雄车、冒险车、赌气车和带病车。要做到：①直行车辆，发现前方是红灯时，在本车道减速停车，等待放行信号；②车辆行驶时，发现本车道前方的车辆行驶速度比较慢，应开启左转向灯，在不妨碍其他车道车辆行驶的情况下，变更车道超越；也可减速慢行，保持安全的距离尾随其后；③车辆行驶时，发现后车示意超车，应减速慢行，靠边行驶，给对方让出超车空间；④超车时，前方车辆不减速，应停止超车，与前方车辆保持安全的距离，或减速慢行，或变更车道；⑤超车时，发现前方车辆正在超车，应减速慢行，让前方车辆先超车；⑥当汽车经过积水路面时，应特别注意减速慢行，以免泥水飞溅到道路两侧行人身上；⑦驾车行经人行横道或繁华街道，要减慢车速，礼让行人；驾驶车辆通过有老人或儿童的路段，应减速慢行，确认安全后方可通过，以免行人受到惊吓，发生意外；⑧夜晚开车时要适时交换远近灯光，避免干扰对方司机；⑨经过不允许鸣喇叭的路段，应注意安全，禁止鸣喇叭；行经没有禁止鸣喇叭的路段时，驾驶人员应尽可能地少鸣喇叭，以免影响其他人群的正常工作；⑩开车去接人可事先打电话告诉对方，不要在楼下狂按喇叭；如果是休息时间停在居民楼附近等人，不要把音响声音开得太大；如果要等一会儿，要停好车，乱停车会给别人造成不便。

（6）规范停车　停车时，要清楚前后左右的情况，不要堵住别的车，也不要堵住行人和自行车的习惯通道，不要堵别人的门口，那样不仅招人讨厌，还容易被蹭到。建议不要占用绿地停车，不要堵在小区出入口，不要停在垃圾站门前。不管车位拥挤与否，都应该按车位线或按大家停车的方向停车，不管技术好不好，都请尽量与别的车靠近，给后来的车留出车位。如果实在没车位，又一定要短暂停留，可在车上贴个纸条写上自己的电话，告知需要挪车时电话联系你。不要不管不顾地停，因为后果很难预料，特别注意不要随便停车。不要在应急车道随意停车。

此外，要保持车容的整洁，这也是为都市增色。同时，为了您和他人的安全，千万别酒后开车。

3. 乘飞机礼仪

飞机是目前世界上最快捷的交通工具，具有速度快、时间短、乘坐舒适等特点，很适合人们的旅行。由于空中旅行与地面旅行有很多差异，必须注意以下礼仪。

（1）登机前的礼仪　乘坐飞机要求提前一段时间去机场。国内航班要求提前半小时到达，而国际航班需要提前一小时到达，以便留出托运行李、检查机票、身份证和其他旅行证件的时间。大多数机场登记行李和检查制度效率很高，等待时间很短。但有时飞机起飞时间快到了，而你却排在长长的人龙后面，这会使你心生焦虑。一方面这时要注意礼节，耐心等候；另一方面也是提醒你以后要提前去机场。

乘飞机所带行李需要尽可能轻便。手提行李一般不超过5千克，其他能托运的行李要随机托运。在国际航班上，对行李重量有严格限制的，经济舱的旅客可携带44磅（1磅＝0.45千克）左右，头等舱的旅客可携带66磅。如果多带行李，则超重的部分每磅按一定的价格收钱。随机托运行李时尽可能将几个小件行李集中放在一个大袋中，这样可以节省时间，又避免遗失。为了避免在安全检查中耽搁时间或出现不快，应将带有金属的物品装在托运的行李中。为了在国外开会时有一套整洁、挺括的衣服，大多数大型飞机上，还可以携带装衣服的挂袋，如西装挂袋，你可请空中乘务员将挂袋挂在专门的柜子里。随机托运行李的件数、样式要记清，以便抵达时认领。

乘坐飞机前要取到登机卡。有的航班在你买机票时就为你预留了座位，同时发给你登机卡。大多数航班都是在登记行李时由工作人员为你选择座位卡。登机卡应在候机室和登机时出示。如果你没有提前买机票或未订到座位，需在大厅的机票柜台买票登记，等候空余座位时必须耐心等待，直到持票旅客全部登记后，再按到达柜台的先后得到照顾。

领取登机卡后，乘客要通过安检门。乘客应先将有效证件（如身份证、军官证、警官证、护照、台胞回乡证等）、机票、登机卡交安检人员查验，放行后通过安检门时需将电话、钥匙和指甲钳等金属物品放入指定位置，手提行李放入传送带。乘客通过安检门后，注意将有效证件、机票收好以免遗失，只持登机卡进入候机室等待。

上下飞机时，均有空中小姐站立在机舱门口迎送乘客。她们会向每一位通过舱门的乘客热情地问候。此时，作为乘客应有礼貌地点头致意或问好。

（2）登机后的礼仪　登机后，乘客要根据飞机上座位的标号按秩序对号入座。飞机座位分为两个主要等级，也就是头等舱和经济舱。经济舱的座位设在靠中间到机尾的地方，占机身的3/4空间或更多一些，座位安排较紧；头等舱的座位设在靠机头部分，服务较经济舱好，但票价较高。所以登机后购买经济舱票的人不要因头等舱人员稀少就抢坐头等舱的空位。找到自己的座位后，要将随身携带的物品放在座位头顶的行李箱内，较贵重的东西放在座位下面，自己管好，注意不要在过道上停留太久而影响其他人。

飞机起飞前，乘务员通常给旅客示范如何使用降落伞和氧气面罩等，以防意外。当飞机起飞和降落时要系好安全带。在飞机上要遵守"请勿吸烟"的指示，同时禁止使用移动电话、AM/FM收音机、便携式电脑、游戏机等。

飞机起飞后，乘客可看书报或与同座交谈。如你愿意交谈，可以"今天飞行的天气真好"等开场白来试探同座是否愿意交谈，在谈话中不必互通姓名，只是一般谈谈而已。如你不愿交谈，对开话头的人只需用"嗯"来表示，或解释"我很疲倦"。飞机上的座椅可调整，但应考虑前后座位的人，不要突然放下座椅靠背或突然推回原位，或跷起二郎腿摇摆颤动，这些都会引起他人的反感。

在飞机上使用盥洗室和卫生间的规则与其他交通工具上的相同。要注意按次序等候，注意保持其清洁。同时不要在供应饮食时到厕所去，因为有餐车放在通道中，其他人无法穿过。如果晕机，可想办法分散注意力，如若呕吐，要吐在清洁袋内，如有问题，可打开头顶上方的呼唤信号，求得乘务员的帮助。

（3）停机后的礼仪　停机后，乘客要带好随身携带的物品，按次序下飞机，不要抢先出门。

乘坐国际航班，下飞机要办理入境手续，通过海关，便可凭行李卡认领托运行李。许多国际机场都有传送带设备，也有手推车以方便搬运行李。还有机场行李搬运员可协助乘客。在机场除了机场行李搬运员要给小费外，其他人不给小费。

下飞机后，如一时找不到自己的行李，可通过机场行李管理人员查寻，并可填写申报单交航空公司。如果行李确实丢失，航空公司会照章赔偿的。

4. 乘火车礼仪

火车是重要的交通工具之一。良好的乘车环境需要大家共同努力，因此在乘车过程中，要讲文明、懂礼貌，多一分宽容，多一分礼让，这样不仅能减少许多不必要的麻烦，还能保持良好的心情，减轻旅途疲劳。要注意以下三点。

（1）讲究候车规则　乘客在候车时，要爱护候车室的公共设施，不大声喧哗，携带的物品要放在座位下方或前部，不抢占座位或多占座位，更不要躺在座位上使别人无法休息。要保持候车室的卫生，瓜果皮核等废弃物要主动扔到果皮箱里，不要随手乱扔，不随地吐痰。检票时自觉排队，不乱拥乱挤，有秩序上下车。

（2）维护车厢秩序　要有秩序地进入车厢并按要求放好行李，行李应放在行李架上，不应放在过道上或小桌子上。放、取行李时应先脱掉鞋子后站到座位上，以免踩脏别人的座位。自己的行李要摆放整齐，尽量不压在别人的行李上，如果实在不行，也应征得别人的同意。不在车厢内吸烟，不随地吐痰、乱扔废物，不在车厢内大声说话。到达目的地后，拿好自己的物品有礼貌地与邻座旅客道别，有序下车，不要抢道拥挤。

（3）注意礼貌交谈　长途旅行，与邻座的旅客有较长的时间相处，有兴趣时可以共同探讨一些彼此都乐于交谈的话题。但应注意交谈礼貌：交谈前应看清对象，与不喜欢交谈的人谈话是不明智的，和正在思考问题的人谈话也是失礼的。即使与旅伴谈得很投机，也不要没完没了，看到对方有倦意就应立刻停止谈话。注意谈话中不要问对方的姓名、住址及家庭情况，这些不是火车上的好的交谈话题。

5. 乘客轮礼仪

人们出差、旅行经过江河湖海需乘坐客轮，有时观光游览还会乘坐专门的游览船或游艇。乘坐客轮较飞机、火车活动空间大，因而更舒适、自由。然而乘客轮时人人都讲礼仪，才能使旅行更舒畅。

客轮的舱位是分等级的。我国的客轮舱位一般分特等舱、一等舱、二等舱、三等舱、四等舱、五等舱等几种。客轮实行提前售票，每人一个铺位，游船也实行对号入座。因船上的扶梯较陡，所以上下船大家应互相谦让，并照顾老人、小孩和女士。

乘客轮时要注意安全，风浪大时要防止摔倒；到甲板上要小心；带孩子的乘客要看住自己的孩子；吸烟的乘客要避免火灾；不要在船头挥动丝巾或晚上拿手电乱晃，以免被其他船误认为打旗语或灯光信号。

船上的服务设施齐全，有餐厅、阅览室、娱乐室、歌舞厅和录像厅等可供就餐或休闲，也可以去甲板散步，享受浪漫的诗情画意。如邀请其他乘客一起娱乐，一定要两相情愿，不可强求。若房中其他乘客出门，也不要好奇去翻动同房乘客的物品。

乘船时要注意小节，如不要在船上四处追逐，忘乎所以；不要在甲板上将收音机放到很大声；不要在客房大吵大嚷；晕船呕吐去卫生间；遇上景点拍照不要挤抢等。另外要注意船上的忌讳，如不要谈及翻船、撞船之类的话题，不要在吃鱼时说"翻过来"，或说"翻了""沉了"之类的语言。

（二）公共场所礼仪

1. 娱乐休闲场所礼仪

（1）酒吧礼仪　为了让人们更能觅寻到一个地方把酒谈心、休闲放松，酒吧业这一行业应运而生。酒吧，在我国已经不是新兴事物。邀请客户到酒吧里听歌跳舞，是一种极好的娱乐消遣活动。在酒吧举杯畅饮之际，怎样才能谈得优雅、喝得风流，尚有许多方面值得注意。

① 酒吧消遣风度：酒吧是邀朋举杯的地方，而不是无理取闹之地；酒吧是娱乐消遣的地方，而不是肆意挥霍之地。在酒吧里，把杯、品酒、谈吐、高歌、起舞……无处不彰显着你的品位、你的风度、你的魅力、你的修养。酒吧是人们休闲和娱乐的场所，不是大摆宴席的场所。如果你打算请客，那最好是去酒楼、饭店，那里天南地北各种佳肴一应俱全。而酒吧通常只供应饮料和平常糕点，食物在酒吧只是一种娱乐的辅助。向酒吧里的歌手点歌是让服务员代为转达的。给歌手小费时把钱塞给歌手或直接扔到台上都是不礼貌的，应该把钱夹在纸里，由服务员用托盘送上，或最好藏在一束鲜花中送到歌手面前。酒吧一般都设有卡拉OK演唱装置，顾客可以自愿去唱自己喜欢的曲目。其他顾客唱歌后，应该礼貌地报以掌声。自己去唱，应向服务人员通告，唱的时候和配乐相和谐，不要肆无忌惮地胡乱唱。酒吧有特别的放松氛围，应特别强调与异性交往的礼节，举止要端庄大方，言语彬彬有礼。在酒吧里跳舞，应该邀请同来的女伴。在酒吧跳舞不同于专门举办的舞会，它不是以社交为目的，一般不请不相识的人共舞。在国外，女性一般是不会单独去酒吧的，一般是男性携女伴前往。仿西式的酒吧，柜台前都设有不带靠背的单腿皮凳，顾客可以坐在柜台前喝酒，这是一种方便的设施。而有些人坐在上面喝酒说笑，影响服务员的工作，那样是不礼貌的。轮流买酒分担费用的习俗有它重要的意义。在适当的时刻应主动提出给你新找到的同伴买酒，这种相互请酒是感受自己是酒吧群体中一员的关键做法。如果你在洽谈商业合同，接待你的主人中有一位可能买第一轮酒，而你应该很快表示买下一轮的。在对方杯子里的酒还剩下四分之一时，就是你该提出买酒的时候了。"这轮由我买，你喝的是什么？"这句话在酒吧中非常流行。

② 酒吧饮酒礼仪：需要注意以下几点。第一，酒类服务通常是由服务员负责将少量酒倒入酒杯中，让客人鉴别一下品质是否有误。只需把它当成一种形式，喝一小口并回答"good"。接着，服务员会来倒酒，这时，不要动手去拿酒杯，而应把酒杯放在桌上由服务员去倒。正确的握杯姿势是用手指轻握杯脚。为避免手的温度使酒温增高，应用大拇指、中指和食指握住杯脚，小指放在杯子的底台固定。第二，喝酒时绝对不能吸着喝，而是倾斜酒杯，像是把酒放在舌头上似的喝。轻轻摇动酒杯，让酒与空气接触以增加酒味的醇香，但不要猛烈摇晃杯子。此外，一饮而尽、边喝边透过酒杯看人、拿着酒杯边说话边喝酒、吃东西时喝酒、口红印在酒杯沿上等，都是失礼的行为。不要用手指擦酒杯沿上的口红印，用面巾纸擦较好。第三，古人云：一人饮酒，取"味"；二人饮酒，取"情"；三人饮酒，得"趣"。风度是文化品德、生活修养的长期积累沉淀在精神风貌和言语行为中的自然溢透，怎么喝才有风度，这没有一定的标准。就是说，风度不是喝酒喝出来的。在酒桌上往往会遇到劝酒的现象，有的人总喜欢把酒场当战场，想方设法劝别人多喝几杯，认为不喝到量就是不实在。"以酒论英雄"，对酒量大的人还可以，酒量小的就犯难了，有时过分地劝酒，会将原有的朋友感情完全破坏。因此，喝酒时要祝酒不要劝酒。你可以讲一些祝福对方的话，为以后的发展干杯，但对方爱喝就喝，如果不想喝，就不要强迫对方必须一饮而尽。

（2）音乐会礼仪　前不久，一位著名的小提琴家莅临某沿海城市举办专场音乐会。正当台上的小提琴家倾力演奏，台下的听众如痴如醉之际，一阵极不适时、极不协调的电话铃声突然在音乐厅内响起。小提琴家立刻中止演奏，整个乐队也停了下来，一段悠扬的协奏曲戛然而止。他将小提琴从肩上放下，拎在手里，静静地注视着听众席，没有音乐声的音乐厅里，空气如凝固住一般。片刻，小提琴家接着刚才中断的乐曲，继续演奏，自始至终，也没有用言语来表达自己的不满。然而，在这无声的抗议之后，音乐厅里再没有响起不该有的声音。听到"音乐会"三个字，每个人都应有一种严肃、高尚的感觉。音乐会的礼仪，体现着演奏者、组织者和观众之间的互相尊重和重视，是一种最基本的人和人之间的礼貌。

①音乐会服装礼仪：对西方人来说，音乐会是十分重要的。从前，音乐会在国外多半是王公贵族或是达官富豪的集会社交场所，一般平民老百姓是很不容易接触到的，因此去参加音乐会的人的服装也会特别讲究。在西方国家，出席音乐会的时候必须以十分隆重的装扮出席。男士均穿深色西装套装，打领带，或穿小礼服，打领结；女士则穿小礼服或大礼服，戴薄纱手套，并化妆。但在我国欣赏音乐会并不像在国外那样隆重，一般没有规定要正装，不过在服装方面多少也是要注意一点的，关键是着装要整洁大方。当然正装也是一种尊重的表现。虽说不需要穿得太拘束，不过至少也不能太随便，例如，穿着拖鞋、短裤就去参加音乐会，这样是很不礼貌的，毕竟这是对音乐艺术与演奏家一种基本的尊重。

②音乐会进场礼仪：通常音乐会开始的时间大多是在17：30左右。一般来说，管弦乐音乐会的节目安排有一不成文的流程规定，例如，上半场安排一首序曲当作开场，然后是一首协奏曲，下半场则是一首交响曲。因为只要音乐会开始，也就是演奏家开始演奏音乐的同时，即会关闭所有进出口大门，等到演奏完序曲后才会再开，然后接下来就是协奏曲开始，进出口再度关闭，直到中场休息时，门才会再次开启。这样的做法并不是打击迟到的人或是贵宾，不让他们进入欣赏，而是对场内那些没有迟到的爱乐者与演奏家的尊重。因此，假若有一天你去欣赏音乐会时不小心迟到了，没关系，门口等一下，等到演奏完毕，门就会开启让你进去。但如果你稍稍迟到了，又被工作人员允许入场，你可以先在后排找一个座位坐下，等节目间歇时再找自己位置。尽量不要因迟到再寻找位置而影响别人观看节目。

③音乐会鼓掌的礼仪：欣赏音乐，需要有辨别音律的耳朵，对于不辨音乐的耳朵说来，最美的音乐也毫无意义（马克思语）。鼓掌是听音乐会一个很大的学问，因为适当的掌声是观众对演奏者的回应。但是过于热情或是不合时宜的掌声则会扰乱演奏者的情绪，所以如果指挥已经举起手势企图制止掌声时，表示他的思路与各乐章之间的流畅已经或多或少地被掌声打扰了。一般来说，乐曲之中有许多章节，而乐章与章节之间，有时拥有极微妙的、藕断丝连的关系，在两个乐章之间没有鼓掌的必要，否则就会出现扰乱演奏的问题，使演奏家站起来回礼也不好，不站起来也不是。因此下面是一些如何鼓掌的小技巧，供大家参考。

a. 事前准备功课：许多音乐会在开演前都有节目单，不妨在音乐会前浏览阅读一番，先行了解演出的曲目，这样不但能掌握鼓掌的时机，更能增加听音乐会时的临场感受与共鸣。

b. 注意指挥者的手：一般来说鼓掌的时机掌握是要看指挥者的双手是否已完全放下，音乐是否有完全停息的气氛。尤其是在欣赏自己不熟悉的音乐或乐曲时，更要注意。

c. 不要跟着别人鼓掌：有时候无法确定乐曲是否已经演奏完毕，这时就得观察指挥或演奏者当时的姿势和神态加以判别，观众和演奏家之间的关系微妙，不能单靠听觉，有时还将依靠视觉。所以，不要人家鼓掌你也跟着鼓掌，有时要自己判断，以免胡乱跟着鼓掌，来不及缩手。

d. 拍错手不丢脸：第一次欣赏音乐会的人，大多都会抓不住鼓掌的时机。其实，就连高手有时候都会搞不清楚状况，况且音乐欣赏的感受每个人都有所不同，感动的时候鼓掌也算是给音乐家的一种鼓励，别以为丢脸，搞不好他还觉得找到知音了呢！

④参加音乐会的其他礼仪：首先，注意喝彩的礼仪。如果仅仅你一个人认为这是精彩的话，大呼小叫地喝彩，可能会令整个现场受干扰。如果大家都喝彩，你也喝彩，就比较自然。如果你觉得特别精彩，大家又都没有鼓掌时，你要学会控制自己表达感情。

有时候看音乐会，一个人特别喜欢，自己跟着哼唱，而影响了别人的观看，这时候会引起别人的反感。其次，生病期间尽量别去参加音乐会。如果因为工作要求，你作为工作人员一定要陪同的话，在这种场合，你千万不要睡觉，因为这是对演奏者极大的不尊重。再次，要安静地观看。演出过程中注意要关闭手机等通信工具；不能走动和大声喧哗；如在演奏期间需要更换坐姿，不要弄出响声；不能吃东西、喝水、交头接耳，实在要说话，曲目间隙小声说一下。演出过程中不要拍照，拍照的闪光灯和声音会严重扰乱演奏者的注意力；看演出时咳嗽、抽鼻子、清嗓子的声音应该降低到最小。如果一个人要大咳一番，最好是离开座位到外面去，而不是痛苦地极力抑制它。献花要得体，事先准备好，在曲目开始前坐到靠过道的座位，不要在曲目进行中挪位子，不要把花的包装纸弄出声响。不提倡献花者提前站到前面去，会分散观众注意力，更不可以很多献花者站在前面聊天。中途登台献花甚至向演奏者索吻，是有失检点的。最后，注意退场礼仪。演奏结束后，听众应在座位上停留片刻，不要急于退场。谢幕时，全场应起立鼓掌，以示对演奏者的尊敬。退场时，应由女士先行，男士随后，不可以抢行。

（3）剧院的礼仪　歌剧、芭蕾舞剧院的礼仪要求：首先，开演后迟到者要等到幕间休息时才能进场，这期间只能在场外的闭路电视中看演出。其次，鼓掌应等歌声结束、精彩唱段结束或舞蹈结束时。在一些国家，还伴有喝彩声，有时激动得站起来，但这要看当时的情况，如大家都不站起来，也不要你一人站起来。演出片段后的鼓掌也应视情况而定，应尽快止息，以免打断或影响后面的演出。20世纪90年代前，意大利著名歌唱家帕瓦罗蒂来北京演出，歌迷为之倾倒。在演出大厅里，掌声和欢呼声甚至压倒了艺术家雄厚的嗓音。演出从始至终，观众无不站立，挥动手中节目单，这虽表示了观众的热情，但这种观赏方式也显得有些过火。在观赏传统的歌剧、芭蕾节目时，应考虑到这些传统艺术需要典雅环境。这与看现代爵士乐、摇滚乐队的表演，可以吹口哨、发怪声，演员激动的情绪与疯狂观众配合的环境是截然不同的。

（4）舞会礼仪　舞会是现代交往的重要形式之一，是不同国度、不同民族、不同肤色的人进行交流沟通的一种有益的活动。高雅的舞会由于其优美的音乐、舒适典雅的布景、神秘变幻的灯光、清闲怡人的空气，而成为人们结交朋友、进行文化生活和休闲娱乐的好去处。人们可在舞会中听音乐、赏美景、踏舞步、谈友谊，获得听觉、视觉等方面的美感和轻松感，宣泄紧张的情绪，缓解疲乏的身体。健康的舞会，的确是培养性情、净化灵魂、提高修养、陶冶情操的好去处。

舞会除了休闲娱乐之外，还是培养感情、交流信息的极好场所。在舒适典雅的环境中，在轻松活泼的气氛中，人们往往最能以诚相见，最能理解和考虑对方的境遇和要求。因此，现在很多营销业务、商务谈判等并不一定都是在谈判桌上谈成的，不少是舞会中跳出来的。这是有道理的，因为谈判活动虽然严肃正式，但未免有些枯燥无味；舞会轻松而令人兴味盎然。其中的奥妙在于：舞会上人们愉快的心情、高昂的情绪是促使交际活动走向成功的重要条件。也正因为如此，中国人才早早把舞会舞蹈当作交际舞或交谊舞。

舞会也是高雅文明的场所，能表现和体现一个人的风度，也是最能表现一个人道德水准、礼仪修养的环境。因此，舞会吸引着国内外社会各阶层人士，任何一个出入舞会的国内、国外的公关人员、营销人员、公务人员以及商人等，都不应该等闲视之，必须懂得、了解并自觉遵守一定的舞会礼仪规范。交际舞会会场是高雅文明的场所，是较能充分地表现一个人的风采和修养的地方，所以也应该注意自己的行为举止。

①服装要整洁：参加舞会者，一定要注意着装。正式的较高级的舞会，若对方邀请时对着装有一定的要求，则一定按要求着装。即使没有特殊要求，也应注意服装整洁，颜色搭配协调。男士一般穿西装或中山装、皮鞋，女士穿长裙、西装或晚礼服。在舞会

中，无论是天气热或是因跳舞过多而出汗，都不可随便脱去外衣。若是冬天，进入舞池前，应先到衣帽间脱去大衣，摘去帽子、手套、口罩等，然后再进入舞池。

② 言行举止彬彬有礼：参加舞会者应注意仪表美，讲究清洁卫生。舞会之前不要吃葱、蒜等带有刺激气味的食物，也不应喝酒、抽烟等。若正患病最好辞谢邀请，以免将病菌传染给其他客人。进入舞场后，说话尽量轻声，不可高声大叫，更不可嬉戏打闹、满口脏话。走路脚步要轻，不可在舞池穿行。一首舞曲完毕后，应有礼貌地让女士先就座。在舞场上坐姿端正，不可跷起"二郎腿"或"抖脚"。舞会上禁止吸烟。参加舞会一般是男女成对前往，如果没有异性舞伴，也可以单独前往。一般情况下，在舞池中是不可以男士与男士、女士与女士跳舞的。

③ 邀舞的礼仪：在比较正式的舞会上，第一支舞曲响起时，往往是主人夫妇、主宾夫妇共舞。第二支舞曲响起时，往往是由主人邀请主宾夫人，主宾邀请主人夫人共舞。第三支舞曲响起时，参加舞会者可纷纷入场跳舞。在一般的交谊舞会上，则没有以上要求，音乐声响起，男士主动走到女士面前，点头或鞠躬，右手前伸，以示邀请；男士也可轻声问候并询问女士"请您跳舞可以吗？"或"您喜欢这支舞曲吗？"女士同意后起身离座，与男士一起步入舞池。女士一般不要邀请男士跳舞。女士若想和某位男士跳舞，可以用目光或语言暗示。男士邀请女士跳舞时，如果女士的丈夫和亲人在一旁，应向他们招手致意，以示礼貌和尊重。一般情况下，女士不应拒绝男士的邀请。如若女士确实累了或因其他原因决定拒绝，应站起身来，委婉地说明原因并致歉。无所表示，让对方难堪则是失礼行为。女士拒绝和男士跳舞之后，一般不可再与别人跳舞，即使再想跳，也须等到下一支舞曲开始才能接受他人的邀请。舞场上切忌争风吃醋，在舞会上抢舞伴是极不礼貌的。

④ 舞姿力求优美：跳舞时应注意舞姿。交谊舞的步法以男方为主轴，因此，男士必须熟悉舞步，否则不可贸然邀请，以免踩对方脚或碰撞他人。跳舞时的姿势是：女士的左手轻轻地搭在男士的右肩上，右手轻轻地放在男士的左手掌心上，男士的左手应与女士的右手轻轻相握，右手应轻放于女士的腰部。起舞时动作要轻松、柔和、自如，女士应尽量适应男士的舞步，女士不可过于主动，否则会使男士感到吃力，动作难以协调。如果一方由于不慎无意间踩了对方的脚，应立即道歉。男女双方之间应保持一定的距离，通常间距在15～46厘米为宜。即使是夫妇、恋人也不可靠得太近，以免给人以轻浮之感。跳舞时，眼睛不应目不转睛地盯着对方，这样会使对方感到拘谨、不自在。在舞场上，不要一味地邀请同一舞伴跳舞，以避免别有所图之嫌。

⑤ 礼貌地交谈、致谢：跳舞时，男女双方可以边跳边自由地交谈双方共同感兴趣的话题，但不可询问对方的年龄、收入、婚姻等隐私问题。当音乐结束时，舞步立即停止。男士应陪伴女士坐好后，道谢，然后或交谈或离开。

舞会结束后，应邀者应主动向邀请者致谢，然后握手道别。

2. 体育运动场所礼仪

（1）观看体育比赛的礼仪　观看体育比赛要注意以下礼仪。

① 衣着：体育场所中的衣着一般是非正式的，以穿着适时、舒适为主，尤其是秋冬季的室外赛场，优先考虑的应是保暖。在室内体育场里，坐在包厢里的观众通常比坐在看台上的观众要穿得正式，如果着运动装，也要求整洁大方。场内观众着装更随意。

② 入座：应准时到场，以免入座时打扰别人。观看比赛时，不能因情绪激动而用脚踩着座位看。

③ 遵守秩序：观看体育比赛时要注意讲文明。你可以在比赛中为你所喜爱、支持的运动员和运动队欢呼呐喊，但不要辱骂对抗的一队，以免和另一队的支持观众发生争执，或被警察"保护"出场，更不要因不满赛况而向比赛场中投掷杂物、攻击裁判等。

④ 照顾他人：和在其他公共场所一样，体育比赛中若想吸烟，要注意场内是否允许并要取得周围人同意。比赛期间不要频繁进进出出地买饮料、如厕等，以免影响其他观众。啦啦队、球迷队的欢呼助威也要照顾他人的观看。

⑤ 退场：如果赛后有要事，可在终场前几分钟悄悄离去。若等到赛完才离去，就要按顺序退场，不要互相拥挤，以免人多发生意外。

（2）观赏体育表演赛的礼仪　体育明星的表演赛类型较多，如田径赛、竞技、球类、武术等。比赛由于云集国内、国际高手，技艺超群，因而比赛颇为精彩，更容易调动人的情绪。观赏表演赛应注意以下四个环节。

① 着装：观看体育表演赛同样是非正式的服饰要求，但在看一些国际性的表演赛时，应比看一般比赛要注意打扮，工作装、沙滩装和奇装异服一般是不适宜的。

② 入场：注意车辆要在指定地点存放，按时入场，不要在人群拥挤的入场处逗留，进场后尽快找到座位坐下。由于体育明星的表演赛入场券比较难买，如果想在入场口等退票，注意不要妨碍他人入场，不可纠缠他人。

③ 文明观赏：观看表演赛要支持、鼓励运动员的表演，随着比赛高潮的出现，看台上的气氛也会热烈起来，可以鼓掌和文雅地加以赞扬，有时运动员表现反常，没有发挥应有水平，也要予以热情鼓励，不能吹口哨、怪叫，不能喊带有侮辱性的话。在观看国际性表演赛时，要注意表现出大国的胸怀来，坚持"友谊第一，比赛第二"。

④ 退场：表演赛结束同看比赛一样要按秩序退场。但要注意退场时不要尾追、堵截体育明星和名人，不要拦住明星的汽车或纠缠明星签名留念。

（3）参加群众性体育活动的礼仪　目前我国群众性体育活动项目繁多，许多正式比赛项目和非正式比赛项目都成为体育爱好者参加的项目。参加体育活动应注意以下方面。

① 遵守比赛规则：虽然体育活动不同于正式比赛，但大家仍应遵守种种比赛的规则要求，使活动有秩序。比赛瞬息万变，比赛中裁判员难免失误，对这种情况，应支持裁判员工作，不要起哄。

② 讲求运动道德：以健身、娱乐、陶冶性情、社交等为目的的体育活动，如板球、网球、高尔夫球、台球、保龄球等，多以增进友谊为目的，所以讲求运动道德更重要。进行活动时行为不可粗鲁，不可与对手冲突，不可嘲笑、挖苦对方的技艺。赛前、赛后都要与对手握手、拥抱致意。

③ 保证安全：以猎奇、惊险和一定程度的冒险为乐趣的活动，一定要事先准备充分，措施得当，以保证活动时的人身安全。例如在打猎活动中，要正确地使用枪支，保证参加者不受伤害。打猎的枪支管理要严格，打猎时要按组织者的计划与说明行动，只能向规定的方位射击，切记不能向其他猎手方向射击。另外对野生保护动物不能猎取。

3. 其他公共场所礼仪

（1）宾馆住宿礼仪　宾馆客房是客人临时之家，是为客人提供休息的场所。在我国，客人入住一般须出示居民身份证等有效证件，然后办理住宿登记等手续。在一些发达国家，大都是先预订房间，到达后，只要说出自己的姓名，然后在登记册上签名即可。根据工作需要，旅行人员亦可在房间办公、举行小型会议、洽谈业务或会友。不论将客房作为休息场所还是临时办公地点，掌握入住基本规定，对自己、对工作都是十分有益的。要注意以下五个方面。

① 内外有别：因为宾馆既是休息的地方，又是工作的地方，所以，室内着装可相对随便些。但是如果约好客人在下榻饭店的客厅或自己的房间洽谈业务，则要仪表端庄，注意自己的职业形象，同时亦应遵守前面提到的待客礼仪和日常礼仪。为客人准备好茶水或饮料。

② 文明入住：住店要处处体现文明。关房门时注意用力轻一些。深夜回来，如需洗澡，注意动作要轻一些，避免打扰到隔壁邻居，如可能最好等第二天早晨再洗。如果与别人合住，应该注意出门时随手将门关上，不要在房间里喧哗，以免影响他人休息。休息的时候可以按上"请勿打扰"的标志灯，或在门外挂上"请勿打扰"的牌子。到别的房间找人，应该先敲门，经主人许可后再进入，不要擅自闯入。

③ 安全第一：入住宾馆，进入客房后应先阅读房间门后消防逃生路线图，熟悉所在房间的位置和逃生楼梯的方位。之后，要查看一下窗户和侧门是否锁好。如果饭店员工无法将侧门锁好，可以要求换一个房间。旅行期间，只要可能就要将你所带来的贵重物品随身携带。不要把钱或贵重物品留在房间里，要把珠宝、照相机、文件等都锁在饭店的保险箱里。进入饭店房间后，离开房间时，为了安全起见，如果条件允许，你可以让电视机开着。待在房间里的时候，把门关好并上好锁。除非你在等人，否则不要开着门；开门前要先问一声，或从窥孔那儿查看一下来人是谁。如果对方宣称自己是饭店员工，或者你有其他考虑，可以给前台打电话进行核实。晚上睡觉前，应将防撬链扣好。房门钥匙要随身携带。不要当众展示你的钥匙，也不要把它放在饭馆的餐桌上、健身房里或者其他容易丢失的地方。门厅的灯可以亮着，可以开夜灯睡觉，或者开着洗手间的灯睡觉，以便让自己感到安全，或者遇到紧急情况，可以照亮。

④ 爱护设施：宾馆客房内备有供旅客生活使用的各种物品，如桌、椅、灯具、电视、空调以及洗漱和卫生洁具、浴具等设施，使用时应予以爱护，不许用力拧、砸、敲。如不慎损坏应主动赔偿，故意破坏房内物品或损坏了物品不声不响，甚至把房内的不属于自己的东西随意拿走等，都是违背社会公德的不文明行为。

⑤ 保持卫生：在客房内衣物和鞋袜不要乱扔乱放。废弃物应投入垃圾桶内，也可放到茶几上让服务员来收拾，千万不要扔进马桶里，以免堵塞而影响使用。吸烟者不要乱弹烟灰、乱抛烟头，以免烧坏地毯或家具，甚至引起火灾。出门擦鞋应用擦鞋器，用枕巾、床单擦鞋是不道德的行为。

（2）参观博物馆和美术馆礼仪　博物馆和美术馆是高雅的场所，人们前去参观可以增长知识和提高艺术修养，因而在这种场所更要讲礼仪。

进博物馆和美术馆要将大衣、帽子及旅游携带的杂物存放在衣帽间。不要戴着帽子或食品杂物进入展览厅，一边参观一边吃零食是不文明的举止。要吸烟、喝饮料、吃东西可到休息室去。

展览厅内要保持安静的环境和良好的学术气氛，对讲解员的解说要专心倾听，遇到有不懂的地方或问题，可向他（她）请教，当然也不要问个没完没了，惹他人生厌。参观时不要对展品妄加评论。如果你很欣赏某件作品，在不妨碍他人的情况下可以多观赏一会儿；如果别人停住欣赏某件展品，而你不得不从他前面越过时，一定要说声"对不起"。

参观时要爱护展品，不要用手抚摸，以免损坏展品；注意不要让孩子不小心碰坏展品或展厅内的设施。博物馆和美术馆为了保护展品及维护自身的权益，一般都禁止参观者摄影，允许照相的，也禁止使用闪光灯。因此参观时要注意遵守有关规定。

（3）参加学术报告会礼仪　参加学术报告会应衣着整洁、美观大方，准时入场、进出有序，依照会议安排落座。具体来说，要注意以下几点要求。

① 遵守纪律，准时有序：参加集会，每个人都要有较强的时间观念，应提前几分钟到达集会地点，保证集会准时开始，不能拖拖拉拉、延误集会的时间和影响集会的气氛。入场时，不要勾肩搭背、大声谈笑、东张西望或寻人打招呼。必要时要在最短的时间内整好队列，并以较快的速度进入会场。入场后要听从会议组织者的安排，迅速就座，秩

序井然。不要挤占位置好的座位，更不要坐贵宾席。集会结束后，应让贵宾及师长先离开会场，然后再按次序退场，切忌一哄而散。

② 尊重报告人，表示敬意：报告人未入场前，与会者应端正恭候报告人。当报告人出现在主席台上时，全场应立即安静下来，并报以热烈的掌声，这是一种基本的礼貌。这种礼貌是对报告人的尊重和鼓励，报告人也会因此把报告做得更好。报告人做报告时，要端坐静听，不要交头接耳，窃窃私语，不要看报刊、吃零食、打瞌睡、东张西望或左顾右盼，否则会影响报告人的情绪，也会干扰其他人听报告。在一般情况下，不要随意离开会场，如有特殊原因需出场，也应悄悄出场，以减少对报告人和听众的干扰。借故离场、扬长而去都是对报告人的不恭，是一种极不礼貌的行为。对报告中的精彩部分，可以鼓掌，以表示赞同和钦佩。报告结束时，为表谢意应报以热烈鼓掌。如果报告人离席先走，则应再一次鼓掌表示欢送。此外，对报告中的某些观点不同意，或由于报告中的引例和数据不够准确而有不同看法时，与会者应采取正确而礼貌的方式予以处理，或通过向报告人递条子的办法指出报告中的某些欠妥之处，或会议结束后，向会议组织者提出意见。当场在下面议论、喊叫或当面责问，都是极不礼貌的行为。

③ 自由发言，注意礼貌：要求发言先举手。集会是有组织、有领导的，如果发言要先举手，得到主持人的同意后，方可发言。要认真听别人的发言，在别人发言时，不要做出无所谓或不耐烦的样子，不要随便插话，更不能强行打断别人的讲话，假如不同意发言人的观点，在他没有讲完之前，既不要立即反驳，也不要和周围的人议论扰乱会场纪律，更不能公然露出鄙夷的神色或拂袖而去。发言要有观点，以理服人。发言不管是阐述自己的看法，还是反驳别人的论点，都应该注意观点明确，论据充分，以理服人。对不同的意见，不要乱扣帽子、乱打棍子，切忌出言不逊、恶语伤人。别人批评自己的观点或对自己的观点提出不同看法时，应虚心听取，要让别人把话说完，不要急躁，不要说出有损别人人格的话，而应互相切磋、求同存异。

（4）图书馆礼仪　图书馆是知识的殿堂，是人们追求精神文化生活的地方，要求每位读者在求知的同时，爱护图书，遵守图书馆的规章制度，显示出良好的修养。进入图书馆要遵守特别的行为规范和礼仪要求。

由于环境条件的要求，进入图书馆，要保持安静，说话要轻，不可高声谈笑。借阅图书时，要按顺序凭借书证借书。阅毕或者借阅期已到，应及时归还，以便别人借阅，充分发挥图书馆的利用价值。不要在图书馆里吃东西，也不能吸烟；不能一个人占几个人的位置；在电子阅览室要爱护仪器设备，服从管理人员的管理，不能利用图书馆电脑进行网上非法及不道德活动。爱护图书和其他公物，切勿在书上乱涂乱画。发现有用的资料可以用本子抄下来或者复印。撕坏或在书中"开天窗"，甚至将书窃为己有，都是不道德的行为。开架的图书杂志，阅毕要放回原处，不要使下一位读者找不到要找的书刊，同时又增加工作人员的工作量。

（5）乘电梯礼仪　在现代社会中，电梯是人们用来缩短距离与提高工作效率的工具。电梯虽然在日常生活中已经随处可见，但很少有人了解乘电梯的礼节。新加坡总统吴作栋在他发起的全民礼仪运动中强调，讲礼仪要从乘电梯这样的小事做起。乘电梯的礼仪包括以下几点。

等电梯时，要主动面带微笑向熟人打招呼，只需轻轻地触摸电梯按钮即可，不要反反复复地按电钮。

进电梯时不争先恐后，要在出口处的右边等候，以方便其他乘客出电梯。等候电梯里的乘客都出来后，才按顺序进电梯，千万不要拥挤。电梯能够承载多少乘客是有限的，当警铃响的时候，最后上电梯的人或在电梯门口的人应自动下电梯。

上下电梯自然应该排队，要遵循"尊老爱幼""女士优先"的原则。

要尽量避免紧靠他人和背对他人，在电梯内正确的站法是，先进电梯要靠墙而站，不要以自己的背对着别人，可站成"n"字形，看到双手抱满东西的人，可代为按钮。与长辈、上司、女士同行，应礼让他们先进，代他们按下欲往的楼层。值得一提的是，如果你与女士同行，他人礼让，并不表示也礼让你，要避免大大咧咧地率先而行。按着电梯开门按钮对他人交代事情，偶尔为之可以理解，但一定要简单明了，事后记得向电梯内其他人道歉，如果一时说不清楚，不如搭下一班电梯，以免耽误他人时间。

电梯这个特殊空间使陌生的人都进入彼此的亲密区，这会令人在心理上、生理上都感觉到不适。如何减少这种不适呢？应注意两点。一是保持身体平衡，尽量不做动作，很多人习惯伸长胳膊去按电钮，这实际上是不礼貌的。礼貌的做法是，请靠近楼层显示屏的乘客替你按："劳驾，请您帮我按第8层，谢谢！"。二是注意你的目光，一般来说眼睛看电梯门上的楼层显示屏，这比较合乎人的心理在这种特殊环境中的需求。千万不要盯着身边的人看，即使对方美若天仙，否则对方会感觉到你在侵犯她。女性乘客也可以用胳膊、书包等随身物品保护自己的敏感部位，以免在拥挤中遇到无意的"撞击"。

在大型商场、地铁、火车站、飞机场等公共场所乘滚动电梯时，有一个重要的礼仪规则是：乘客一律靠右站立，上下排成一列纵队，空出左边的小道给有急事的人上下跑动。这是国际惯例，请一定记牢。在商场，当你和朋友一起乘滚动电梯时，请上下站立在电梯上，不要并排站立，也许这会使你们的交谈变得不那么自如，但这却给那些急忙奔走的人提供了方便。所有的礼仪规则都是在要求我们每个人"设身处地为他人着想"，从而求得美好和谐的大环境。

二、能力开发

（一）阅读思考

"文明旅游温馨提示用语"50条

为了进一步宣传贯彻《中国公民国内旅游文明行为公约》和《中国公民出境旅游文明行为指南》，2007年9～10月份由中央文明办和国家旅游局共同组织的"征集文明旅游温馨提示用语"活动，短短20天时间共收到信件、邮件528封，"文明旅游温馨提示用语"1765条。以下是入选的50条"文明旅游温馨提示用语"。

1. 用于景区、绿地、森林等公共场所
① 废物不乱扔，举止显文明。
② 请把您的垃圾带走，请将您的美德留下。
③ 爱护环境，有你 有我 有他；文明旅游，利己 利国 利民。
④ 留下一路洁净，带走一身快乐。
⑤ 游遍天下山川，只留脚印一串。
⑥ 文明旅游，和谐相处。
⑦ 美丽正在绽放，请勿随意打扰。
⑧ 善待环境，关爱自然。
⑨ 除了足迹和微笑，什么都不要留下。
⑩ 悠悠森林情，寸寸防火心。
⑪ 游山游水游天下，爱国爱家爱自然。
⑫ 脚下留情，草坪留青。

⑬ 一花一草皆生命，一枝一叶总关情。

⑭ 文明每一步，精彩每一景。

⑮ 文明是最美的风景。

⑯ 赏名胜古迹，做文明游客。

⑰ 美景供人欣赏，美德让人敬仰。

⑱ 文明与山水同在，和谐与风景共存。

⑲ 万水千山总是情，文明旅游传美名。

⑳ 落花未必有意，摘花一定无情。

㉑ 嘘！请不要打扰历史的沉思。（用于博物馆）

2．用于机场、海关、口岸等出境游提示

㉒ 从踏出国门的那一刻起，您的名字就叫"中国人"。

㉓ 文明礼仪从小节做起，出境旅游显大家风范。

㉔ 人人都是中国形象，处处都有文明考场。

㉕ 文明游天下，温馨你我他。

㉖ 中华文明五千年，礼仪展现一瞬间。

㉗ 礼貌体现人格魅力，文明展示中华风采！

㉘ 出国旅游，文明相伴。

㉙ 用文明书写中国人的形象。

㉚ 带回国外美好印象，留下国人文明形象。

㉛ 勿忘礼仪之邦，牢记中国形象。

3．用于秩序、礼让等提示

㉜ "请"在前，"谢"在后，文明用语伴你行。

㉝ 文明旅游，礼貌先行。

㉞ 互敬互让互谅，共建共荣共享。

㉟ 礼让三分，和谐十分。

㊱ 尊重别人就是尊重自己。

㊲ 旅游使人愉悦，文明使人高尚。

㊳ 文明与旅游同行，平安与和谐共赢。

㊴ 扬我中华文明，爱我大好河山。

㊵ 有序排队就是节约时间。

4．用于用餐、购物、出行、住宿等

㊶ 外出用餐应文明，健康饮食记心间。

㊷ 出游莫忘文明，购物还须理性。

㊸ 购物千万莫拥挤，先来后到记心里。

㊹ 把美德留在旅途，把美景留在心间。

㊺ 抢一步，危险重重；让一步，海阔天空。

㊻ 座位有限情无限，有序排队莫抢先。

㊼ 旅途漫漫，文明相伴。

㊽ 出游一路小心，平安文明是金。

㊾ 资源有限，爱心无限。点滴节约，举手之劳。

㊿ 宾馆就是您的家，环境优美靠大家。

（二）案例分析

【案例1】

小贺错在哪里

在一个秋高气爽的日子里，迎宾员小贺，着一身剪裁得体的新装，第一次独立地走上了迎宾员的岗位。一辆黑色高级轿车向饭店驶来，稳稳当当地将车停靠在饭店豪华大转门的雨棚下。小贺看到后排坐着两位男士，前排副驾驶座上坐着一位身材较高的外国女宾。小贺一步上前，以优雅姿态和职业性动作，先为后排客人打开了车门，做好护顶关好车门后，小贺迅速走向前门，准备以同样的礼仪迎接那位女宾下车，但那位女宾满脸不悦，使小贺茫然不知所措。通常后排座为上座，一般凡有身份的人皆在此就座，优先为重要客人提供服务是饭店服务程序的常规，女宾为什么会不高兴呢？

？思考题

（1）这位女宾为什么不高兴？

（2）小贺错在哪里？

【案例2】

王先生乘车

某公司的王先生年轻肯干，点子又多，很快引起了总经理的注意并拟提拔为营销部经理。为了慎重起见，决定再进行一次考查，恰巧总经理要去省城参加一个商品交易会，需要带两名助手，总经理一是选择了公关部杜经理，一是选择了王先生。王先生自然看重这次机会，也想借机好好表现一下。

出发前，由于司机小王乘火车先行到省城安排一些事务，尚未回来，所以，他们临时改为搭乘董事长驾驶的轿车一同前往。上车时，王先生很麻利地打开了前车门，坐在驾车的董事长旁边的位置上，董事长看了他一眼，但王先生并没有在意。

车上路后，董事长驾车很少说话，总经理好像也没有兴致，似在闭目养神。为活跃气氛，王先生寻一个话题："董事长驾车的技术不错，有机会也教教我们，如果都自己会开车，办事效率肯定会更高。"董事长专注地开车，不置可否，其他人均无应和，王先生感到没趣，便也不再说话。一路上，除董事长向总经理询问了几件事，总经理简单地作答后，车内再也无人说话。到达省城后，王先生悄悄问杜经理："董事长和总经理怎么都像有点不太高兴呀？"杜经理告诉他原委，他才恍然大悟，"噢，原来如此。"

会后从省城返回，车子改由司机小王驾驶，杜经理由于还有些事要处理，需在省城多住一天，同车返回的还是四人。这次不能再犯类似的错误了，王先生想。于是，他打开前车门，请总经理上车，总经理坚持要与董事长一起坐在后排，王先生诚恳地说："总经理您如果不坐前面，就是不肯原谅来的时候我的失礼之处。"并坚持让总经理坐在前排才肯上车。

回到公司，同事们知道王先生这次是同董事长、总经理一道出差，猜测着肯定提拔他，都纷纷向他祝贺，然而，提拔之事却一直没有人提及。

？思考题

请指出王先生的失礼之处。

【案例3】

小马出差

小马出差，中途因要转一趟火车，需要在当地住一晚。因为是公差，单位给报销住宿费和路费等，所以下车后，他找了一家高级宾馆入住。本来是可以住两人房的，但是他考虑到单位给报销，于是就不假思索地开了一个单人间。进入房间后，他就把电视机打开了，在洗澡时也一直开着电视机。平时洗澡最多只要半个小时，可是这次他却洗了2小时。他觉得已花了那么多钱，就住一晚上，什么都不用太亏了。于是他随心所欲，想到什么就做什么，电视机也一直开到第二天早上，灯也一直亮着……

思考题

（1）小马的行为错在何处？

（2）本案例对我们有哪些启示？

【案例4】

我的成功从电梯口开始

两年前，我到一家国外的化妆品公司参加面试。刚刚走出社会的我，没有丰富的面试经验，也不具备较好的外在条件。面试在市中心的写字楼里，看着出入大厅的靓丽都市白领，再瞅瞅自己特地从室友那借来的略显肥大的套裙，唉！

下午2时30分面试，我是提早15分钟到达的，面试在大厦的12层。

电梯来了，大家鱼贯而入，满满当当地挤了十几个，刚要关门，一个西装笔挺的人跑了进来，电梯间里立刻响起了刺耳的警告声，超载了。

大家都把目光投向了那个最后进来的人身上，但他丝毫不为所动。顿时，电梯间陷入了刹那的尴尬之中，虽然还有时间等下一班电梯，但谁也不愿意冒这个险，毕竟大家都想给主考人员留个不错的印象。

我站在靠边的位置，自然地走了出去，转过身，在关门的瞬间，不自觉地冲电梯中的人微扬了一下嘴角。

考试进行得紧张而顺利，每个人都回家等通知。第三天，我被这家公司正式聘用了。

上班后，我见到了面试那天那个最后跑上电梯的男人。他是我的同事，进公司已经两年了。当我问他那天面试时的详情，他说，他也只是依照上级老板的意思，在电梯门口等待时机，公司除了要看应聘人与主考人员的交流，还会参考很多因素，如到会场的时间、与周围人的沟通等。

他说："许许多多的测试都是无形之中就完成了的——面试在你一迈进大楼时就已经开始了。"

思考题

（1）为什么说："面试在你一迈进大楼时就已经开始了。"

（2）从本案例中你学到了什么？

（三）实战演练

项目1：步行训练

实训目标：掌握步行的礼仪规范。

实训学时：1学时。

实训地点：实训室。

实训方法：

（1）商务接待场合。4人一组，其中2人扮演客人（一人为经理，一人为秘书），2人扮演主人（一人为经理，一人为秘书），表演4人单行行走、4人并排行走。

（2）非商务场合：3人一组，其中1人为女性，表演3人单行行走、3人并排行走。

注意行走的方位、姿态，可以边走边谈。

训练手记：通过训练，我的收获是＿＿＿＿＿＿＿＿＿＿＿＿＿＿＿＿＿＿＿。

项目2：乘坐轿车训练

实训目标：掌握轿车座位的安排。

实训学时：1学时。

实训地点：实训室。

实训准备：模拟轿车座位（可用椅子代替）。

实训方法：

若干人一组，并确定各自的角色（客人、女士、上级或主人、男士、下级等），表演按着正确的座次乘车。

（1）客方1人，我方3人（主要接待1人、陪同1人、司机1人），乘一辆车。

（2）客方2人，我方2人（主要接待1人、司机1人），乘一辆车。

（3）客方3人，我方3～4人（重要接待1人、陪同兼司机2人），分乘2辆车。

训练手记：通过训练，我的收获是＿＿＿＿＿＿＿＿＿＿＿＿＿＿＿＿＿＿＿。

项目3：制定《市民文明公约》

实训学时：1学时。

实训地点：教室。

实训方法：

（1）将学生分成若干组，每组成员独立地制定《市民文明公约》。

（2）要求在日常观察和网上调查的基础上，经过充分讨论后形成《市民文明公约》。

（3）《市民文明公约》形成后，分组以此在全班交流，每组选派一名代表说明它的制定理念和独到之处。

（4）最后，师生共同总结。

 温故知新

1．判断题

（1）乘有司机驾驶的小轿车，首座一般是后排右侧座位。　　　　　　（　　）

（2）通常汽车靠右行驶时，第二座次上的人上车时应从左门上车。　　（　　）

（3）乘主人自驾的小轿车，较尊的座位是前座。　　　　　　　　　　（　　）

（4）如果主人夫妇驾小轿车迎送友人，主人夫妇在前座。　　　　　　（　　）

（5）坐火车时，发生重复座位时，可请求对方亮票核对。　　　　　　（　　）

（6）停机后，乘客要带好随身携带的物品，按次序下飞机，不要抢先出门。（　　）

（7）飞机上禁止使用移动电话、AM/FM收音机、游戏机，但可以使用便携式电脑。

　　　　　　　　　　　　　　　　　　　　　　　　　　　　　　　　（　　）

（8）在歌剧、芭蕾舞剧院，节目开演后迟到者要等到幕间休息时才能进场。（　　）

（9）音乐会一旦演奏开始，听众就将被禁止入内。 （　　）

（10）体育场所中的衣着一般是非正式的，以穿着适时、舒适为主。 （　　）

（11）观赏体育表演赛不能吹口哨、怪叫，不能喊带侮辱性的话。 （　　）

（12）在展览厅可以一边参观一边吃零食。 （　　）

（13）参观博物馆可以拍照。 （　　）

（14）参加学术报告会要端坐静听，不要交头接耳、窃窃私语。 （　　）

（15）上下电梯自然应该排队，要遵循"尊老爱幼""女士优先"的原则。 （　　）

（16）在大型商场、地铁、火车站、飞机场等公共场所乘滚动电梯时，乘客一律靠右站立，上下排成一列纵队，空出左边的小道给有急事的人通行。 （　　）

（17）在电梯中不可聊天喧哗，但可以谈论私事。 （　　）

（18）乘电梯时，最好亲自按电梯楼层，不假手他人。 （　　）

（19）不论男女，在洗手间人满的情况下，后来者必须排队等待。 （　　）

（20）使用完卫生间后，一般习惯是先用擦手纸巾擦干手，把用完的纸扔入垃圾桶后，再用干手机把手吹干。 （　　）

（21）住饭店时可穿拖鞋出现在大厅外的地方。 （　　）

（22）当女伴受人礼让先行时，男伴应紧随其后。 （　　）

（23）在舞会上，女士可以邀请男士跳舞。 （　　）

（24）不宜向有男伴的女士邀舞。 （　　）

2．思考与训练

（1）乘轿车应注意哪些礼仪？

（2）自驾车的礼仪包括什么？

（3）乘飞机、客轮、火车应注意什么礼仪？

（4）乘电梯的礼仪要求是什么？

（5）住店应讲究哪些礼仪？

（6）出门旅行装备应注意什么？

（7）在酒吧应注意哪些礼仪？

（8）听音乐会有什么礼仪？

（9）参加舞会应注意什么礼仪？

（10）在体育运动场所有什么礼仪？

（11）参观博物馆、美术馆应遵守哪些礼仪？

（12）参加学术报告会应注意什么礼仪？

（13）情景表演与公司同事乘火车（或乘飞机、轮船）出差。

（14）在班级举行一次舞会，模拟练习参加舞会的礼仪。

（15）在你的周围开上小轿车的人越来越多了，但是有的人不讲究自驾车礼仪，请你给其一些礼仪方面的忠告。

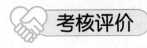 考核评价

能力考核评价表

内　容		评　价	
学习目标	评价内容	小组评价（5、4、3、2、1）	教师评价（5、4、3、2、1）
知识（应知应会）	乘轿车的礼仪		
	使用电梯的礼仪		

内　　容		评　价	
专业能力	自驾车礼仪		
	乘飞机、火车、客轮礼仪		
	娱乐休闲场所礼仪		
	体育运动场所礼仪		
	宾馆住宿礼仪		
	参观博物馆、美术馆礼仪		
	参加学术报告会礼仪		
	图书馆礼仪		
通用能力	自我管理能力		
	沟通能力		
	自控能力		
态度	遵守规范、热情友善		
努力方向：		建议：	

实用社交礼仪 第三版

SHIYONG SHEJIAO LIYI

任务8

交谈礼仪

> 　　与人进行有效的交谈，并且赢得他们的合作，这是那些奋发向上的人应该培养的一种能力。
>
> ——【美】戴尔·卡耐基

 学习目标

1. 恰当得体地与人进行交谈。
2. 能够自觉地使用礼貌用语与人交谈。
3. 能够恰当地选择交谈话题。
4. 在交谈中注意倾听并能恰当地发问。
5. 能够弥补交谈中的语言失误。

 案例导入

经理室的对话

　　小王是一名推销员，一天他急匆匆地走进一家公司，找到经理室，于是就有了如下的对话：

　　小王：您好，李先生。我叫王乾，是科教设备公司的推销员。

　　经理：哦，对不起，这里没有李先生。

　　小王：你是这家公司的经理吧？我找的就是你。

经理：我姓于，不姓李。

小王：对不起，我没听清你的秘书说你是姓李还是姓于，我想向你介绍一下我们公司的彩色复印机……

经理：我们现在还用不着彩色复印机。

小王：噢，是这样。不过，我们还有别的型号的复印机，这是产品目录，请过目。（接着，掏出香烟和打火机）你来一支？

经理：我不吸烟，我讨厌烟味，而且，我们公司是无烟区。

小王：……

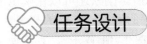

任务设计

一、应知应会

美国前哈佛大学校长伊立特曾说："在造就一个有修养的人的教育中，有一种训练必不可少，那就是优美、高雅的谈吐。"交谈是交流思想和表达感情最直接、最快捷的途径。在社交中，像本任务"案例导入"中发生的语言冲突并不鲜见。有的人不注意交谈的礼仪规范，或用错了一个词，或多说了一句话，或不注意词语的色彩，或选错话题等而导致交往失败或影响人际关系。因此，在交谈中必须遵从一定的礼仪规范，才能达到双方交流信息、沟通思想的目的。

（一）交谈语言的基本要求

语言作为人类的主要交际工具，是沟通不同个体心理的桥梁。交谈语言的基本要求包括以下几个方面。

1. 准确流畅

在交谈时如果词不达意、前言不搭后语，很容易被人误解，达不到交际的目的。因此在表达思想感情时，应做到口音标准、吐字清晰，说出的语句应符合规范，避免使用似是而非的语言。应去掉过多的口头语，以免语句割断；语句停顿要准确，思路要清晰，谈话要缓急有度，从而使交流活动畅通无阻。

语言准确流畅还表现在让人听懂，因此言谈时尽量不用书面语或专业术语，因为这样的谈吐让人感到太正规、受拘束或是理解困难。古时有一笑话，说的是有一书生，突然被蝎子蜇了，便对其妻子喊道："贤妻，速燃银烛，你夫为虫所袭！"他的妻子没有听明白，书生更着急了："身如琵琶，尾似钢锥，叫声贤妻，打个亮来，看看是什么东西！"其妻仍然没有领会他的意思，书生疼痛难熬，不得不大声吼道："快点灯，我被蝎子蜇了！"真乃自作自受。

2. 委婉表达

交谈是一种复杂的心理交往，人的微妙心理、自尊心往往在里面起重要的控制作用，触及它，就有可能产生不愉快。因此，对一些只可意会而不可言传的事情、人们回避忌讳的事情、可能引起对方不愉快的事情，不能直接陈述，只能用委婉、含蓄、动听的话去说。常见的委婉说话方式如下。

① 避免使用主观武断的词语，如"只有""一定""唯一""就要"等不带余地的词语，要尽量采用与人商量的口气。

② 先肯定后否定，学会使用"是的……但是……"这个句式。把批评的话语放在表扬之后，就显得委婉一些。

③ 间接地提醒他人的错误或拒绝他人。

3. 掌握分寸

谈话要有放、有抑、有收，不过头、不嘲弄，把握"度"；谈话时不要唱"独角戏"，夸夸其谈，忘乎所以，不给别人说话的机会；说话要察言观色，注意对方情绪，对方不爱听的话少讲，一时接受不了的话不急于讲。开玩笑要看对象、性格、心情、场合，一般来讲，不随便开女性、长辈、领导的玩笑，一般不与性格内向、多疑、敏感的人开玩笑，当对方情绪低落、心情不快时不开玩笑，在严肃的场合、用餐时不开玩笑。

4. 幽默风趣

交谈本身就是一个寻求一致的过程，在这个过程中常常会出现不和谐的地方而产生争论或分歧。这就需要交谈者随机应变，凭借机智抛开或消除障碍。幽默还可以化解尴尬局面或增强语言的感染力。它建立在说话者高尚的情趣、较深的涵养、丰富的想象、乐观的心境、对自我智慧和能力自信的基础上，它不是耍小聪明或"卖嘴皮子"，它应使语言表达既诙谐又入情入理，应体现一定的修养和素质。有一次，梁实秋的幼女文蔷返家探望父亲，他们便邀请了几位亲友，又到"鱼家庄"饭店欢宴。酒菜齐全，唯独白米饭久等不来。经一催二催之后，仍不见白米饭踪影。梁实秋无奈，待服务小姐入室上菜之际，戏问曰："怎么饭还不来，是不是稻子还没收割？"服务小姐眼都没眨一下，答称："还没插秧呢！"本是一个不愉快的场面，经服务小姐这一妙答，举座大乐。

5. 声音优美

每个人的声音都是有感情的，也是有色彩的。如何让自己的声音富有吸引力，展现出独特的个人魅力，这也是一门艺术。

首先，要注意音调的高低变化。无变化的声音是单调的，如同催眠曲，令人进入精神凝滞状态，更达不到讲话的目的。因此，与人交谈时，我们应根据谈话内容的变化，适当调整音调的高低，给人抑扬顿挫的感受。

其次，要控制好音量。谈话时，音量的控制也非常重要。太大的声音会令人反感，以为你在那里装腔作势；音量太小会使人听不清楚，以为你怯懦。一般来说，应根据听者距离的远近来调节自己的音量，达到最适合的状态。

最后，要注意说话语速。说话时一直保持同一种语速会使人产生听觉上的疲劳，容易昏昏欲睡，打不起精神。因此，在与人交谈时，我们应该把握说话的语速，不要太快或太慢，应追求一种有快有慢的音乐感。在主要的语句上放慢速度作强调，在一般的内容上稍微加以变化。

（二）交谈中使用礼貌用语

使用礼貌用语，是人类文明的标志。使用礼貌用语不仅会得到人们的尊重，提高自身的信誉和形象，而且还会对自己的事业起到良好的辅助作用。在我国，政府有关部门向市民普及文明礼貌用语，基本内容为十个字："请""谢谢""你好""对不起""再见"。在社交中，日常礼貌用语远不止这十个字。归结起来，主要可划分为几个大类，见表8-1（参见杜明汉. 营销礼仪. 北京：电子工业出版社，2011）。

表8-1　日常礼貌用语

序　号	礼貌用语类型	举　　例
1	问候用语	您好！各位好！小姐好！××先生好！××主任好！早上好！中午好！下午好！晚安！各位下午好！××经理早上好！
2	欢迎用语	欢迎！欢迎光临！见到您很高兴！恭候光临！××先生，欢迎光临！欢迎再次光临！欢迎您又一次光临本店！
3	送别用语	再见！回头见！慢走！走好！欢迎再来！保重！一路平安！旅途顺利！

序　号	礼貌用语类型	举　　例
4	请托用语	请稍候！请让一下！劳驾！拜托！打扰！请关照！请您帮我一个忙！劳驾您替我看一下这件东西！拜托您为这位女士让一个座位！
5	致谢用语	谢谢！××先生，谢谢！谢谢，××小姐！谢谢您！十分感谢！万分感谢！多谢！有劳您了！让您替我们费心了！上次给您添了不少麻烦！
6	征询用语	您需要帮助吗？我能为您做点什么？您需要点什么？您需要哪一种？您觉得这件工艺品怎么样？您不来一杯咖啡吗？您是不是很喜欢这种方式啊？您是不是先来试一试？您不介意我帮助您吧？您打算预订雅座还是散座？
7	应答用语	是的。好。很高兴能为您服务。好的，我明白您的意思。请不必客气。这是我们应该做的。请多多指教。过奖了。不要紧。没关系。不必，不必。我不会介意。
8	赞赏用语	太好了！真不错！对极了！相当棒！非常出色！您真有眼光！还是您懂行！您的观点非常正确，看来您一定是一位内行。哪里，哪里，我做得还很不够。承蒙夸奖，真是不敢当。得到您的肯定，的确让我们很开心。
9	祝贺用语	祝您成功！一帆风顺！心想事成！身体健康！生意兴隆！全家平安！节日快乐！活动顺利！新年好！春节快乐！生日快乐！旗开得胜，马到成功！
10	推脱用语	您可以到对面的商场去看一看。我可以为您向其他专卖店询问一下。下班后我们酒店还有其他安排，很抱歉不能接受您的邀请。
11	道歉用语	抱歉。对不起。请原谅。失礼了。失言了。失陪了。失敬了。失迎了。不好意思，多多包涵。很惭愧。真的过意不去。

（三）交谈中选择恰当的话题

所谓话题，是指人们在交谈中所涉及的题目范围和谈资内容。换言之，话题是一些由相对集中的同类知识、信息构成的谈话资料及其相应的语体方式、表述语汇和语气风格的总和。在人际交往中，学会选择话题，就能使谈话有个良好的开端。交谈中恰当的话题主要有以下方面。❶

（1）社交场合或日常生活中的话题　不管是哪一个国家和民族的人，都会对体育比赛、文艺演出、电影电视、旅游度假、风景名胜、烹饪小吃等话题感兴趣。在正式的社交场合或者非正式的社交场合，谈谈这方面的情况，都是轻松愉快和普遍能够接受的。若在社交场合或日常生活中，需要与一个比自己的身份和地位高得多的人进行交谈，那么，在交谈之前，最好能从各个方面、各个渠道了解到他的阅历、文化修养及兴趣所在，然后对症下药，选择他所感兴趣的话题进行交谈，并倾听他的谈话，不时地表示赞赏或同意，那么，这样的谈话必然会给他留下较深刻的印象，并有可能预约进行第二次交谈。

（2）与不同职业、不同地位的人进行交谈时的话题　与不同职业、不同地位的人进行交谈时，应充分考虑其职业特点和地位，选择与其职业和地位相符，且使其感兴趣的话题来进行交谈，必然会使交谈愉快、顺利地进行。与农民进行交谈，可以谈农业生产状况、农业收入及种子、化肥、农药等有关问题；与城市居民进行交谈，可以谈城市物价、交通、住房等有关问题；与高校的教师等知识分子交谈，应根据其学校的性质和专业特点，选择其专业问题进行交谈。总之，应本着这样一个原则：与不同身份的人的谈话，应选择不同的人们感兴趣的话题。如果不遵循这一原则，与农民交谈城市物价、交通、城市住房等问题，与城市居民交谈农业生产、种子、化肥等问题，就必然使这种谈话或交谈无法进行下去。

（3）随意交谈的过程中的话题　在随意交谈的过程中应思维敏捷，随时判断和捕捉对

---

❶　杨海清.现代商务礼仪.北京：科学出版社，2006.

方感兴趣的话题，然后与之交谈，也会取得良好的谈话效果。一个人对于自己感兴趣的话题总是乐于交谈，如果能准确了解对方的兴趣所在，是最有话可谈的。这种方法对于有一技之长或一专多能的人最为适用。例如，对方喜爱摄影，便可以此为题，谈摄影的取景、胶卷的选择、相机的优劣、摄影作品的评比等。如果自己对摄影也有相当的造诣那定会谈得很投机。如果这方面经验不足，便可向对方虚心请教，对方一定会滔滔不绝地解释各种问题。这样的谈话不仅会使双方十分愉快，而且可以使自己从中学到不少的东西。

（4）与陌生人进行交谈的话题　如果在公共场合或社交场合与陌生人进行交谈，由于对陌生人整个的背景不了解，应有效地选择话题。你若想让别人觉得自己有吸引力，最好的办法是说话真诚明了，交谈的开始话题可从询问对方的姓名、工作单位（或干什么工作的）、籍贯入手，然后互相介绍。从交谈中发现其感兴趣的话题或者不时地提问，等略微了解后，再进行深入的、有目的的交谈。如果在宴会上或者在舞会上，遇到陌生的邻座，便可请教对方的姓名、工作单位，并进行自我介绍，然后询问"您和主人是同学，还是同事？"无论是前一半对，还是后一半对，都可以循着对的一面的话题交谈下去。如果问得都不对，对方回答是"老乡"，那么同样可以谈下去。如果回答是"青岛老乡"，那么可以与他谈谈青岛的红瓦绿树，青岛美丽的海滨和繁华的中山路等，这样的谈话必定会让人愉快的。当你与一位刚刚认识的人交谈时，避免冷场的最佳方法是不停地变换话题，你可以用提出一些问题的方法进行"试探"，一个话题谈不下去时，就换到另一个话题，你也可以接过话头，谈谈你最近读过的一篇有趣的文章，或说说你刚刚看过的一部精彩的电影，也可以描述一件你正在做的事情或者正在思考的问题。如果谈话出现了短暂停顿，不要着急，不必没话找话说，沉默片刻也无妨。谈话是交流，可以涓涓细流，不必像赛跑那样拼命地冲到终点。所以，交谈时不能大谈自己和自己感兴趣的话题，而应充分考虑到对方的兴趣所在，并给对方说话的机会。人们最愿意谈自己感兴趣的事情，而对于与自己毫无关系或自己不感兴趣的事情则会觉得索然无味。对于只有自己才感兴趣的事情，有时不仅不会引起别人的关注，而且会让对方觉得好笑。年轻的母亲会热情地对别人说"我的儿子会叫妈妈了"，她说时是很高兴，而且是很感兴趣的，但别人听了不一定会像她那样高兴，也不一定产生同感。在交谈时，可以谈自己感兴趣的事情，但必须考虑到对方对此事感兴趣的程度，并且给对方一个谈其感兴趣的事情的机会，当一个人聚精会神、以热情真诚的心去倾听对方的叙说时，一定会给对方留下深刻印象。每一个人应少谈自我，不要目中无人，总是喜欢大谈自己的人，必然使人感到浅薄、缺乏修养。

（5）交谈时应回避的话题　有一些话题不宜作为交谈的话题，是禁忌话题，如果不避讳这类禁忌话题而执意交谈，必然会给彼此间的交往带来不必要的麻烦。

① 个人的私生活问题不宜交谈：按照国际惯例，人们的年龄、婚姻状况、履历、收入、家庭住址以及其他的家庭情况，都属于个人隐私，交谈时，一般不宜主动触及这一话题。与西方国家的外宾进行交谈时，更应尽量避免。因为，在西方国家非常强调个人的独立、个人至上和个人隐私的权利，如果不了解这一常识而大谈此类话题必然会引起外宾的不快，从而使交谈无法继续。在与外宾交谈时，对其服装、住宅、汽车的式样及价格最好也不要触及。这些与个人的喜好和收入有关，亦属个人隐私的范围。其次，令人不快的事物不宜交谈。衰老和死亡、讨厌的寄生虫、惨案与丑闻、色情之类的话题格调庸俗、低下，不宜触及。平时与人交谈，一般不宜涉及疾病、死亡等话题，在喜庆场合，更应避免不吉利的词语。虽然人们知道生老病死是人们不可抗拒的自然规律，但从思想上说，仍然忌讳说死。探视病人时，当看到病人面容憔悴时，切不可吃惊地问及"脸色怎么这样苍白"之类的话，也不可与病人一起讨论、分析疾病的严重性。否则，交谈不仅不会愉快，还会加重病人的思想负担，进而加重病人的病情。

② 他人短长的话题不宜交谈：有关他人的小道消息、家庭成员的矛盾冲突、单位的人际关系、女士的美丑与胖瘦、他人的服饰与发型等涉及他人长短的话题，一般不宜交谈。交谈此类话题，是缺乏教养的表现。与西方发达国家或其他国家的外宾进行交谈时，对其生活习惯、宗教信仰、政治主张，都不要谈论。当着一个英国人的面抨击其君主立宪制度和女王陛下，或者问一位瑞典旅游者属于哪一党派，或者与德国人和犹太人谈论集中营、第二次世界大战，都是不礼貌的。在交谈中，如果无意触及了人们回避的话题，不应当视而不见、寻根究底，而应当立即转移话题，必要时应向他人表示歉意。

③ 自己不熟悉的话题不宜交谈：在交谈时，我们应当回避自己不熟悉的话题。最要不得的就是一知半解、故弄玄虚、不懂装懂，这样做不但不会给彼此的交谈带来益处，反而会给别人留下不谦虚的印象。如果有人主动谈起弗洛伊德的精神分析学，而自己却对此一无所知，那么此时应当洗耳恭听。如果交谈者要求自己对此发表意见的话，那么自己就必须坚持"人不可自欺"的基本原则，以实相告，并虚心请教。"闻道有先后，术业有专攻"，人不可能掌握全部的科学知识，而只能了解某一专业领域的情况，某一专业领域内的某一方面的情况或者几个专业领域的大概情况。如果遇到自己不明白、不了解的问题，应以实相告并虚心请教，这样不但不会贬低自己，而且会赢得他人的尊重。

（四）交谈中要学会倾听

有人说"人为什么两只耳朵一张嘴？即耳朵的数量是嘴的两倍，那是因为上帝造人的时候就要求我们少说多听"，此话颇有一点意思。我国古代就有"愚者善说，智者善听"之说。听，可以从对方获得必要的信息，领会谈话者的真实意图。如果不能认真地聆听，就无法了解和满足对方的需求，和谐的人际关系也只能是空谈。况且聆听本身还是尊重他人的表现。因此应充分重视听的功能，讲究听的方式，追求听的艺术。

1. 克服倾听的障碍

（1）倾听者的注意力不集中　倾听者受到内部或外部因素的干扰而无法集中注意力，这是最常见的阻碍倾听的因素。当您疲倦时、胡思乱想时或是对说话者所传递的信息不感兴趣时，您都很难集中注意力。

（2）倾听者打断说话者　倾听者打断说话者也是阻碍倾听的因素之一。在回应说话者之前，应该先让他把话说完。对说话者缺乏耐心甚至粗鲁地打断他们，这是对说话者本人及其信息不尊重的表现。

（3）倾听者缺乏自信　倾听者缺乏自信也是阻碍倾听的因素之一，这是因为缺乏自信会令倾听者产生紧张的情绪，而这种情绪一旦占据了他的思维，就会使他无从把握说话者所传递的信息。也正是为了掩饰这种紧张情绪，许多倾听者总是在应当倾听时擅自发言，打断说话者。

（4）倾听者过于关注细节　阻碍倾听的另外一个因素是倾听者过于关注细节。如果倾听者尝试记住所有的人名、事件和时间，那么就会觉得倾听"太辛苦"了。这种紧紧抓住信息中的细节而不抓要点的做法非常不可取，这样做就可能完全不能明白说话者的观点。

（5）倾听者任由自己分心　阻碍倾听的因素还包括倾听者任由自己分心。在倾听时，应该尽可能消除噪声或其他会令您分心的因素。电话铃声、邮件提醒或是其他人的打扰都会让您无法专注于倾听。另外，倾听时任由自己分心也是不为说话者着想和不礼貌的表现。

（6）倾听者心存偏见　倾听者心存偏见会在很大程度上阻碍倾听。偏见让倾听者无法对说话者所传递的信息保持开放和接纳的心态。这是因为，偏见使人在倾听之前就已经对说话者或他所传递的信息做出了判断。

（7）倾听者不重视信息　最后一个阻碍倾听的因素是倾听者不重视信息，鲁莽地认为某个信息枯燥乏味，产生"不在乎"的情绪，并且拒绝花费时间和精力去评估这个信息，这些行为都表明倾听者不重视说话者所提供的信息。

2. 正确地进行倾听

（1）良好的心理准备　倾听，要求倾听者要有良好的精神状态，集中精力，随时提醒自己交谈到底要解决什么问题，听话时应保持与谈话者的眼神接触，但在时间的长短上应适当把握好，如果没有语言上的呼应，只是长时间盯着对方，会使双方都感到局促不安。另外，要努力维持大脑的警觉，保持身体警觉则有助于使大脑处于兴奋状态。

倾听时，应该保持开放的心态，这是提升倾听技巧的指导方针之一。这样做不但使您能考虑到事情的各个方面，还能减少您与说话者之间的防御意识，而这种意识会极大阻碍你们之间的良好沟通。回应说话者时，即使您不同意他的观点，也应对其信息保持积极的态度。

（2）正确的态势语言　人的身体姿势会暗示出他对谈话的态度，自然开放性的姿态，代表着接受、兴趣与信任。根据达尔文的观察，交叉双臂是日常生活中最普遍的姿势之一，一般表现出优雅、富于感染力，让人看上去自信心十足。但这常常自然地转变为防卫姿势，当倾听意见的人采取这种姿势，大多是持保留的态度。向前倾的姿势是集中注意力、愿意倾听的表现。所以说二者是相容的。倾听时交叉双臂、跷起二郎腿也许很舒服，但往往让人感觉这是种封闭性的姿势，容易让人误以为不耐烦或高傲。

（3）提升倾听技巧　这包括如下方面。

① 对主题或说话者产生兴趣：这样做有助于倾听者以积极的态度进行倾听。倾听时，您的目标应当是从每个说话者那里获取知识，但如果您对他们不感兴趣，就很难集中注意力。因此，应当消除自己对主题或是说话者的偏见，使自己对其产生兴趣。倾听时，应该关注说话者提供的信息，而不是他们的外表、性格或是说话方式，不要因为这些因素而对他们加以定论，应该根据他们提供的论据来判断信息的价值。另外，也不要仅仅因为说话者的出色表达就立即对他们做出肯定的判断。出色的表达并不意味着说话者传递的信息有价值。因此，应该等到说话者完整地传递了信息之后，再做出判断。

② 积极关注自己不熟悉的信息：要提升自己的倾听技巧，还应该学会积极关注自己不熟悉的信息。如果在倾听时遇到此类信息，就更需要高度集中注意力。因为如果不这样做，就有可能抓不住信息中的重点。当对方传递的是自己不熟悉的信息时，可以采取下列方法来改变自己：

不要因为信息复杂而气馁；

使自己对学习产生兴趣；

提问以确认说话者的观点。

③ 专注于说话者的主要观点：倾听时，一定要专注于说话者的主要观点，为了全面理解讲话者的言辞中包含的内容和情感，倾听者要集中精力努力捕捉信息的精髓。这样做能避免强烈情感让你感到混乱和沉闷，并且能集中精神理解讲话者所述观点中的重点。

④ 不要过早下结论：要提升自己的倾听技巧，倾听者在倾听时就不要过早下结论。当你不同意说话者的看法时，最自然的反应就是立即不再理会他所传递的信息。尽管你不需要同意说话者的所有观点，但是在下结论之前，还是应该听完他的话。只要听完了全部的信息，就可以彻底地检验并公正地评估说话者的观点、论据和论证过程。

⑤ 复述说话者所传递的信息：通过复述，倾听者可以确定自己是否完全理解了该信息。复述时，倾听者可以用自己的话向说话者概括信息的主要内容，这样能减少对信息的误解和错误的推测。

⑥ 倾听者不应该过于拘谨：倾听者在倾听时过于拘谨会使倾听变成一种被动行为，

此时，倾听者绝不会表达自己的观点，他们根本不参与交流，常常只是以"很好"和"我明白你的意思"之类的话来回应说话者。倾听者在倾听时过于拘谨可能是因为害羞，也可能仅仅出于不想给说话者带来麻烦，无论是什么原因，他们的行为都会阻碍有效的沟通。要避免在倾听时过于拘谨，应当遵循以下原则：

乐于表达自己的想法；

通过提问参与对话；

回答问题要干脆；

与说话者进行眼神交流。

（五）交谈中要讲究发问方式

发问是交谈的一项重要内容，在交谈中要注意发问的方式，问得其所，问到所需。以下发问方式可以在交谈中运用。

1. 直接提问法

提问者从正面直接提问，开诚布公、干脆利落、直截了当地讲明询问目的，开门见山地提出问题。在运用正面提问法时要注意情感的铺垫，使对方心理上会舒缓一些，也能合作一些，同时防止过于直白的提问，以免显得过分生硬，容易造成询问对象的心理抗拒，难以获得有价值的信息和材料，而且还会给人一种笨嘴拙舌的感觉。

2. 限定提问法

人们有一种共同的心理——认为说"不"比说"是"更容易和更安全。所以，在一般的沟通过程中，提问者向回答者提问时，应尽量设法不让对方说出"不"字来。提问者在问题中给出两个或多个可供选择的答案，此时可采用限定提问法，即两个或多个的答案都是肯定的。如与别人订约会，有经验的提问者从来不会问对方"我可以在今天下午来见您吗？"这种只能在"是"或"不"中选择答案的问题。如果将提问方式改为限定型，即改问："您看我是今天下午2点钟来见您还是3点钟来？""3点钟来比较好。"当他说这句话时，提问的目的就已经达成了。周璇璇的《实用社交口才》有一个例子是很好的说明。北京远郊区有个山村的群众喝水很困难。后来，在当地政府的关怀下，村民都用上了自来水。记者采访一位老大娘时问道："大娘，您喝上自来水了，高兴吧？"大娘回答说："高兴！高兴！"这次采访，记者就提了这一个问题，大娘也就连着说了两个"高兴"，心里有话却因记者的直白而没能说出来。如果问："大娘，原先您想到过喝自来水吗？"或者"大娘，听说你们过去喝水好困难？"大娘心里的话就能痛快地说出来。

3. 迂回提问法

迂回提问是指从侧面入手，采用聊天攀谈的形式，然后逐步将问答引上正题。这种提问方式一般时间性不太强，谈话也不受特定场合与报道方式的限制。当沟通对象感到紧张拘束，或者思想有所顾虑不大愿意交谈，或者虽然愿意谈，却又一时不知该怎么谈的情况下，提问者可以采取侧面迂回的提问方式，逐渐将谈话引上正题。应当明确的是，旁敲侧击只是一种手段而不是目的。因此，聊天的内容应当是有目的、有选择的，表面上似乎和采访无关，实质上应该是有关联的。

4. 诱导提问法

当遇到询问对象了解许多信息，却因谦虚不大愿意说，或者由于性格内向不会说，或者要谈的事情需要一番回忆，或者对方想说又不便自己主动说等情况时，都可以采取诱导提问法。采用启发诱导的方式，可以引导对方的思路，又可以诱发对方的情感，进一步引导对方明确沟通的范围和内容，渐渐打开对方的"话匣子"。同时，也可以激活对方的思路，引起对方的联想，从而有针对性地把沟通对象掌握的信息引导出来。

5. 追踪提问法

所谓追踪提问法，是指提问者把握事物的矛盾法则，抓住重点，循着某种思路、某种逻辑，进行连珠炮式的提问。这种提问既要按照事物的内在联系，把基本情况和事实真相了解清楚，又要抓住重点，深入挖掘，达到应有的深度。一般来说，提问者对于触及事物本质的关键性材料，以及对方谈话中的疑点，或者从对方谈话中发现的有价值的新情况、新线索，往往会抓住不放，打破砂锅问到底，直至水落石出。但是追问，既要问得对方开动脑筋，又要让对方越谈越有兴趣，态度、语气都要与谈话的气氛协调一致，不要把追问搞成逼问，更不要变成"审问"。

6. 假设提问法

假设提问法是指提问者通过假设的方式提出一些假设性的问题，是一种"试探而进"的提问方法。这种提问方法采用"如果""假如"一类的设问方式，不但可以了解采访对象的观点、看法和见解，而且还能深入了解对方的内心世界。

假设提问法往往用来启发沟通对象的思路，引导对方谈出对某个问题、某种事情的真实想法，或者设身处地地为对方着想，积极帮助对方回忆某种情景，或者用来调节对方的情绪，促使对方谈出一些不大想说、不大好说的事情或想法，或者由提问者对人物或事物进行合乎规律的推断、预测，促使对方产生联想和想象，或者提问者已经有了一定的认识，再提出一些假设性问题，同沟通对象开展讨论，促使自己认识的深化。

7. 激将提问法

激将提问法是指以比较尖锐的问题，适当地刺激对方一下，促使对方的心态由"要我说"变为"我要说"，从而不能不说，甚至欲罢不能。运用激将提问法时，提问者要考虑自己的身份是否得当，刺激的强度是否适中，还要考虑谈话的气氛怎样。有些时候尖锐、刁钻、奇特甚至古怪的提问，是"兵行险招"，成则大成，败则大败。例如某些西方政治家，也爱接待善于用"激将提问法"的记者，他们通过巧妙地回答记者的刁钻刻薄的提问，在公众面前展示自己的才能。天涯问答上有这样一个例子，《新华日报》有一记者，根据国务院关于搞好安全生产的指示，有一次去南京某厂采访。这是一个数千人的大厂，因安全措施落实得好，已连续七年未发生过一起安全事故。由于记者事先得知该厂领导有思想顾虑，不愿在报上张扬，并曾婉言谢绝过其他记者对这一题材的采访，故记者一坐下来就问："记不清在哪里听说过了，你们厂今年二月份因安全措施没落实，曾经触电死过一人，是不是？"接待采访的一位副厂长顿感震惊和委屈："我们厂？二月份死过人？不可能！"记者紧追不舍："为什么不可能？"副厂长激动起来，一边示意厂办主任打开文件柜，出示安全生产记录；一边大嗓门站着讲述该厂抓安全生产的措施与经验，采访大获成功。

8. 插入提问法

插入提问法就是在交谈过程中，做必要而适当的插入。比如重复、强调采访对象说的某个重要问题或某句关键性的话；纠正对方的口误；对方没有讲全，需要及时补充的内容；对方没有谈到，需要及时提醒的内容；尚未听清、听懂的话等。在交谈过程中，插入提问法可以使沟通双方有效地抓住有价值的材料。

9. 协商提问法

协商提问法是以征求对方意见的形式提问，诱导对方进行合作性的回答。在采用协商型提问时，一般已经是针对某个既定的事实进行确认，但是不使用强硬的语气，对于回答者会比较容易接受。在协商提问中，即使有不同意见，也能使沟通双方保持融洽关系，双方仍可进一步洽谈下去，如"您看是否明天一起去厦门南普陀？"

10. 转借提问法

转借提问法是指提问者假借他人之口提出自己想提的问题。这种提问，不但可以借助第三者提出一些不宜于面对面提出的问题，而且可以显示出问题的客观性，增强提问的力度。回答者为了澄清事实，以正视听，也往往会表明自己的态度或提供相关的事实。

提问的方法丰富多样，提问者可以根据沟通中的具体情况灵活地加以运用。同时，这些方法既是相对独立，又是互相联系的。它们可以单独使用，可以交替或交叉使用。在掌握了每种方法的要领之后，就可以在沟通的过程中运用自如，获取最佳沟通效果。

二、能力开发

（一）阅读思考

敬语、谦语和雅语

敬语，亦称"敬辞"，它与"谦语"相对，是表示尊敬礼貌的词语。除了礼貌上必须之外，能多使用敬语，还是儒雅风度的表现，可体现一个人的文化修养。敬语的运用场合：第一，比较正规的社交场合；第二，与长辈或身份、地位较高的人的交谈；第三，与人初次打交道或会见不太熟悉的人；第四，会议、谈判等公务场合等。常用的敬语包括我们日常使用的礼貌用语中的"请"字，第二人称中的"您"字，代词"阁下""尊夫人""贵方"等。另外，还有一些常用的词语用法，具体如下。

- 初次见面说"久仰"；好久不见说"久违"。
- 等候客人用"恭候"；宾客来到称"光临"。
- 未及欢迎说"失迎"；起身作别称"告辞"。
- 看望别人用"拜访"；请人别送用"留步"。
- 陪伴朋友用"奉陪"；中途告辞用"失陪"。
- 请人原谅说"包涵"；请人批评说"指教"。
- 求人解答用"请教"；盼人指点用"赐教"。
- 欢迎购买说"惠顾"；请人受礼称"笑纳"。
- 请人帮助说"劳驾"；求给方便说"借光"。
- 麻烦别人说"打扰"；托人办事用"拜托"。
- 向人祝贺说"恭喜"；赞人见解称"高见"。
- 对方来信称"惠书"；赠人书画题"惠存"。
- 尊称老师为"恩师"；称人学生为"高足"。
- 请人休息说"节劳"；对方不适说"欠安"。
- 老人年龄称"高寿"；女士年龄称"芳龄"。
- 平辈年龄问"贵庚"；打听姓名问"贵姓"。
- 称人夫妇为"优倾"；称人女儿为"千金"。
- ……

谦语，亦称"谦辞"，与敬语相对，是向人表示谦恭和自谦的一种词语。谦语最常用的用法是在别人面前谦称自己和自己的亲属。在别人面前谦称自己的亲属，如"家严""家慈""家兄""家嫂""舍弟""舍妹"等，在别人面前谦称自己的谦辞主要有以下几种：

- 鄙——鄙陋之人，谦称自己，如鄙人、鄙意、鄙见等。
- 愚——愚笨之人，谦称自己，又称"下愚"，如愚兄、愚意、愚见等。
- 敝——谦称自己或跟自己有关的事物，如敝人、敝姓、敝处、敝校、敝舍等。
- 不佞——没有才智，谦称自己，又称不才、不肖。
- 拙——多用于谦称自己的论著、见解，如拙作、拙笔、拙刊、拙著、拙译、拙见等。

此外，文人雅士在长者面前则谦称"晚生""小生""晚学""后学""末学"，老年人有时则谦称"老夫""老身"等。

自谦和敬人，是一个不可分割的统一体。尽管日常生活中谦语使用不多，但其精神无处不在。只要你在日常用语中表现出你的谦虚和恳切，人们自然会尊重你。雅语，是同粗俗言语相对的一种文雅言辞，往往反映一个人的文明程度。雅语常常在一些正规的场合以及一些有长辈和女性在场的情况下，被用来替代那些比较随便，甚至粗俗的话语。多使用雅语，能体现出一个人的文化素养以及尊重他人的个人素质。

当今的雅语首先表现在称谓的雅化上。比如，把手脚残疾者叫"手脚不健全者"，把痴呆、低能人叫"智力障碍者"，把管太平间的人员称为"阴阳天使"，把为病人服务的人叫"陪护人员"或"卫生员"，把捡破烂的叫"拾荒者"，把扫大街清理垃圾的叫"城市美容师""环卫工作者"，把保姆叫"家政服务员"，等等。这些充分体现出社会对不同从业者人格的尊重。

雅语还表现在对某些行为举止说法的雅化上。比如，把吃饭称为"用餐""用膳"；把倒酒称为"满酒""斟酒"；把喝茶称为"用茶"或"品茶"；把上厕所称为"净手""方便""去卫生间"等。在待人接物中，要是你正在招待客人，在端茶时，你应该说"请用茶"。如果还用点心招待，可以说"请用茶点"。假如你先于别人结束用餐，你应该向其他人打招呼说"请大家慢用"。雅语的使用不是机械的、固定的。只要你的言谈举止彬彬有礼，人们就会对你的个人修养留下较深的印象。

这些谦辞雅语是传统礼仪的一部分。适当地使用谦辞雅语，是谦逊有礼的表现，无疑会受到别人的尊敬。

当然，上述用词要适时恰当，适可而止，否则就会给人留下"学究""文绉绉""酸溜溜"的印象。

（资料来源：张铭. 现代使用社交礼仪[M]. 北京：人民邮电出版社，2017.）

？思考题

（1）敬语、谦语和雅语在交谈中有何作用？

（2）在社交中你是怎样使用敬语、谦语和雅语的？试举例说明。

（二）案例分析

【案例1】

马克·吐温的幽默

美国作家马克·吐温机智幽默。有一次他去某小城，临行前别人告诉他，那里的蚊子特别厉害。到了小城，正当他在旅店登记房间时，一只蚊子正好在马克·吐温眼前盘旋，这使得旅馆职员不胜尴尬。马克·吐温却满不在乎地对职员说："贵地蚊子比传说中不知聪明多少倍，它竟会预先看好我的房间号码，以便晚上光顾，饱餐一顿。"大家听了不禁哈哈大笑。结果，这一夜马克·吐温睡得十分香甜。原来旅馆全体职员一齐出动，驱赶蚊子，不让这位博得众人喜爱的作家被"聪明的蚊子"叮咬。幽默，不仅使马克·吐温拥有一群诚挚的朋友，而且也因此得到陌生人的"特别关照"。

？思考题

在交际中幽默有什么作用？你是有幽默感的人吗？

【案例2】

对　话

　　一位新校长到任后，发现师生对食堂的意见很大，意见的核心是吃冷饭冷菜。这位校长来到食堂，一边跟班作业，一边和伙食科长商量解决办法："×科长，你看我们有没有办法再缩短开饭时间，让学生尽可能地吃到热饭热菜？"

　　"我想再增加一些饭菜的窗口，或者可以提早一些时间。"

　　"是个办法，可新增的窗口开在什么地方呢？"

　　"我看食堂西头至少可以开四五个，南面的窗口显得松，如果堵起来重新开窗，还能再增加几个。"

　　"这办法好。假如我们采取这个办法，你看要多少时间才能把窗口开好？"

　　"最快也要一天！"

　　"那这一天学生吃饭将有问题了，有没有两全其美的办法呢？"

　　"分两批开也可以，先开西边的窗口，此时用南边的窗口开饭；再修南边的窗口，此时用西边的窗口开饭；待两边的窗口都开好了，就两边同时开饭。"

　　"这个办法很好，你看总共需要多少时间？"

　　"大约两天就行！"

　　"这事就委托你办吧，有什么困难吗？"

　　"没有。"

　　两天后，窗口修好了。

思考题

（1）新校长处理问题的谈话妙在何处？

（2）本案例对你有何启示？

【案例3】

成功的交易

　　一位女顾客的视力不太好，她使用的手表指针，必须长短针分得非常清楚才行。可是这种手表非常难找，她费了很大力，总算在一家名表店发现了一只能看得很清楚的手表。但是，这只手表的外观实在丑陋，很可能是这个缘故一直卖不出去。就此而论，2000元的定价似乎是贵了点。以下是顾客与经理的对话：

　　顾客：2000元似乎是太贵了。

　　经理：这个价格是非常合理的，这只手表精确到一个月只差几秒钟而已。

　　顾客：时间太精确的表对我来讲并不重要，你看我现在这只"天王"表，才800元钱已经使用10年了，这只表一直是很管用的。

　　经理：喔！经过10年了，以您的身份应该有只更名贵的手表了。

　　顾客：可是价格有些贵了。

　　经理：你是不是希望手表让你看得清楚？

　　顾客：是的。

　　经理：我从来没有看过这么一只专门设计让人们容易看的手表。这样吧，1680元，便宜一点，数字也好听。

　　顾客：好吧，就这样吧。

　　这位销售经理非常委婉、含蓄地表明价格，证明该表物超所值，最后又做出合理让步，完全满足女顾客的购买心理，这是一次既互惠也互利的成功交易。

思考题

（1）请结合本案例谈谈语言的基本要求。

（2）本案例对你有何启示？

【案例4】

国内某大型制药企业要招聘一个高级营销经理。由于事先已经做了筛选，来参加面试的只剩下两位候选人。面试由该企业华中区大区经理王总亲自担任主考官，在半小时里，他对第一位候选人问了三个问题。

问题一：这个职位要带领十几个人的队伍，你认为自己的领导能力如何？

问题二：你在团队工作方面表现如何？因为这个职位需要到处交流、沟通，你觉得自己的团队精神好吗？

问题三：这个职位是新近设立的，压力特别大，并且需要经常出差，你觉得自己能适应这种高压力的工作状况吗？

候选人是这样回答三个问题的。

回答一：我管理人员的能力非常强。

回答二：我的团队精神非常好。

回答三：能适应，非常喜欢出差。

思考题

（1）你觉得主考官的提问是否存在问题？

（2）如果你是主考官，你将怎样提问？

（三）实战演练

项目1：礼貌用语

实训目标：掌握常用的礼貌用语及使用方法。

实训学时：1学时。

实训地点：大屏幕教室。

实训准备：数码照相机、摄像机等。

实训方法：将学生按每组4～6人分组。每组设计交际场景，演示下来，在交际过程中要使用礼貌用语，并注意使用礼貌用语时的正确身体姿态和面部表情。用摄像机、数码照相机记录学生的交际过程，回放这一过程，学生进行相互评价，教师最后总结点评学生存在的个性与共性问题。

训练手记：通过训练，我的收获是＿＿＿＿＿＿＿＿＿＿＿＿＿＿＿＿＿＿＿。

项目2：设计开场白

实训目标：掌握交谈开场白的技巧。

实训学时：1课时。

实训地点：教室。

实训方法：假设在朋友的生日会上，你要认识一位陌生的朋友，请根据这一场景设计开场白。根据情况还可设计一些其他场景的开场白，在全班演示，最后师生点评。

训练手记：通过训练，我的收获是＿＿＿＿＿＿＿＿＿＿＿＿＿＿＿＿＿＿＿。

项目3：交谈场景训练

实训目标：掌握交谈的技巧。

实训学时：2课时。

实训地点：教室。

实训背景：新学期开始，班上一位同学因为家境贫寒，生活拮据，产生自卑感，不愿和大家交往，性格有点孤僻。一次，班级组织大家春游，大家都踊跃报名，只有他一声不吭待在寝室里。班主任让你找他谈谈，动员他参加这次集体活动。你面对他打算从哪里谈起？

实训方法：

（1）选几位同学扮演这位有点自卑的同学，每人将自己最希望别人和你交谈的话题写在纸条上。

（2）其他同学扮演"你"，通过2分钟的准备，上前搭话，进行交谈。

（3）然后打开纸条看看自己的搭话和对方此时想要听的话有多大的联系。

训练手记：通过训练，我的收获是_____。

温故知新

1．判断题

（1）初次见面可以谈健康问题。 （　　）

（2）与人交谈时要目不转睛地盯着对方看。 （　　）

（3）交谈时避免使用主观武断的词语。 （　　）

（4）与人见面时可以使用"你吃了吗""你上哪儿去"等问候语。 （　　）

（5）"年龄"不属于隐私类话题，可以在交谈中使用。 （　　）

（6）交谈时应该是等对方把话说完，再进行发言。 （　　）

（7）在闲谈的时候要注意选择安全性的话题。 （　　）

（8）与人交谈时要注意聆听。 （　　）

（9）与人交谈时询问对方："我刚才讲到哪里了？" （　　）

（10）众人聚会时可以随时发问，反正有人会搭腔。 （　　）

（11）交谈的核心是语言。 （　　）

（12）与女士谈话一般不要询问对方的年龄。 （　　）

（13）"拜托"属于请托用语。 （　　）

（14）谈话中应使用尊敬的语言、礼貌的语言、商量的语气。 （　　）

2．思考与训练

（1）交谈中应注意的最重要的问题是什么？

（2）如何才能做一个好的倾听者？

（3）日常礼貌用语有哪些？

（4）怎样与人进行闲谈？

（5）交谈时应选择哪些话题？应避免哪些话题？

（6）交谈中如何发问？

（7）讨论在交谈中遇到以下三种情况该如何处理。

① 对方不知不觉将话题扯远了。

② 对方心血来潮，忽然想到了他得意的事。

③ 对方故意转变话题，不愿意再谈原来的事。

（8）以下是交际语言"八戒"。

一戒连篇累牍，语无伦次，无的放矢，文不对题的废话。

二戒颠三倒四，七拼八凑，文理不通，是非混淆的胡话。

三戒荒诞怪论，子虚乌有，装腔作势，故作高深的玄话。

四戒滥用辞藻，自鸣得意，吟风弄月，华而不实的俏话。

五戒牵强附会，大言不惭，含糊其词，模棱两可的混话。

六戒张冠李戴，不着边际，平淡乏味，冗词累赘的空话。

七戒言不及义，陈词滥调，千篇一律，人云亦云的套话。

八戒无中生有，低级趣味，风花雪月，斗鸡走狗的俗话。

请对照自己以往交际的实际，检查一下是否说了废话、胡话、玄话、俏话、混话、空话、套话、俗话。对不好的地方要在今后坚决杜绝。

 考核评价

能力考核评价表

内　　容		评　　价	
学习目标	评价内容	小组评价（5、4、3、2、1）	教师评价（5、4、3、2、1）
知识（应知应会）	交谈的语言要求		
专业能力	多用礼貌用语		
	慎重选择话题		
	善于耐心倾听		
	讲究提问技巧		
通用能力	沟通交流能力		
	语言表达能力		
	人际关系协调能力		
态度	主动、积极、热情		
努力方向：		建议：	

任务9

餐饮礼仪

> 在宴席上最让人开胃的就是主人的礼节。
>
> ——【英】莎士比亚

 学习目标

1. 能够根据宴会的种类和形式的不同，选择合适的赴宴方式。

2．熟悉宴请的程序和规范，遵守中、西餐宴会礼仪规范。

3．遵守自助餐、酒会、喝咖啡、喝茶的礼仪规范。

 **案例导入**

自助餐风波

一次，周小姐代表公司出席一家合作企业的周年庆典。庆典活动后，那家企业为来宾们安排了丰盛的自助餐。周小姐在餐台上排队取菜时，竟然见到自己平时最爱吃的北极甜虾，于是，她毫不客气地替自己满满地盛了一大盘。她想这东西虽好吃，也不便再三、再四地来取，否则会让别人嘲笑自己没有见过世面。再说，这么好吃的食物，这会儿不多盛一些，可能一会儿就没有了。

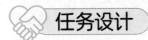 **任务设计**

一、应知应会

我国是一个注重"民以食为天"的国度，餐饮礼仪历来备受重视。餐饮礼仪因为宴会的性质、目的、地区、国度的不同而有较大的差异，如果不加了解，就会阻碍正常的交际应酬，甚至像本任务"案例导入"中的李鸿章那样闹出笑话，不但影响个人形象，甚至影响到国家形象。因此，在社交中必须重视餐饮礼仪。

（一）宴请概述

宴请是一种常见的社交活动，有严格的礼仪要求。参加宴请活动更要讲究礼节、注重礼仪。宴请的形式较多，主要有宴会、冷餐会、酒会、自助餐等。

宴会是一种比较正式的宴请活动，一般规模较小，多在晚间举行，往往有负责人出席。正式的宴请多用请柬邀请。宴会对服装、座次有严格要求。

宴会通常只有两种，一种是正式的，另一种是非正式的（随意的）。正式宴会，它是为宴请专人在比较高档的饭店或其他特定的地点，精心安排隆重举行的大型聚餐活动。正式宴会对于到场人数、穿着打扮、席位排列、菜肴数目、音乐演奏、宾主致辞等，往往都有十分严格的要求和讲究。

西方的习惯，隆重的晚宴酒会也就是正式宴会，基本上都安排在晚上8点以后举行，中国一般在晚上6～7点开始。举行这种宴会，说明主人对宴会的主题很重视。正式晚宴一般要排好座次，并在请柬上注明对着装的要求。

非正式宴会，又称作便宴，多见于日常交往。一般说来，便宴是一种简便的宴请形式。这种宴会气氛亲切友好，适用于亲朋好友之间，它只安排相关人员参加，对穿着服装、席位、餐具、布置等不必太讲究，而且不安排音乐演奏和宾主致辞，但仍然有别于一般家庭晚餐。

西方的习惯，便宴一般邀请夫妇同时出席。如果你受到邀请，要仔细阅读你的邀请函，上面会说明是一个人还是先生或夫人陪同，或者携带伴侣。在回复邀请时，你最好能告诉主人他们的名字。

而家宴，也是非正式宴会中一种常用的形式，其重要的是要营造一种亲切、友好、自然的气氛，使赴宴的宾主双方轻松、自然、随意，彼此增进友谊、加深了解。通常，家宴在礼仪上往往不做特殊要求，为了使来宾感受到主人的重视和友好，基本上要由女主人充当服务员招待客人，使客人产生宾至如归的感觉。

（二）宴请的组织

宴请宾客是一种较高规格的礼遇，所以主办单位、主人和被宴请宾客都要认真、周到地做好各项准备工作，包括制订宴请计划、拟定宴会日程、落实宴会事宜等。

1. 制订宴请计划

首先要确定宴请的目的。宴请的目的多种多样，可以是表示欢迎、欢送、答谢，也可以是庆贺、纪念等。目的清楚了，就可以根据需要安排宴请的对象、范围和形式了。

其次要确定宴请的对象和范围。请什么人，请多少人参加，要根据主宾的身份、国籍、习俗、爱好等确定宴会的规格、主陪人、餐式等。

最后敲定宴会的形式。根据规格、对象、目的来确定是举办中式宴会、西式宴会，还是冷餐会、酒会等。一般正规的、规格高的、人数少的，以宴会形式为宜，人数较多则以冷餐会或酒会的形式更为合适。

2. 拟定宴会日程

（1）时间　确定正式宴请的具体时间，要讲究主随客便，主人不仅要从自己客观能力出发，更要优先考虑被邀请者，特别是主宾的实际情况。如果可能，应该先和主宾协商一下，力求两相方便。最好提供几种时间上的选择，以显示自己的诚意。

（2）地点　用餐地点的选择非常重要。选择地点的三大要素：第一是环境，宴请不仅仅是为了"吃东西"，也要"吃文化"，一定要争取选择清静、优雅的地点用餐；第二是卫生，选择卫生条件良好的地方，否则会破坏用餐者的食欲；第三是交通，要考虑到用餐者的交通情况是否方便，有没有公交线路通过，有没有停车场，是不是要为聚餐者预备交通工具等一系列的具体问题。

（3）宴请活动的主题　欢迎、庆贺、纪念、答谢等。这样做主要是让来宾了解宴请的大概内容，便于安排赴宴。

3. 落实宴会事宜

（1）发出邀请函或请柬　宴会一般都要用请柬正式发出邀请。这样做一方面出于礼节，另一方面也是供客人备忘。宴请内容应包括：活动的主题、形式、时间、地点、主人姓名等。请柬应书写清晰、设计精美；通常提前一周左右将请柬发出，太晚则不够礼貌，也不便于被宴请者提早安排。

（2）确定菜单　根据宾客的饮食习惯，在宴请前，主人需要事先对菜单进行再三斟酌。一般情况下，优先考虑的菜肴有"三特一拿手"，具体如下。

① 有中餐特色的菜肴：在宴请外宾的时候，这一条更为重要。像日常生活中的家常菜炸春卷、煮元宵、蒸饺子、狮子头等，虽不是佳肴美味，但因为具有鲜明的中国特色，所以受到很多外国人的推崇。

② 有本地特色的菜肴：如山东名菜曲阜孔府三大宴（家宴、喜宴、寿宴）；广东名吃脆皮乳猪、荔浦扣肉；江苏名菜南京板鸭、无锡脆鳝；浙江名菜龙井虾仁、绍式小扣、西湖莼菜；安徽名吃黄山炖鸡、芙蓉蹄筋、符离烧鸡；还有北京烤鸭、天津包子、西安饺子等，在这些地方宴请外地客人时，上这些特色菜，恐怕要比千篇一律的生猛海鲜会更受到好评。

③ 本餐馆的特色菜肴：很多餐馆都有自己的特色菜。上一份本餐馆的特色菜，能说明主人的细心和对被邀请者的诚意和尊重。

④ 主人最拿手的菜肴：举办家宴时，主人一定要当众露一手，多做几个自己的拿手

菜。其实，所谓的拿手菜不一定十全十美。只要主人亲自动手，单凭这一条足以让对方感觉到你对他的尊重和友好。

在安排菜单时，还必须考虑到来宾的禁忌。要注意不要勉强来宾吃自己不喜欢吃的东西。虽然有人主张"舍命吃名品"，但要记住英国谚语"你的佳肴，他人的毒药"。

（3）席位安排　宴会一般要事先安排好桌次和座位，以便使参加宴会的人各就各位，入席井然有序。座位的安排体现了对客人的尊重。一般而言，中国习惯于按职位高低排列，以面对庭院、背向墙壁为上座；西方按男女参差排列，以背向壁炉、正中间的座位为女主人，女主人面对的正中座位为男主人，离入口最近的地方为末席。

（三）中餐宴会礼仪

中餐宴会礼仪，是中华饮食文化重要的组成部分，无论是在国内交往还是涉外交往中，举办中餐宴会都是经常的。学习中餐宴会礼仪，主要需注意掌握席位排列、上菜顺序、用餐方式、餐具使用、用餐要求等方面的规则和技巧。

1. 宴会组织安排

（1）中餐宴会的席位排列　这关系到来宾的身份和主人给予对方的礼遇，所以是一项重要的内容，可以分为桌次排列和位次排列两方面。

① 桌次排列：在中餐宴请活动中，往往采用圆桌布置菜肴、酒水。排列圆桌的尊卑次序有以下两种情况。

第一种情况，是由两桌组成的小型宴请。这种情况，又可以分为两桌横排和两桌竖排的形式。两桌横排，桌次以右为尊、以左为卑，这里说的左和右是由面对正门的位置来确定的。两桌竖排，座次讲究以远为上、以近为下，这里说的远近是以距离正门的远近而言。

第二种情况，是由三桌或三桌以上的桌数所组成的宴请。在安排多桌以上的桌次时，除了要注意"面门定位""以右为尊""以远为上"等规则外，还应兼顾其他各桌离主桌的远近。通常，距离主桌越近，桌次越高；距离主桌越远，桌次越低。中餐宴会三桌、六桌、八桌桌次排列分别见图9-1～图9-3。

在安排桌次时，所用餐桌的大小、形状要基本一致。除主桌可以略大外，其他餐桌都不要过大或过小。

为了确保在宴请时赴宴者及时、准确地找到自己所在的桌次，可以在请柬上注明对

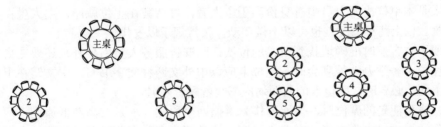

图9-1　三桌桌次排列　　　　　图9-2　六桌桌次排列

图9-3　八桌桌次排列

方所在的桌次，在宴会厅入口悬挂宴会桌次排列示意图，安排引位员引导来宾入桌就座，或者在每张餐桌上排放桌次牌（用阿拉伯数字书写）。

② 位次排列：举办中餐宴会一般用圆桌。宴请时，每张餐桌上的具体位次也有主次尊卑的分别。排列位次的基本方法有四种，它们往往会同时发挥作用。

方法一，是主人大都应面对正门而坐，并在主桌就座。

方法二，是举行多桌宴请时，每桌都要有一位主桌主人的代表在座。位置一般和主桌主人同向，有时也可以面向主桌主人。

方法三，是各桌位次的尊卑应根据距离该桌主人的远近而定，以近为上，以远为下。

方法四，是各桌距离该桌主人相同的位次，讲究以右为尊，即以该桌主人面向为准，右为尊，左为卑。

另外，每张餐桌上所安排的用餐人数应限定在10人以内，最好是双数，如六人、八人、十人。人数如果过多，不仅不容易照顾，而且也可能坐不下。

根据上面四种位次的排列方法，圆桌位次的具体排列可以分为两种具体情况。它们都是和主位有关。

第一种情况是在每张桌上有一个主位的排列方法。每张餐桌上只有一个主人，主宾在其右首就座，形成一个谈话中心（图9-4）。

第二种情况是每张桌上有两个主位的排列方法。如主人夫妇就座于同一桌，以男主人为第一主人，女主人为第二主人，主宾和主宾夫人分别在男女主人右侧就座，桌上形成了两个谈话中心（图9-5）。

图9-4　中餐宴会位次排列（一）

图9-5　中餐宴会位次排列（二）

如遇主宾的身份高于主人时，为表示对他的尊重，可安排主宾在主人位次上就座，而主人则坐在主宾位次上，第二主人坐在主宾的左侧。

如果是本单位出席人员中有身份高于主人者，可请其在主位就座，主人坐在身份高者的左侧。以上两种情况，也可以不做变动，按常规予以安排。

为便于宾客及时准确地找到自己的位次，除安排服务人员引导外，还要在桌子上事先放置座位卡。举办涉外宴会时，座位卡应以中外文两种文字书写，中文写在上面，外文写在下面。必要时，座位卡的两面均应书写就餐者姓名。

（2）排列便餐的席位时，位次的排列遵循四个原则　一是右高左低原则，两人一同并排就座，通常以右为上座，以左为下座，这是因为中餐上菜时多以顺时针方向为上菜方向，居右坐的因此要比居左坐的优先受到照顾；二是中座为尊原则，三人一同就座用餐，坐在中间的人在位次上高于两侧的人；三是面门为上原则，用餐的时候，按照礼仪惯例，面对正门者是上座，背对正门者是下座；四是特殊原则，高档餐厅里，室内外往往有优美的景致或高雅的演出，供用餐者欣赏，这时候，观赏角度最好的座位是上座。在某些中低档餐馆用餐时，通常以靠墙的位置为上座，靠过道的位置为下座。

（3）宴请的程序　在席位和位次均安排好的情况下，迎接宾客（主人一般站在门口）—引宾入座（按先女宾后男宾，先主宾后一般来宾的顺序，从椅子左边进入）—上菜服务—致辞祝酒—散席送客。

2. 上菜顺序与用餐方式

（1）上菜顺序　标准的中餐，不论是何种风味，其上菜顺序大体相同。通常是：冷盘——热炒——主菜——点心和汤——水果拼盘。当冷盘吃剩到1/3时，开始上第一道热菜，一般每桌要安排10个热菜。宴会上无论桌数有多少，各桌上菜也要同时上。

上菜时，如果由服务员给每个人上菜，要按照先主宾后主人、先女士后男士或按顺时针方向依次进行。如果由个人取材，每道热菜应放在主宾面前，由主宾开始按顺时针方向依次取食，切不可迫不及待地越位取菜。

（2）用餐方式　中餐方式可以分为多种，具体有分餐式、布菜式和公筷式等。

3. 其他注意事项

（1）中餐餐具使用注意事项　和西餐相比较，中餐的一大特色就是就餐餐具有所不同。我们主要介绍一下平时经常出现问题的餐具的使用。

① 筷子：上菜后不要先拿筷，应等主人邀请，主宾动筷时再拿筷。筷子是中餐最主要的餐具。使用筷子，通常必须成双使用。用筷子取菜、用餐的时候，要注意下面几个"小"问题：一是不论筷子上是否残留着食物，都不要去舔，用舔过的筷子去夹菜，会倒人胃口；二是和人交谈时，要暂时放下筷子，不能一边说话，一边像指挥棒似地舞着筷子；三是不要把筷子竖插放在食物上面，因为这种插法，只在祭奠死者的时候才用；四是严格筷子的职能，筷子只是用来夹取食物的，用来剔牙、挠痒或是用来夹取食物之外的东西都是失礼的。

② 勺子：尽量不要单用勺子去取菜；用勺子取食物时，不要过满，免得溢出来弄脏餐桌或自己的衣服；在舀取食物后，可以在原处"暂停"片刻，待汤汁不会再往下流时再移回来享用。

暂时不用勺子时，应放在自己的碟子上，不要把它直接放在餐桌上，或是让它在食物中"立正"。用勺子取食物后，要立即食用或放在自己碟子里，不要再把它倒回原处。而如果取用的食物太烫，不可用勺子舀来舀去，也不要用嘴对着吹，可以先放到自己的碗里等凉了再吃。不要把勺子塞到嘴里，或者反复吮吸、舔食。

③ 盘子：盘子在餐桌上一般要保持原位，而且不要堆放在一起。

需要着重强调的，是一种用途比较特殊的被称为食碟的盘子。食碟的主要作用是用来暂放从公用菜盘里取来享用的菜肴的。用食碟时，一次不要取放过多的菜肴，看起来既繁乱不堪，又像是"饿鬼投胎"。不要把多种菜肴堆放在一起，弄不好它们会相互"窜味"，不好看，也不好吃。不吃的残渣、骨、刺不要吐在地上、桌上，而应轻轻取放在食碟前端，放的时候不能直接从嘴里吐在食碟上，要用筷子夹放到碟子旁边。如果食碟放满了，可以让服务员换碟。

④ 水杯：主要用来盛放清水、汽水、果汁等软饮料时使用。不要用它来盛酒，也不要倒扣水杯。另外，喝进嘴里的东西不能再吐回水杯。

⑤ 湿毛巾：中餐用餐前，比较讲究的话，会为每位用餐者上一块湿毛巾。它只能用来擦手。擦手后，应该放回盘子里，由服务员拿走。有时候，在正式宴会结束前，会再上一块湿毛巾。和前者不同的是，它只能用来擦嘴，却不能擦脸、抹汗。

⑥ 牙签：尽量不要当众剔牙，非剔牙不可时，应以一只手掩住口部。剔出的东西切勿当众观赏或再次入口，也不要随手乱弹、随口乱吐。剔牙之后，不要长时间用嘴叼着牙签，更不要用来扎取食物。

（2）中餐过程注意事项　这主要包括如下几方面。

① 入席时按主人的安排就座，若旁边有女宾或长者，先帮助他（她）就座，然后自

己坐下。

② 任何国家的餐饮都有自己的传统习惯和寓意，中餐也不例外。比方说，过年少不了鱼，表示"年年有余"；和渔家、海员吃鱼的时候，忌讳把鱼翻身，因为那有"翻船"的意思。需要翻转时，两人合作，共同用筷子"滑过来"。

③ 主人祝酒、致辞时不要吃东西，也不要取食物，应停止交谈，注意倾听。

④ 为了表示友好、热情，彼此之间可以让菜，劝对方品尝，但不要为他人布菜，不要擅自做主，不论对方是否喜欢，主动为其夹菜、添饭，让人为难。

⑤ 正式宴会由侍者布菜，不要拒绝送来的菜，实在不爱吃的菜尝一两口后可将其留在盘中；最好各样菜都取一点，让主人高兴；主人送上的菜，即使不喜欢，也不要拒绝。不要挑菜，不要在公用的菜盘里挑挑拣拣，拨来翻去。取菜时，要看准后夹住立即取走。不能夹起来又放下，或取回来后又放回去。

⑥ 用餐时坐姿要端正，肘部不要放在桌沿；餐巾可用来擦嘴但不能用来擦汗或鼻涕。

⑦ 用餐时不要摇头晃脑、宽衣解带、声响大作。这样不但失态欠雅，而且还会败坏别人的食欲。

⑧ 席间碰翻酒水、打碎或掉落餐具时，不要手忙脚乱，也不要自己处理而应让服务员收拾，调换餐具，但要对邻座说声"对不起"。

⑨ 用餐期间，不要敲敲打打、比比划划。还要自觉做到不吸烟。用餐时，如果需要有清嗓子、擤鼻涕、吐痰等举动，尽早去洗手间解决。

⑩ 用餐的时候，不要当众梳理头发、化妆补妆等。如有必要可以去化妆间或洗手间。用餐的时候不要离开座位，四处走动。如果有事要离开，也要先和旁边的人打个招呼，可以说声"失陪了""我有事先行一步"等。

（四）西餐宴会礼仪

随着我们对外交往越来越频繁，西餐也离我们越来越近。不论是否喜欢，很多人都经常遇到吃西餐的机会。西方用餐，人们一是讲究吃饱，二是享受用餐的情趣和氛围。只有掌握一些西餐礼仪，在必要的场合，才不至于"出意外"。

西餐，是西式饭菜的一种约定俗成的统称，大致可分为欧美式和俄式两种。西餐菜肴主料突出、营养丰富、讲究色彩、味道鲜香。其烹饪和食用与中餐都有很大的不同，体现了一种西方文化。学习、了解西餐知识十分必要。

1. 宴会的席位和排列

同中餐相比，西餐的席位排列既有许多相同之处，也有不少区别。由于人们对席位的排列十分关注，排列时应多加注意。

（1）席位排列的规则　在绝大多数情况下西餐宴会席位排列主要是位次的问题。除了极其盛大的宴会，一般不涉及桌次。了解西餐席位排列的常规及与中餐席位排列的差别，就能够较好地处理具体的席位排列问题。

① 女士优先：在西餐礼仪里，也往往体现女士优先的原则。排定用餐席位时，一般女主人为第一主人，在主位就座。而男主人为第二主人，坐在第二主人的位置上。

② 距离定位：西餐桌上席位的尊卑是根据其距离主位的远近决定的，距主位近的位置要高于距主位远的位置。

③ 以右为尊：排定席位时，以右为尊是基本原则。就某一具体位置而言，按礼仪规范右侧要高于左侧之位。在西餐排席时，男主宾要排在女主人的右侧，女主宾排在男主人的右侧，按此原则依次排列。

④ 面向门为上：在餐厅内，以餐厅门作为参照物时，按礼仪的要求，面对餐厅门正

门的座位要高于背对餐厅门的座位。

⑤ 交叉排列：西餐排列席位时，讲究交叉排列的原则，即男女应当交叉排列，熟人和生人也应当交叉排列。一个就餐者的对面和两侧往往是异性或不熟悉的人，这样可以广交朋友。

（2）席位的排列　主要有如下排列方法。

① 男女主人在长桌的中央相对而坐，餐桌的两端可以坐人，也可以不坐人，见图9-6。

② 男女主人分别坐在长桌的两端，见图9-7。

③ 用餐人数较多时，可以把长桌拼成其他图案，以使大家能一道用餐。要注意的是，长桌两端应尽可能安排举办方的男子就座，见图9-8。

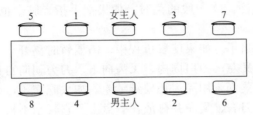

图9-6　西餐席位排列（一）

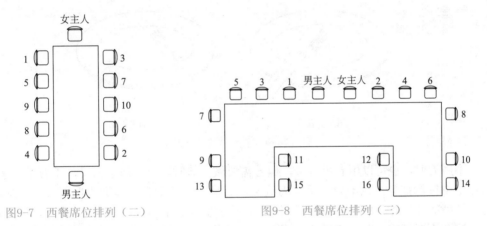

图9-7　西餐席位排列（二）　　　　图9-8　西餐席位排列（三）

2. 上菜顺序

一般情况下，比较简单的西餐菜单可以是：开胃菜—面包—汤—主菜—点心甜品—咖啡。

3. 餐具的使用

（1）餐具的摆放　西餐的餐具主要有刀、叉、匙、盘、碟、杯等，讲究吃不同的菜肴用不同的刀叉，饮不同的酒要用不同的酒杯。其摆法为：正面放着汤盘，左手位放叉，右手位放刀，汤盘前方放着匙，右前方放着酒杯。餐巾放在汤盘上或插在水杯里，面包、奶油盘摆放在左前方。

（2）餐具的使用　主要包括如下方面。

① 刀叉：用刀、叉进餐是西餐的重要特征之一。除此之外，西餐的主要餐具还有餐匙和餐巾，用法也有特殊之处。正确使用刀叉要做到以下几点。

一是要正确识别刀叉。在正规的西餐宴会上，讲究吃一道菜换一副刀叉。吃每道菜，都要使用专门的刀叉，既不能乱用，也不能从头到尾仅使用一副刀叉。

吃正餐的时候，摆在每位就餐者面前的刀叉，有吃黄油的刀叉，吃鱼的刀叉，吃肉的刀叉，吃甜点、水果的刀叉，要注意识别。

二是正确使用刀叉。刀叉的使用方法有两种：一种是英国式的，要求在进餐时，始终是右手持刀，左手持叉，一边切割，以便用叉食用，叉背朝着嘴的方向进餐，这种方式比较文雅；另一种是美国式的，先右手刀左手叉，把餐盘的食物全部切割好，然后把右手的餐刀斜放在餐盘的前方，将左手的餐叉换到右手，再品尝，这种方式比较省事。

三是正确用手取食。西餐桌上的食物一般都是用刀叉进食，但小萝卜、青果、水果、点心、炸土豆片、田鸡腿及面包等可用手取食。吃有骨头的肉时，可以用手拿着吃。若想吃得更优雅，还是用刀较好。用叉子将整片肉固定（可将叉子朝上，用叉子背部压住肉），再用刀沿骨头插入，把肉切开。最好是边切边吃。必须用手吃时，会附上洗手水。当洗手水和带骨头的肉一起端上来时，意味着"请用手吃"。用手指拿东西吃后，将手指放在装洗手水的碗里洗净。吃一般的菜时，如果把手指弄脏，也可请侍者端洗手水来，注意洗手时要轻轻地洗。

四是要知道刀叉的暗示。如果就餐过程中，需要暂时离开一下，或与人攀谈，应放下手中的刀叉，刀右、叉左，刀口向内、叉齿向下，刀刃朝向自身，呈"八"字形摆放在餐盘之上。它表示此菜尚未用完，还要继续吃。如果吃完了，或者不想再吃了，可以刀口向内，叉齿向上，刀右、叉左并排放在餐盘上。它表示不再吃了，可以连盘一起收走，见图9-9。

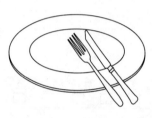　　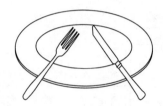

用完一道菜　　　　　　　　　尚未用完

图9-9　西餐餐具的摆放

不用刀时，也可以用右手持叉，但若需要做手势时，就应放下刀叉，千万不可手执刀叉在空中挥舞摇晃，也不要一手拿刀或叉，而另一只手拿餐巾擦嘴，也不可一手拿酒杯，另一只手拿叉取菜。要记住，任何时候，都不可将刀叉的一端放在盘上，另一端放在桌上。

注意不要把刀叉放在桌面上，尤其是不要将刀叉交叉放成十字形。这在西方人看来，是令人晦气的图案。

② 餐匙：一是要区分不同餐匙，汤匙也放在食盘右边，食盘上方放吃甜食用的匙和叉、咖啡匙。二是要正确使用餐匙。

③ 餐巾：正确使用餐巾要做到以下几点。

一是餐巾的铺放，正规的晚餐，要等女宾将餐巾对折轻轻放在膝上后，男士再放餐巾，最好用双手打开餐巾，切忌来回抖动地打开餐巾，不要将餐巾别在领口上、皮带上或夹在衬衣的领口。

二是餐巾的用途，在西餐宴会中，餐巾是一个重要的道具，有信号的作用。在正式宴会上，女主人把餐巾铺在腿上是宴会开始的标志。这就是餐巾的第一个作用，它可以暗示宴会的开始和结束。西方讲女士优先，西餐宴会上女主人是第一顺序，女主人不坐，别人是不能坐的，女主人把餐巾铺在腿上就说明大家可以开动。倒过来说，女主人要把餐巾放在桌子上了，是宴会结束的标志。

此外一定要注意，餐巾只能铺在腿上，你不能放在别地儿。餐巾要铺在腿上，一般把它叠成长条形或者叠成三角形铺在腿上，避免吃饭时菜肴、汤汁把裙子或裤子搞脏了。

高档的餐厅餐巾往往叠得很漂亮，有的还系上小缎带。注意，别拿餐巾擦鼻子或擦脸。

弄脏嘴巴时，一定要用餐巾擦拭，避免用自己的手帕。用餐巾内侧擦拭，而不是弄脏其正面，是应有的礼貌。手指洗过后也是用餐巾擦的。若餐巾脏得厉害，请侍者重新更换一条。

三是餐巾有暗示作用。就餐期间，如果暂时离开座位，可以把餐巾放在椅子上。千万不要把餐巾放在桌上，否则就意味着你不想再吃，让服务员不再给你上菜。

万不得已要中途离席时，最好在上菜的空当，向同桌的人打声招呼，把餐巾放在椅子上再走，别打乱了整个吃饭的程序和气氛。吃完饭后，只要将餐巾随意放在餐桌即可，不必特意叠整齐。

例如：王先生吃西餐，吃着吃着突然有一个电话打进来了，这号码挺重要，不能不接，但是在餐桌上一边吃一边接也不太合适。王先生要出去打电话，餐巾放哪儿？记住了，一般而论，进餐一半回来还要接着吃，有一个最标准的做法，把餐巾放在你座椅的椅面上，此举表示一个含义，占地儿。此外，餐巾可以擦嘴，但是不能擦刀叉，也不能擦汗。

4. 用餐的方法

（1）西餐上菜顺序　吃西餐在很大程度上讲是在吃情调：大理石的壁炉、熠熠闪光的水晶灯、银色的烛台、缤纷的美酒，再加上人们优雅迷人的举止，这本身就是一幅动人的油画。为了您在初尝西餐时举止更加娴熟，熟悉以下这些进餐礼仪，还是非常必要的。

例如：正式的西餐宴会一般有9～10道菜点，按上菜的顺序，吃什么菜用什么餐具，喝什么酒用什么酒杯，否则就是"外行"。

第一道面包、黄油，面包撕成小块，抹黄油，吃一块抹一块。

第二道冷小吃，用中刀叉。

第三道汤，饮舍利酒，用舍利杯。

第四道鱼，饮白葡萄酒，用白酒杯。

第五道副菜（小盘），用中刀叉。

第六道主菜（大菜），如整只熏烤动物，如烤火鸡，用大刀叉，饮红葡萄酒，用红酒杯。

第七道甜品，用点心勺和中叉，饮香槟酒，用香槟杯。

第八道水果，用水果刀。

第九道咖啡，如加牛奶，用咖啡勺搅拌后饮用。

第十道立口酒（蜜酒），用立口杯。

但在一般西餐中，餐具比较简单，菜点也比较简单。

（2）西餐用餐的具体方法　在西餐就座时，身体要端正，手肘不要放在桌面上，不可跷足，与餐桌的距离以便于使用餐具为佳。餐台上已摆好的餐具不要随意摆弄。将餐巾对折轻轻放在膝上。

① 开胃菜：一般有冷盘和热头盘之分，既可以是沙拉，也可以是由海鲜、蔬菜组成的拼盘、常见的也有鱼子酱、鹅肝酱、熏鲑鱼、奶油鸡酥盒、焗蜗牛等。

② 面包：面包一般放在自己的左前方，在吃第一道菜时开始食用。正确的做法是：用左手撕下一块，大小应合适，用黄油刀涂上黄油或果酱，送入口中。不要拿着整块面包，全部涂上黄油，双手托着吃；不能用叉子叉着面包吃，不能用刀叉切开吃。如盘内剩余少量菜肴时，不要用叉子刮盘底，更不要用手指相助食用，应以小块面包或叉子相助食用。如果是烤面包就不要撕开。甜食上来后，最好就不要再吃面包了。

吃面包可蘸调味汁，吃到连调味汁都不剩，是对厨师的礼貌。注意不要把面包盘子"舔"得很干净，而要用叉子叉住已撕成小片的面包，再蘸一点调味汁来吃，是文雅的做法。

③ 汤：大致可分为清汤、奶油汤、蔬菜汤和冷汤等4类。喝汤时不要啜，要用右手拇指和食指持汤匙，从汤盘靠近自己的一侧伸入汤中，向外侧将汤舀起。喝汤时不要端起盘子来喝；不要用嘴唇或咂嘴发出声音，吃东西时要闭嘴咀嚼；如汤菜过热，可待稍凉后再吃，不要用嘴吹，或用匙搅拌降温。汤盘中的汤快喝完时，用左手将汤盘的外侧稍稍翘起，用汤勺舀净即可。吃完汤菜时，将汤匙留在汤盘（碗）中，匙把指向自己。

④ 主菜：西餐的主菜花样品种繁多。肉、禽类菜肴是主菜。其中最有代表性的是牛肉或牛排；切肉时左手拿叉按住食物，右手执刀将其锯切成小块，然后用叉子送入口中。

吃鱼、肉等带刺或骨的菜肴时，不要直接外吐，可用餐巾捂嘴轻轻吐在叉上放入盘内。吃鸡时，欧美人多以鸡胸脯肉为贵。吃鸡腿时应先用力将骨去掉，不要用手拿着吃。吃鱼时不要将鱼翻身，要吃完上层后用刀叉将鱼骨剔掉后再吃下层吃肉时，要切一块吃一块，块不能切得过大，或一次将肉都切成块。

用餐时打嗝是最大的禁忌，万一发生此种情况，应立即向周围的人道歉。取食时不要站立起来，坐着拿不到的食物应请别人传递。

就餐时不可狼吞虎咽。对自己不愿吃的食物也应要一点放在盘中，以示礼貌。每次送入口中的食物不宜过多，在咀嚼时不要说话，更不可主动与人谈话。

有时主人劝客人添菜，如有胃口，添菜不算失礼，相反主人也许会引以为荣。

肉类菜肴配用的调味汁主要有西班牙汁、浓烧汁、蘑菇汁、白尼丝汁等。禽类菜肴的原料取自鸡、鸭、鹅，主要的调味汁有咖喱汁、奶油汁等。

其中，蔬菜类菜肴可以安排在肉类菜肴之后，也可以与肉类菜肴同时上桌，蔬菜类菜肴在西餐中称为沙拉。

⑤ 点心甜品：西餐的甜品是主菜后食用的，它包括所有主菜后的食物，如布丁、冰淇淋、奶酪、水果等。

吃水果，不要拿着水果整个去咬，应先用水果刀切成四块或五块再用刀去掉皮、核，用叉子叉着吃。

⑥ 热饮：招待客人时不要把热水放在玻璃杯里，这样既不科学，又不安全，因为玻璃杯容易烫手。所以，热水、热茶等应该放在瓷杯里，玻璃杯是用来装冰块或是冷水的。

西方喝茶的方式和中国也不一样。中国喝茶方法一般都是把茶叶直接放在茶杯里用开水冲着喝，茶叶留在杯子里。西方是用袋泡茶或把茶叶先放在茶壶里泡，然后把茶水倒出来喝，茶杯里不留茶叶。

饮咖啡一般要加糖和牛奶。给咖啡加糖时，如果是砂糖，可用汤匙舀取，直接加入杯内；如是方糖，则应先用糖夹子把方糖夹在咖啡碟的近身一侧，再用汤匙把方糖加在杯子里。如果直接用糖夹子或手把方糖放入杯内，有时可能会使咖啡溅出，从而弄脏衣服或台布。添加后要用小勺搅拌均匀再饮用。

（3）就餐时注意事项　主要包括以下几点。

① 不可在进餐时中途退席，如有事确需离开应向左右的客人小声打招呼。饮酒干杯时，即使不喝，也应该将杯口在唇上碰一碰，以示敬意。当别人为你斟酒时，如不要，可简单地说一声"不，谢谢！"，或以手稍盖酒杯，表示谢绝。

② 进餐时应与左右客人交谈，但应避免高声谈笑。不要只同几个熟人交谈，左右客人如不认识，可先自我介绍。别人讲话不可搭嘴插话。

③ 进餐过程中，不要解开纽扣或当众脱衣。如主人请客人宽衣，男客人可将外衣脱

下搭在椅背上，不要将外衣或随身携带的物品放在餐台上。

④ 凡事由侍者代劳。在一流餐厅里，客人除了吃以外，诸如倒酒、整理餐具、捡起掉在地上的刀叉等事，都应让侍者去做。在国外，进餐时侍者会来问："How is everything？"如果没有问题，可用"Good"来表达满意。侍者会经常注意客人的需要。若需要服务，可用眼神向他示意或微微把手抬高，侍者会马上过来。如果对服务满意，想付小费时，可用签账卡支付，即在账单上写下含小费在内的总额再签名。最后别忘记口头致谢。

⑤ 聊天切忌大声喧哗：在餐厅吃饭时就要享受美食和社交的乐趣，沉默地各吃各的会很奇怪。但旁若无人地大声喧哗也是极失礼的行为。音量要小心保持对方能听见的程度，别影响到邻桌。

⑥ 任意选择乳酪：高级餐厅上甜点之前，会送上一个大托盘，摆满数种乳酪、饼干和水果，挑多少种都可以，但以吃得下为准。

⑦ 叉子和汤匙吃甜点：上甜点时大都会附上汤匙和叉子。冰淇淋之类的甜点容易滑动，可用叉子固定并集中，再放到汤匙里吃。大块的水果可以切成一口的大小，再用叉子叉来吃。

⑧ 当晚餐准备就绪，在没有助手的时候，第一道菜（如果不是热菜）应当提前摆在桌上，这样女主人就可以和客人一起入座。如果人不多，女主人可以高声宣布开始用餐，人比较多的时候，可以让来宾相互通告入座。

⑨ 安排客人入座是很有学问的：男主人应引着最尊贵的女士走进餐厅，并让她坐在他的右侧。特别尊贵的客人，可以是最年长的女士或久未造访的朋友。次重要的女客人应该被安排在男主人的左侧。重要的男客人应该坐在女主人的左侧。必须注意的是男女客人要均匀地安排，并且尽量让夫妇分开坐。

⑩ 左撇子的客人应安排在角落上，这样，当他和旁边的人一起举刀叉的时候，不会碰到对方的手臂。

（五）自助餐礼仪

1. 讲究取菜顺序和原则

（1）注意顺序，排队取菜　由于用餐者往往成群结队而来的缘故，大家都应该自觉地维护公共秩序，讲究先来后到，排队选用食物，不要乱挤、乱抢、乱加塞。一般而言，排队时应与前后之人保持一定间隔，最好与其他人同向行进。行进的标准方向应为顺时针方向，切忌逆行。取菜时不应瞻前顾后、挑三拣四，取菜应当从速，取菜之后即应迅速离去。

（2）要多次少取，厉行节约　这是自助餐取菜的基本原则。参加自助餐时，遇上了自己喜欢吃的东西，只要不会撑坏自己，完全可以放开肚量，尽管去吃。不限数量，保证供应，这正是使自助餐大受欢迎的地方。因此，在吃自助餐时，大可不必担心别人笑话自己，爱吃什么，只管去取就是了。但是，在取食物时，必须量力而行，切勿为了吃得过瘾，而将食物狂取一通，结果是自己"眼大肚子小"，浪费食物。严格地说，在享用自助餐时，多吃是允许的，而浪费食物则绝对不允许。这一条，被世人称为自助餐就餐时的"少取"原则。每次取的量不要多，餐盘空出1/4的位置，以便放置酒杯。自助餐取菜要求"少取"，但不反对"多次"。也就是说，在选取某菜肴时，取多少次都无所谓，一添再添都是允许的。相反，要是为了省事而一次取用过量，装得太多，则是失礼之举。"多次"与"少取"其实是同一个问题的两个不同侧面。"多次"是为了量力而行，"少取"也是为了避免造成浪费。所以，二者往往也被合称为"多次少取"原则。当然，自己取用的食物以吃完为宜，万一有少许食物剩了下来，也不要私下里乱丢、乱倒、乱藏，而应将其放在适当之处。

2. 注意餐具使用的礼仪

在自助餐上强调自助，不但要求就餐者取用菜肴时以自助为主，而且还要求其善始善终。在用餐结束之后，自觉地将餐具送至指定之处。在庭院、花园里享用自助餐时，尤其应当这么做。不允许将餐具随手乱丢，甚至任意毁损餐具。在餐厅里就座用餐，有时可以在离去时将餐具留在餐桌之上，而由服务员负责收拾。虽如此，亦应在离去前对其稍加整理为好。不要弄得自己的餐桌上杯盘狼藉、不堪入目。所有的自助餐，不管是由主人亲自操办的，还是对外营业的正式餐馆里所经营的，都有一条不成文的规定，即自助餐只许可就餐者在用餐现场里自行享用，而绝对不许可在用餐完毕之后携带回家。在吃自助餐时，千万不要偷偷往自己的口袋、皮包里装一些自己的"心爱之物"，更不要要求服务员替自己"打包"，那样的表现，必定会使自己见笑于人。

3. 积极与人沟通与交流

在参加自助餐时，除了对自己用餐时的举止表现要严加约束之外，还须与他人和睦相处，多加照顾。对于自己的同伴，特别需要加以关心，若对方不熟悉自助餐，不妨向其扼要介绍。在对方乐意的前提下，还可向其具体提出一些有关选取菜肴的建议。对于碰见的熟人，亦应如此加以体谅。不过，不可以自作主张地为对方直接代取食物，更不允许将自己不喜欢或吃不了的食物"处理"给对方吃。一般来说，参加自助餐时，必须明确，吃东西往往属于次要之事，而与其他人进行适当的交际活动才是自己最重要的任务。在参加由商界单位所主办的自助餐时，情况就更是如此。所以，不应当以不善交际为由，只顾自己躲在僻静之处一心一意地埋头大吃，或者来了就吃，吃了就走，而不同其他在场者进行任何形式的正面接触。在参加自助餐时，一定要主动寻找机会，积极地进行交际活动。首先，应当找机会与主人攀谈一番，其次，应当与老朋友好好叙一叙。最后，还应当争取多结识几位新朋友。

（六）酒会的礼仪

酒会是一种形式比较简单，略备酒水、点心款待来宾的招待会。正餐之前的酒会也叫鸡尾酒会，正餐之后的酒会还可以包括舞会在内，有时甚至还会安排有夜餐，它也可以是一种相当正式的活动。无论哪种类型的酒会，都需要组织者进行精心的设计与筹备。

1. 筹备

（1）选定话题　酒会举办前应先选定一个话题，重点是借着这个酒会，大家可以体验与比较各种各样的酿酒风格、风土文化与产区背景，同时更可以增进彼此的了解和情谊，有助于今后更好地合作与沟通。

（2）现场安排　无论是哪种酒会，嘈杂和通风不足的环境都是导致各种酒会失败的最大缘由。选取的场地一定要依据酒会参加人员的特点、身份、数量、年龄而定。场地大小既不可以显得拥挤局促，也不可以让人感到松散、没人气。酒会的场地中央可放置一张足够大的自助餐桌，铺上白色的桌布，摆上够用的各式酒杯。别忘了为大家准备一些餐巾纸擦嘴。

（3）发出邀请　可以用印制精美的请柬或电话邀请。专门印制的请柬表明聚会是较为正式的，或是大型正式宴会。举办小型的如十几位客人的酒会，直接用电话通知即可。值得注意的是"鸡尾酒会"一词在口头邀请时不能使用。除了规模非常小的酒会之外，邀请应至少提前一周发出。当然，被邀请客人也应及时答复，显出对对方的尊重。

（4）备好酒水　在酒会上，各种合适的酒水饮料，不管选用哪种，最重要的是数量充足。订购之数最好要超过你所认为所需之数。在计算酒的数量时，应该知道：一瓶雪利酒大约可斟12杯；一瓶威士忌，20杯；一瓶标准容量的葡萄酒，6杯；一升一瓶的葡萄酒，9杯。为方便人们取酒，可设一个酒吧，这种酒吧只需用一张普通的桌子，铺上毡垫或厚亚麻布即可。如果是规模很大的酒会，则要有多个酒吧，而且还要雇佣侍者传送各种饮料。一个好的酒会必须供应若干不含酒精的饮料，如果汁和矿泉水等。无论如何，都少不了用它们来调酒，供应应充裕。同样，冰块的供应也要充裕。此外，还应为那些喜欢在饮料中兑水的人准备好纯净水。为避免客人一开始因为空腹喝酒而出现不适，鸡尾酒会要备一些小吃，如各种果仁、鸡尾软饼、长面包、三明治（切成四块）、奶酪条、热香肠以及洋葱、小黄瓜和橄榄等都是不错的选择。所有这些都可以用手拿着或用牙签挑着吃。果仁、软饼之类食品应盛入碗内，置于房内各处。食品可以装在盘子里端上来，或搁在自助餐具中，由本人自取。

2. 参加酒会的礼仪

（1）遵守"五不可"　这包括：①不可肆意强取，取食物和酒时要遵守秩序，依次而行，不可出现加塞、哄抢、强取等不良行为；②不可贪多浪费，取食物时应一次只取一点，切不可一味贪多，过量选取，而造成浪费，选取的东西最好全部吃光，在酒会上的浪费行为会被他人和主办方唾弃；③不可只顾自己吃喝，出席酒会的目的不只是为了品酒、娱乐，更重要的是与其他商界人士进行交流和沟通，建立和谐的人际关系，为更好地开展业务打下良好的合作基础，切不可来了就吃，吃了就走，不与其他人员相互交流，只顾个人"埋头苦干"，这是极不礼貌的行为；④不可带走食品，酒会上提供给客人们的小食品和各色酒类，只可以在酒会现场任意取食，绝不可"顺手牵羊"，私自带回家去；⑤不可自作主张领人参加酒会，事先未经过主办方的允许就自带一个或几个朋友参加酒会，是非常不礼貌的行为，即使是在非常大型和非正式的聚会中也是如此；自作主张领人参加酒会对对方是极大的不尊重，会破坏你在主办方心目中的良好印象，甚至难以继续友好、深层次地交往。

（2）学会告辞　出席鸡尾酒会，客人应该按着请柬上注明的结束时间起身告辞。如果接到的是口头邀请，很有可能没有说明结束时间，则应该认为酒会将进行两个小时。商务人员参与此类活动要有很好的"眼力"，善于察言观色，以便适时告辞。正餐之后的酒会的告辞时间按常识而定，如果酒会不是在周末举行，那就意味着告辞时间应在晚间十一时至午夜之间。若是周末，则可更晚一些。在所有类型的酒会上，离开时都应向女主人当面致谢，这是礼貌。如果你因故不得不早一些告辞，则致谢不能引人注目，以免使其他客人认为他们也该走了。

（七）喝咖啡的礼仪

咖啡可以自己磨好咖啡豆以后用咖啡壶煮制，也可以用开水冲饮速溶的。人们一般认为自制的咖啡档次比较高，而速溶的咖啡不过是节省时间罢了。

喝咖啡最好在用早餐及午餐后，因为这样可以促进肠胃的蠕动，帮助消化，可以分解吃下去的高热量、高脂食物，也不会像空腹喝咖啡那样，对肠胃造成刺激。最好不要在晚餐后喝咖啡，以免对睡眠造成影响。若是想靠喝咖啡熬通宵，可能会在不知不觉中喝过量，对身体不好。喝咖啡最常见的地点主要有客厅、写字间、餐厅、花园和咖啡厅等。在客厅里喝咖啡，主要适用于招待客人，在写字间里喝咖啡，主要是在工作间歇自己享用，起到提神的作用。在正式的西餐宴会，咖啡往往是"压轴戏"。在自家花园喝咖啡，适合和家人休闲，也适合招待客人，西方还有一种专供女士社交的咖啡会，就是在主人家的花园或庭院中举行。它不排位次，时间不长，重在交际沟通。

饮用咖啡可以加入牛奶和糖，称为牛奶咖啡。也可以不加牛奶和糖，称为清咖啡或黑咖啡。饮用咖啡是大有讲究的，应注意以下几个方面。

1. 杯的持握

供饮用的咖啡，一般都是用袖珍型的杯子盛出。这种杯子的杯耳较小，手指无法穿过去。但即使用较大的杯子，也不要用手指穿过杯耳端杯子。正确的拿法应是用右手的拇指和食指握住杯耳，轻轻地端起杯子，慢慢品尝。不能双手握杯，也不能手端起碟子去吸食杯子里的咖啡。用手握住杯身、杯口，托住杯底，也都是不正确的方法。

2. 杯碟的使用

盛放咖啡的杯碟都是特制的。它们应当放在饮用者的正面或右侧，杯耳应指向右方。咖啡都是盛入杯中，放在碟子上一起端上桌子的。碟子是用来放置咖啡匙，并接收溢出杯子的咖啡的。喝咖啡时，可以用右手拿着咖啡的杯耳，左手轻轻托着咖啡碟，慢慢地移向嘴边轻啜。不要满把握杯大口吞咽，也不要俯首去就咖啡杯。如果坐在远离桌子的沙发上，不便用双手端着咖啡饮用，此时可以做一些变通。可用左手将咖啡碟置于齐胸的位置，用右手端着咖啡饮用，饮毕应立即将咖啡杯置于咖啡碟中，不要让二者分家；如果离桌子近，只需端起杯子，不要端起碟子。添加咖啡时，不要把咖啡杯从咖啡碟中拿起来。

3. 匙的使用

咖啡匙是专门用来搅咖啡的，如果咖啡太热也可用匙轻轻搅动，使其变凉。饮用咖啡时应当把咖啡匙取出来，不要用咖啡匙舀着咖啡喝，也不要用咖啡匙来捣碎杯中的方糖。不用匙时，应将其平放在咖啡碟中。

4. 咖啡的饮用

饮用咖啡时，不能大口吞咽，更不可以一饮而尽，而是一小口一小口细细品尝，切记不要发出声响，这样才能显示出品位和高雅。如果咖啡太热，可以用咖啡匙在杯中轻轻搅拌使之冷却，或者等自然冷却后再饮用。用嘴试图去把咖啡吹凉，是很不文雅的动作。

5. 怎样给咖啡加糖

给咖啡加糖时，砂糖可用咖啡匙舀取，直接加入杯内；也可先用糖夹子把方糖夹在咖啡碟的近身一侧，再用咖啡匙把方糖加入在杯子里。如果直接用糖夹子或手把方糖放入杯内，有时可能会使咖啡溅出，从而弄脏衣服或台布。

6. 用甜点的要求

有时喝咖啡可以吃一些点心，但不要一手端着咖啡杯，一手拿着点心，吃一口、喝一口地交替进行，这样的行为是非常不雅观的。饮咖啡时应当放下点心，吃点心时则放下咖啡杯。

在咖啡屋里，举止要文明，不要盯视他人。交谈的声音越轻越好，千万不要不顾场合，高谈阔论，破坏气氛。

（八）喝茶的礼仪

茶有健身、治疾之药物疗效，又富欣赏情趣，可陶冶情操。品茶待客是中国人高雅的娱乐和社交活动，坐茶馆、茶话会则是中国人社会性群体茶艺活动。中国茶艺在世界享有盛誉，在唐代就传入日本，形成日本茶道。

茶是中国人最喜欢的饮料，同时也为外宾乐于接受。在社会交往中，经常有专门举行茶会招待来宾的。茶水虽然物美价廉，但饮茶却是一种文化。

1. 茶的种类

中国是茶的故乡，制茶、饮茶已有几千年的历史，我国茶叶品种繁多，名品荟萃，大体上可归纳为以下几大类。

（1）绿茶　较为著名的绿茶有龙井茶、碧螺春茶、六安瓜片茶、蒙顶茶、君山针叶茶、黄山毛峰茶、庐山云雾茶等。

（2）红茶　驰名中外的有安徽的祁红、云南的滇红和广东的英红。

（3）乌龙茶　又称清茶，较为著名的有福建的武夷岩茶、黄金贵茶及安徽的铁观音茶、广东的凤凰单丛茶。

（4）花茶　是以鲜花窨制茶叶而成的再加工茶，这是我国的特产，其主要种类有茉莉花茶、珠兰花茶、玉兰花茶、玫瑰花茶等。

（5）黑茶　较为著名的有普洱茶、六堡茶等。

2. 茶的礼仪

为客人沏茶之前，首先要清洗双手，并洗净茶杯或茶碗。要特别注意茶杯或茶碗有无破损或裂缝，残破的茶杯或茶碗是不能用来招待客人的。还要注意茶杯或茶碗里面有无茶迹，有的话一定要清洗掉。茶具以陶瓷制品为佳。不能用旧茶或剩茶待客，必须沏新茶。在为客人沏茶前可以先征求其意见。就接待外国客人而言，美国人喜欢喝袋泡茶，欧洲人喜欢喝红茶，日本人喜欢喝乌龙茶。

茶水不要沏得太浓或太淡，每一杯茶斟七成满就可以了。主人在陪伴客人饮茶时，要注意客人杯、壶中的茶水残留量，一般用茶杯泡茶，如已喝去一半，就要添加开水，随喝随添，使茶水浓度基本保持前后一致，水温适宜。正规的饮茶讲究把茶杯放在茶托上，一同敬给客人。茶把要放在左边。要是饮用红茶可准备好方糖，供客人自取。喝茶时，不允许用茶匙舀着喝。

上茶时，可由主人向客人献茶，或由招待员给客人上茶。主人给客人献茶时，应起立，并用双手把茶杯递给客人，然后说："请。"客人也应起立，以双手接过茶杯，说："谢谢。"添茶水时，也应如此。

由接待员上茶时要先给客人上茶，而不允许先给主人上茶。如果客人较多，应先给主宾上茶。上茶的具体步骤是：先把茶盘放在茶几上，从客人的右侧递过茶杯，右手拿着茶托，左手扶在茶托旁边。要是茶托无处可放，应以左手拿着茶盘，用右手递茶。注意不要把手指搭在茶杯边上，也不要让茶杯撞击在客人的手上，或洒客人一身。妨碍了客人的工作或交谈的话，要说："对不起。"客人对接待员的服务应表示感谢。在往茶杯中倒水、续水时，如果不便或没有把握一并将杯子和杯盖拿在左手上，可把杯盖翻放在桌子或茶几上，只是端起茶杯来倒水。服务员在倒、续完水后要把杯盖盖上。注意，切不可把杯盖扣放在桌面或茶几上，这样既不卫生，也不礼貌。如发现宾客将杯盖扣放在桌面或茶几上，服务员要立即斟换，用托盘上，将杯盖盖好。

如果用茶水和点心待客人，应先上点心，点心应给每个人上一小盘，或几个人上一大盘。点心盘应用右手从客人的右侧送上。待其用毕，即从右侧撤下。

在喝茶中，不应大口吞咽茶水或喝得咕咚咕咚直响，应当慢慢地一小口一小口地仔细品尝。遇到漂浮在水面上的茶叶，可用杯盖拂去或轻轻吹开，切不可用手从杯里捞出来扔在地上，也不要吃茶叶。我国旧时有以再三请茶作为提醒客人应当告辞了的做法，因此，在招待老年人或海外华人时要注意，不要一而再再而三地劝其饮茶。西方常以茶会作为招待宾客的一种形式，茶会通常在下午4点左右开始，设在客厅之内，准备好座位和茶几就行了，不必安排座次。茶会上除饮茶之外，还可以上一些点心或风味小吃。

二、能力开发

（一）阅读思考

中西宴会礼仪上的差异

中国和西方都讲究宴会的礼仪，由于文化差异产生了各自不同的宴会礼仪。重视宴会礼仪的差异，有助于更好地进行跨文化交际。

1. 餐具的差异："筷子" VS "刀叉"

中西宴会上最为明显的差异是餐具的使用。中国人用筷子夹食物，西方人用刀叉切割食物。不同的食用方式显然不是偶然现象，而是在不同文化引导下形成的。

中国人自古以来大部分以农耕为主，所谓"面朝黄土背朝天"，正是这一文化现象的真实写照。在这种文化环境中，通常以谷类为主食，倾向于安居乐业、和平与安定，强调以"和"为贵，反对侵略和攻击。而西方很多国家其祖先为狩猎民族，饮食以肉类为主，为了能在残酷恶劣的环境下生存，必须善于捕猎，富于进攻性，形成了争强好胜和乐于冒险的性格特征。这两种近乎相反的文化倾向反映到饮食中就很自然地体现在餐具的选择以及食用方式上。中国人使用筷子时温文尔雅，很少出现戳、扎等不雅动作，在餐桌上对待食物的态度是亲和的、温柔的。相反，西方人使用刀叉时又切又割，是毫不掩饰地蹂躏食物。尽管中国人和西方人一样性喜吃肉，但表现得非常含蓄、婉转，丝毫感觉不到那种血淋淋的"厮杀"和"搏斗"。法国著名的文学思想家、批评家罗兰·巴尔特（Roland Barthes）在谈到筷子时认为，筷子不像刀叉那样用于切、扎、戳，因而"食物不再成为人们暴力之下的猎物，而是成为和谐地被传送的物质"。

2. 出席时间的差异："迟到" VS "准时"

"准时"似乎是一个普遍适用的概念，然而在不同的国家和不同的文化中对这一概念的理解也不尽相同，且这一概念也因活动内容的不同而有所变化。

跨文化交际学的奠基人之一，美国著名的人类学家爱德华·霍尔提出人类时间观念有两种文化模式，即"时间的单一性"（Monochronic-time 或 M-time）和"时间的多样化"（Polychronic-time 或 P-time）。单一性时间要求做任何事都要严格遵守日程安排，该干什么的时候就干什么；持多样化时间观念的人却没有安排日程的习惯，该干什么的时候没有按时去干。前者注意严格遵守约会时间，不能失约；而后者不注意遵守时间，不重视预约。霍尔还认为单一性时间是欧美等西方国家的时间模式，多样化时间是亚非拉地区的模式。在他看来，时间犹如商品，可以买卖、节省、花费、浪费、丢失、弥补和测算。因此，在参加宴请时，由于身处不同的文化模式，中西方的差异显得较为突出。在中国，一般来说，时间的多样化模式使人更倾向于"迟到"，在规定的时间半小时之后，甚至更晚才"姗姗来迟"。对此，主人似乎也早有思想准备，往往会在这段"等待"时间里安排一些其他节目，如打打牌、喝喝茶、聊聊天等，让一些"先到"的客人们消磨时间。对于这种"迟到"现象主客双方都习以为常，并不将之视为对主人邀请的一种轻视或是一种不礼貌的行为。有时主人甚至故意将宴会时间定得"早"一些，以便为客人们的"迟到"提供更加充裕的时间。而西方国家中，正式的宴会要求准时到达，一般迟到不能超过10分钟，否则将被视为不合礼仪，是对主人以及其他客人的不尊重。

3. 座位安排的差异

（1）"南北" VS "左右" 座位的安排是利用空间位置表示各人地位和人际关系的一种重要形式。人们对空间的观念是经过后天种种因素的影响而习得的，其中文化的因素尤为突出。因此，文化不同，人们对空间的需求、与空间有关的交际规则以及有关空间的价值观念也有所不同。霍尔用"Space speaks"来形容空间的作用。

在中国，宴会中座位通常是以面向南为上，以面向北为下，形成了"南尊""北卑"的传统观念。这与中国传统文化是密不可分的。中国社会历史悠久，朝代众多，但不论哪一朝、哪一代，皇帝登基、议政一律都是面南而坐，故有"面南称孤""南州冠冕"一说；而臣子拜见君王则面向北，故也有"北面称臣"一说。由此可见，"南"在中国人心目中已逐渐演变成一种至高无上的象征，代表了权力、地位和身份；与此相对的"北"的地位就自然低了许多。这一现象在汉语的成语中也有很好的体现。若成语中同时出现"南""北"两字，往往"南"字在前而"北"字在后，如"南腔北调""南辕北辙""南征北战""南来北往"等。因此，在宴会上当然是以朝南的座位为上座，而朝北的座位为下座。

在古代西方社会，最尊贵的客人的座位是在主人的左边，这是因为人们习惯于用右手握匕首，刺杀坐在左边的人。如果将最尊贵的客人安排在主人的左手位置上，不仅他刺杀不方便，主人还有制服他的优势地位。随着社会的进步，在宴会上刺杀这一古老现象近乎绝迹。今天，西方人在安排座位时已不再着眼于安全保护，而是出于心理保护的需求，将主宾席放在主人的右侧，形成了餐桌座位以右为上、以左为下的规矩。

（2）"男尊女卑" VS "女士优先、男女平等"　中西方在男女宾客位置的安排上也有较大的差异。在中国，尤其是在古代，正式的宴席上根本看不到女性的身影，从而也就无需考虑女性位置的安排，这与中国传统文化的"男尊女卑"的思想是一致的。林语堂在《中国人》一书中说："始自原始时代，中国人的血液中，妇女就没有占据过应有的地位。"随着后来儒家思想的"一统天下"，女性一直被束缚在封建礼教中，处于从属地位。今天，中国女性地位得到了显著提高，早已摆脱了以往的从属地位，女性的身影出现在宴请中也早为中国人所接受，但女性却往往坐在一起。当"尊老"和"女士优先"原则发生矛盾时，中国人选择的是"尊老"而不是"女士优先"。

在西方"女士优先"是他们的传统文化观念，是社交活动中的重要礼仪规范。这是因为基督教是西方国家普遍信奉的宗教，该教尊崇玛利亚为圣母，以仰慕女性为高尚的情操。另外，12～13世纪，随着十字军的东征，形成了"骑士团"这一独特的阶层。由于"骑士团"的巨大影响和显赫地位，逐渐形成了他们自己的一套礼仪规范并流传到民间，其中一个最具有特色的便是尊重女士，后来被称为优礼女士的"骑士风度"，一时间便成了贵族乃至平民阶层的文明准则，并沿袭至今。因此，在西方的宴席中，女性很早就占据了重要的位置，且男女宾客必须交叉而坐，这也从另一个方面体现了男女平等的思想。

[资料来源：卞浩宇，高永晨. 论中西方饮食文化的差异. 南京林业大学学报（人文社会科学版），2004，6]

❓思考题

（1）熟悉中西宴会礼仪上的差异对涉外交往有何意义？

（2）中西方饮食文化的差异有哪些？

（二）案例分析

【案例1】

为何事与愿违

小李在省会城市的一家民企做总经理助理，公司晚上要正式宴请国内最大的客户——来自山西某公司的张总等一行4人，以答谢他们近年来给予的支持。小李提前安排好了酒店和菜单。为了体现公司的诚意，她特意在菜的安排上面提高了档次，以空运的海鲜为主，并且亲自打电话给酒店，确认了酒宴的安排，包括宴会厅的安排、席位卡的摆放等。然而晚宴并没有按小李精心安排的情况顺利进行，酒店的饭菜质量虽然很好但是客人们似乎不喜欢，张总似乎也面有不悦。小李觉得很不解，为什么自己的精心安排没有得到满意的结果呢？

事后小李了解到由于自己没有考虑到客人是山西人，不太喜欢海鲜而喜欢面食。所以尽管自己和酒店确认了酒宴的安排，但是并没有得到客人的认可，张总自然不太满意了。

思考题

（1）小李为何事与愿违，请谈谈你的看法。

（2）本案例对你有何启示？

【案例2】

李先生剔牙

小王为答谢好友李先生一家，夫妻两人在家设宴。女主人的手艺不错，清蒸鱼、炖排骨、烧鸡翅……李先生一家吃得津津有味。这时，有肉丝钻进了李先生的牙缝。于是，李先生拿起桌上的牙签，当众剔出滞留在牙缝中的肉，还将剔出来的肉丝吐在烟灰缸里。看着烟灰缸里的肉丝，小王夫妇一点胃口也没有了。

思考题

（1）李先生的不文明行为表现在哪儿？

（2）假如是你，应如何处理？

【案例3】

如此吃相

在与自己的同事一道外出参加一次宴会时，财政局干事李君因为举止有失检点，从而招致了大家的非议。

李君当时在宴会上为了吃得畅快，在开始用餐之后便一而再再而三地减轻自己身上的"负担"。他先是松开自己的领带，接下来又解开领扣、松开腰带、卷起袖管，到了最后，竟然又悄悄地脱去自己的鞋子。尤其令人感到不快的是，李君在吃东西时，总爱有意无意地咂巴其滋味，并且其响声"一波未平，一波又起""一浪高过一浪"。

李君在宴会上的此番作为，不仅令他身边的人瞠目结舌，而且也叫他的同事们无地自容。

思考题

（1）参加宴会应该注意哪些用餐礼仪？

（2）李君在餐桌上的不良表现有哪些不利影响？

【案例4】

某考察团在巴黎

一天傍晚，巴黎的一家餐馆来了一个考察团，老板安排了一位侍者为他们服务，交谈中得知他们是某地的一个考察团，今天刚到巴黎。随后侍者向他们介绍了一些法国菜，他们不问贵贱，主菜配菜一下子点了几十道，侍者担心他们吃不完，何况菜价不菲，但他们并不在乎。

点完菜，他们开始四处拍照，竞相和服务小姐合影，甚至跑到门外一辆凯迪拉克汽车前面频频留影，还不停地大声说笑，用餐时杯盘刀叉的撞击声，乃至嘴巴咀嚼食物的声音，始终不绝于耳，一会儿便搞得杯盘狼藉，桌子上、地毯上到处是油渍和污秽。坐在附近的一位先生忍无可忍，向店方提出抗议，要求他们马上停止喧闹，否则就要求换座位。侍者把客人的抗议转述给他们，他们立刻安静了。看得出来，他们非常尴尬。

思考题

（1）这个考察团成员的行为有哪些不得体的地方？
（2）公众场合应注意哪些用餐礼仪规范？

【案例5】

如何用西餐？

老张的儿子留学归国，还带了位洋媳妇回来。为了讨好未来的公公，这位洋媳妇一回国就诚惶诚恐地张罗着请老张一家到当地最好的四星级饭店吃西餐。

用餐开始了，老张为在洋媳妇面前显示出自己也很讲究，就用桌上一块"很精致的布"仔细地擦了自己的刀、叉。吃的时候，学着他们的样子使用刀叉，既费劲又辛苦，但他觉得自己挺得体的，总算没丢脸。用餐快结束了，吃饭时喝惯了汤的老张盛了几勺精致小盆里的"汤"放到自己碗里，然后喝下。洋媳妇先一愣，紧跟着也盛着喝了，而他的儿子早已是满脸通红。

老张闹了两个笑话，一是他不应该用"很精致的布"（餐巾）擦餐具，那只是用来擦嘴或手的；二是"精致小盆里的汤"是洗手的，而不是喝的。

随着我们对外交往越来越频繁，西餐也离我们越来越近。只有掌握一些西餐礼仪，在必要的场合，才不至于"出意外"。

思考题

你对此案例有何评价？

【案例6】

郑板桥的妙联

晚年的郑板桥，衣着打扮十分随便，且又其貌不扬。有次，他去逛扬州城外的平山堂。平山堂主持老和尚看他仅穿了件粗布直裰，以为他是一俗客，就随便说了声"坐"，对泡茶的小和尚说了声"茶"，就不再作声了。郑板桥并不介意，站在那里向他讲明自己此行的目的是瞻仰平山堂内欧阳修读书处的石膏像。老和尚听后，不以为然，心想你那个穷样还谈什么欣赏欧阳修？欣赏了一番寺庙内的雕刻和字画，和尚与他搭讪几句，郑板桥皆娓娓道来，十分内行，和尚发现这位粗布衣裳的人谈吐不俗，很有才学，心想，他一定不是一般的平民老百姓，或许有什么来头，转而招呼道："请坐。"一面吩咐小和尚："敬茶！"这时寺里来了一批达官贵人，和尚笑脸盈盈地合掌相迎，十分热情。这些达官贵人见郑板桥也在座，一个个上前向他问好，喊出郑板桥的名字。和尚方才知道面前就是大名鼎鼎的郑板桥，不免大吃一惊，马上变了态度。老和尚赶忙满脸堆笑地对郑板桥打躬合掌说道："请上坐！"此时小和尚将茶端了上来，老和尚喝道："敬香茶！"小和尚马上又回去换来香茶。这时老和尚拿出纸张笔墨，请求郑板桥留点墨迹。郑板桥也不回绝，淡然一笑，挥毫写就下面这幅妙趣横生的对联：

坐，请坐，请上坐

茶，敬茶，敬香茶

真是妙不可言！想必老和尚此时定会面红耳赤，恨不能脚下有条地缝钻进去。

 思考题

（1）敬茶有哪些礼仪？

（2）本案例对你有何启示？

（三）实战演练

项目1：参加中餐宴会活动

实训目标：掌握中餐宴会的桌位和座次要求。

实训学时：2学时。

实训地点：多功能餐厅。

实训准备：会场背景资料、材料（气球、彩带、花束）、餐桌、餐具、数码摄像机或照相机等。

实训方法：以寝室6个人为单位，团体分工合作，分别展示餐会会场布置、餐桌摆放、座次牌摆放，说明这些设计摆放的理由。

然后用数码摄像机（或数码照相机）记录整个过程，再通过大屏幕回放，学生自我评价，授课教师总结点评学生存在的个性和共性问题。最后评选"最佳设计团队"。

训练手记：通过训练，我的收获是＿＿＿＿＿＿＿＿＿＿＿＿＿＿＿＿＿＿＿＿＿＿＿＿。

项目2：参加西餐宴会活动

实训目标：掌握西餐宴会的礼仪要求。

实训学时：2学时。

实训地点：多功能餐厅。

实训准备：西餐餐具、宴会桌、椅子、桌布、酒杯等。

（背景资料：2020年新年前夕，海外旅游服务有限公司要答谢客户举办宴会。企划部门负责人召开部门会议，会上将宴会的时间初步定在12月下旬，地点初步定在某五星级酒店，确定宴请的对象为20多家单位的负责人和重要客户。如果你是被邀请的一个成员，参加宴会活动应注意什么？）

实训方法：将学生分成不同小组，12～15人为一个团体，分别扮演男女主人、宾客等不同角色参加宴会，并坐在一张餐桌上，使用不同的餐具。说明这些餐具摆放、使用的程序和理由。然后用数码摄像机（或数码照相机）记录整个过程，再通过大屏幕回放，学生自我评价，授课教师总结点评学生存在的个性和共性问题。最后评选"最佳服务先生"和"最佳服务小姐"。

训练手记：通过训练，我的收获是_____。

温故知新

1．判断题

（1）宴会通常安排在晚上8～9点。　　　　　　　　　　　　　　　　　　（　　）

（2）宴会时，通常距主桌越近，桌次越低。　　　　　　　　　　　　　　（　　）

（3）当宴请对象、时间和地点确定后，应提前1～2周制作、分发请柬。　（　　）

（4）宴会规格一般应考虑宴会出席者的最高身份、人数、目的、主人情况等因素。
　　　　　　　　　　　　　　　　　　　　　　　　　　　　　　　　　　（　　）

（5）正式宴会的席位常规，一般是桌次高低以离主桌位置远近而定，原则是右高左低。　　　　　　　　　　　　　　　　　　　　　　　　　　　　　　　　（　　）

（6）餐桌上有一个主人，主宾在其右首就座。　　　　　　　　　　　　　（　　）

（7）祝酒时不可交叉碰杯。　　　　　　　　　　　　　　　　　　　　　　（　　）

（8）西餐桌上通常酒杯的摆放顺序是从右起依次为葡萄酒杯、香槟酒杯、啤酒杯（水杯）。　　　　　　　　　　　　　　　　　　　　　　　　　　　　　　（　　）

（9）西餐排定用餐席位时，一般男主人为第一主人，在主位就座。而女主人为第二主人，坐在第二主人的位置上。　　　　　　　　　　　　　　　　　　　（　　）

（10）上甜品前先准备干净的甜品餐具，主动均匀地把甜品分派给客人。（　　）

（11）上水果前，把水果端到客人桌上，介绍说："××先生／小姐，这是我们酒楼经理送的，请慢用。"　　　　　　　　　　　　　　　　　　　　　　　　　（　　）

（12）西餐吃水果，可以拿着水果整个去咬，也可用水果刀切成四或五瓣再用刀去掉皮、核，用叉子叉着吃。　　　　　　　　　　　　　　　　　　　　　　　（　　）

（13）上完最后一道菜时，告诉客人"先生／小姐，您点的菜已经上齐了"并询问客人是否要增加水果或甜品。　　　　　　　　　　　　　　　　　　　　　　（　　）

（14）西餐菜单可以是：汤—开胃菜—主菜—面包—点心甜品—咖啡。　　（　　）

（15）招待客人时要把热水放在瓷杯里，玻璃杯是用来装冰块或是冷水的。（　　）

（16）鸡尾酒会是一种自由的社交活动，备有多种名酒、饮料和讲究的名菜，一般在盛大场合举行。　　　　　　　　　　　　　　　　　　　　　　　　　　　（　　）

（17）自助餐是招待会上常见的一种，可以是早餐、中餐、晚餐。　　　　（　　）

2．思考与训练

（1）宴会的种类有哪些，各有何特点？

（2）组织宴会的一般程序是什么？

（3）赴宴应注意哪些礼仪？

（4）西餐有哪些礼仪要求？

（5）怎样组织自助餐？享用自助餐应注意哪些礼仪？

（6）酒会的礼仪有哪些？

（7）喝咖啡有哪些礼仪要求？

（8）喝茶有哪些礼仪要求？

（9）自助餐用餐礼仪训练。训练前准备："食物"、餐具、盘子、餐桌等。在一张餐桌上摆放各类"食物"，每班学生分两组，让同学们扮演用餐者同时取"食物"。指导教师和其他同学在台下观看并指出不符合自助餐礼仪的行为。如果有条件的话，可以以同学聚餐的形式真正举行一次自助餐活动，每位同学提供1道菜，大家共享，这样可能实训效果更好。

（10）在用餐上我国存在哪些陋习？请与同学展开讨论。

 考核评价

能力考核评价表

内　　容		评　　价	
学习目标	评价内容	小组评价（5、4、3、2、1）	教师评价（5、4、3、2、1）
知识（应知应会）	宴请的种类		
	赴宴的礼仪		
专业能力	宴会的组织		
	西餐、自助餐、鸡尾酒会的礼仪		
	喝咖啡、喝茶的礼仪		
通用能力	组织能力		
	策划能力		
态度	遵守规范、周到细致		
努力方向：		建议：	

项目三

职场活动礼仪

课程思政要求

- 进行社会主义核心价值观教育；
- 进行爱国主义教育；
- 开展诚信教育、法律意识教育和道德意识教育；
- 塑造职业形象，提高职业素养；
- 促进学生全面发展

任务 10

求职礼仪

> 莫愁前路无知己，天下谁人不识君。
>
> ——【唐】高适

学习目标

1. 做好求职面试的各项准备。
2. 根据自身实际设计出引起用人单位关注的简历。
3. 面试符合礼仪规范，拥有职业化的举止。
4. 在面试中得体地与面试官沟通交流，展现良好的职业形象。

案例导入

应　　聘

陈光谊的《现代使用社交礼仪》（清华大学出版社，2009）中有这样一个案例：

一家公司招聘一名办公人员,有50多人前来应聘。公司经理在众多的应聘者中选中了一名普通的年轻人。其助手说:"怎么选了他呀,他没有任何工作经验啊?"公司经理回答:"他一定能适应这个工作,首先,他在进门之前妥善地收放好了自己的雨具,进门后随手关上了门,说明他做事很仔细。在等候的时候,他不像其他应聘者那样在外面喋喋不休地谈论,当一名老年人向他咨询时,他礼貌耐心地为老人解答。进了办公室其他应聘者都没有注意到我故意倒放在门边的拖布,只有他俯身捡起并把它放到了墙角。他衣着整洁,回答问题思路清晰、简明干脆。这些足以证明他能够胜任这份工作。"

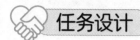

任务设计

一、应知应会

求职礼仪是求职者在求职过程中与招聘单位接待者接触时应具有的礼貌行为和仪表形态规范。求职者通过应聘资料、语言、仪态举止、仪表和着装打扮等几个方面体现其内在素质。求职过程中求职者要讲究对人的尊重和礼貌修养,给招聘者留下一个良好的印象,增加招聘单位录用自己的机会。正如本任务"案例导入"中那位普通的年轻人,其良好的礼仪表现帮助他取得了求职的成功。

(一)求职前的准备

1. 搜集就业信息

就业信息是指通过各种媒介传递的有关就业方面的消息和情况,如就业政策、供需双方的情况及用人信息等,它是求职者择业所必须搜集和掌握的材料。

就业信息的种类有两种:宏观信息和微观信息。宏观信息是指国家的政治经济情况,国家或地区社会经济的方针政策规定,国家对毕业生的就业政策与劳动人事制度改革的信息,社会各部门、企业需求情况及未来产业、职业发展趋势所要求的信息。掌握这些信息,就可宏观地把握就业方向。同学们在校期间,要关心国家政策的重大改革,对确立宏观的择业方向有着重大的意义。微观信息是指某些具体的就业信息,如用人单位的需求情况、发展前景、需求专业、条件、工资待遇等。这些信息是在大学即将毕业时所必须搜集的具体材料。

搜集就业信息的途径主要有以下几种:一是通过学校就业指导办公室和各就业工作服务站搜集,学校收集的信息都会及时传至各系(处),或发布在学校网页的就业信息栏中。二是通过各级政府主管部门和就业指导机构搜集。这些主管部门主要是教育部和省教育厅、人力资源与社会保障厅及各市的教育局、人力资源与社会保障局。这些部门和就业机构的主要职责,就是制定辖区的毕业生就业政策,提供高校毕业生和用人单位的信息,为毕业生就业提供咨询与服务。来自这方面的信息也是真实可信的。三是通过学校老师和亲朋好友搜集。老师在多年的社会实践、教学实习、科研协作中,与一些专业对口的单位联系密切,通过他们了解就业信息,推荐求职,对择业成功有很大帮助。家长、亲朋、好友,在多年的社会交往中,也会给你带来大量的就业信息,希望所有的毕业生要有意识地收集。四是通过各类"双向选择"招聘活动搜集。各人才服务机构、省市就业服务部门、学校每年都会举办各种人才招聘会,为毕业生收集就业信息提供了更广泛的途径。五是通过有关新闻媒体和网络搜集。新闻媒体特别是网络可为毕业生提供更丰富的就业信息。应届毕业生也可通过网站发布个人简历和求职要求。

求职者搜集到求职信息后，还要善于分析求职信息，这样才能增大求职成功的机会。否则，事到临头，只凭自己的想象和猜测或是被动地服从他人之命，依据社会上的流行看法盲目选择，只会使求职陷入困境。就一则具体的招聘信息来讲，求职者在阅读时一定要从岗位的职责、岗位的硬件要求、招聘单位的具体情况（规模、待遇、前景、地址、联系方式等）、岗位的供需情况、单位的企业文化与人际关系、岗位的细分情况等角度加以分析。只有善于分析阅读招聘信息，才有可能取得应聘的成功。

2. 明确求职途径

（1）招聘会　一般应到由政府人力资源与社会保障部门所属的人才交流机构开办的人才市场或招聘会求职，这类部门运作规范、服务周到、信誉高、手续齐全，出现问题可得到合理保护。

（2）网上求职　网络突破时空的限制，通过网络求职经济、方便、快捷，避免了大群人集中近距离接触，所承载的信息量大，不仅可以了解职位信息，还可在网上人才信息库储存个人基本资料，以供用人单位查询。

（3）实习　目前很多知名企业通过招募实习生的方式来培养和招聘自己的员工。

（4）报刊招聘广告　这是人们获得就业信息的最主要的传统手段，其信息较之网络有更强的真实性，但也有不实虚假招聘信息。如果招聘职位好可能有很多应聘者。

（5）人才服务机构、职业介绍所等　通过人才中介来获取职位今后将成为主流。随着法律的完善、监管到位，通过人力资源中介来获得职位，是个不错的选择。人才服务机构的优势在于信息来源多、专业化等。

（6）电话求职　了解招聘信息后，可以电话咨询感兴趣的信息，电话求职时要讲究礼仪。

（7）直接上门找公司负责人或人力资源部经理　这是毛遂自荐的方式。如果看好某企业，可主动上门求职，展示自身的工作实力，让用人单位了解并能够录用自己。

（8）各院校的就业指导办公室　大学生们可以到所在院校的就业指导办公室，可以得到许多用人单位的需求信息，也可以得到有关就业政策和择业技巧的指导。

（9）社会关系　通过亲朋好友（包括老师、同学等）获取招聘信息或者推荐，也是一种符合中国国情的求职方式。

3. 撰写面试材料

在双向选择过程中，大部分用人单位安排面试的依据是有关反映毕业生情况的书面材料，通过这些书面材料来判断和评价毕业生的学习成绩、工作潜力。毕业生要成功地向用人单位推销自己，拟定具有说服力和吸引力的求职面试材料是成功的第一步。

面试材料包括毕业生就业推荐表、简历、自荐信、成绩单及各式证书（获奖证书，英语、计算机等各类技能等级证书）、已发表的文章和论文、取得的成果等。

（1）毕业生就业推荐表　毕业生就业推荐表是反映毕业生综合情况并附有学校书面意见的推荐表。毕业生就业推荐表一般包括：毕业生基本资料、照片、学历、社会工作、获奖情况、科研情况、个人兴趣特长等，一般还应附有教务部门出具的成绩单。其中，该表的综合评定及推荐意见部分是由最了解毕业生全面情况的辅导员填写，并且是以组织负责的形式向用人单位推荐，具有较大的权威性和可靠性，所以大部分用人单位历来把该表作为接收毕业生的主要依据。毕业生就业推荐表正式只有一份，必须用正式表签订就业协议。

（2）简历　简历主要是针对应聘的工作，将相关经验、业绩、能力、性格等简要地列举出来，以达到推荐自己的目的。由于毕业生就业推荐表栏目和篇幅限制，多数毕业生更希望有一份个性突出、设计精美、能给用人单位留下深刻印象的简历。

① 简历的设计原则：真实、简明、无错是简历设计的三个原则。真实原则就是指简历从内容上讲必须真实，比如选了什么课，就写什么课；如果没有选，就不要写。兼职工作更是如此，做了什么，就写什么，不要做了一，却写了三或四。因为在面试时，你的简历就是面试官的靶子，他会就简历上的任何问题提出疑问。如果你学了或做了，你就能答上来，否则你和考官都会很尴尬，你在其眼里的信誉也就没有了，这是很不利的。讲真话，不要言过其实，相信自己的判断力是十分重要的。

如果你没有参加任何兼职工作，你可以不写，因为主考官知道你是刚刚毕业的学生，而学生的本职工作就是学习。或许你就是重点地学了本专业，没有顾上其他；或许你在学习本专业的同时选择了第二专业或辅修专业；或许你虽然没有在校外兼职，但在校内、系里或班里做了大量社会工作。总之，你会有自己的选择，也会珍惜自己的选择，并为自己的选择骄傲。这样你就没有必要为没有兼职工作而苦恼或凭空捏造。请记住，主考官都是从学生过来的，他们会尊重你的选择。

简历，最好简单明了。如果简历内容过多，又缺乏层次感，会给人以琐碎的感觉。必要信息如姓名、性别、出生年月、联系电话和地址等一定要写上。相比之下，身高、体重、血型、父母甚至兄弟姐妹做什么工作并不是非常重要的，这些内容纯属辅助信息，可要可不要，至少不应占据重要位置。可以将自己认为重要的信息全部浓缩到第一页上，然后把认为次要的信息，诸如每学期成绩单、获奖证书复印件等信息都当作附件。这样的简历主考官只看一页就清楚了，主次分明，非常有效，主考官如果感兴趣，可以继续看附件里的文件。

无错原则是指简历应该没有错误，尽可能在寄出简历之前，一个字一个字地检查一遍，标点符号也不能落下。否则会被认为是一个粗心的人，在激烈的竞争中就可能被淘汰。

② 简历的内容：简历并没有固定格式，对于社会经历较少的大学毕业生，一般包括个人基本资料、学历、社会工作及课外活动、兴趣爱好等，其内容大体包括以下几方面。

a. 个人基本材料：主要指姓名、性别、出生年月、家庭住址、政治面貌、身高、视力等，一般写在简历最前面。

b. 学历：用人单位主要通过学历情况了解应聘者的智力及专业能力水平，故一般学历应写在前面。习惯上书写学历的顺序是按时间的先后，但实际上用人单位更重视现在的学历，最好从现在开始往回写，写到中学即可。学习成绩优秀，获得奖学金或其他荣誉称号是学习生活中的闪光点，可一一列出，以加重分量。

c. 生产实习、科研成果和毕业论文及发表的文章：这些材料能够反映你的工作经验，展示你的专业能力和学术水平，将是简历中一个有力的参考内容。

d. 社会工作：近几年来，越来越多的用人单位渴望招聘到具有一定应变能力、能够从事各种不同性质工作的大学毕业生。学生干部和具备一定实际工作能力、管理能力的毕业生颇受青睐。社会工作对于仍在求学的毕业生来说，主要包括社会实践活动和课外活动，是应聘时相当重要的。

e. 勤工助学经历：即使勤工助学的经历与应聘职业无直接关系，但是勤工助学能够显示你的意志，并给人留下能吃苦、勤奋、负责、积极的好印象。

f. 特长、兴趣爱好与性格：是指你拥有的技能，特别是指中文写作、外语及计算机能力。兴趣爱好与性格特点能够展示你的品德、修养、社交能力及团队精神，它与工作性质关系密切，所以用词要贴切。

g. 联系方式：联系地址、电话、邮政编码千万不要忘记写，以免用人单位因联系不到你而失去择业机会。

（3）自荐信　自荐信，即求职信，其基本内容应该包括如下方面。

① 写明用人信息的来源及自己所希望从事的工作岗位，否则，用人单位将无法回答。

② 愿望动机：这是自荐信的核心内容，说明自己要求竞争所期望的职业的理由和今后的目标。

③ 所学专业与特长：将大学所学的重要专业课程写入，但不要面面俱到，以免使主要的专业课程"淹没"在文字之中。对自己熟悉的、有兴趣的，特别是与期望单位所需人才职业关系紧密的，可多写一些。

④ 兴趣和特长：要写得具体真实。

⑤ 最后应提醒用人单位留意你附带的简历，请求给予同意等。

信函求职在毕业生求职过程中，是最常用的、最主要的方式。求职信由开头、正文、结尾和落款组成。在开头，要有正确的称呼和格式，在第一行顶格书写，如"尊敬的人事处负责同志""尊敬的张教授"等，加一句问候语"您好"以示尊敬和礼貌。正文部分主要是个人基本情况即个人所具备的条件。求职信的核心部分要从专业知识、社会实践能力、专业技能、性格特长等方面使用人单位确信，他们所需要的正是你所能胜任的。结尾部分可提醒用人单位回复消息，并且给予用人单位更为肯定的确认："您给我一个机会，我会带给你无数个惊喜！"结束语后面，写表示敬意的话，如"此致""敬礼"。落款部分署名并附日期。如果有附件，可在信的左下角注明。

求职信的信封、信纸最好选用署有本学校的信封、信纸，忌讳选用带有外单位名字的信封、信纸。字迹清晰工整。如果能写一手漂亮的书法，最好手写，因为更多的人相信"字如其人"。如果字写得不好看，就不如用电脑打出来，篇幅要适中，不宜过长，1000字左右较为合适。求职信是个人与单位的第一次接触，所以，文笔要流畅，可以有鲜明的个人风格，不可过高地评价自己，也不可过于谦虚，要给用人单位留下较为深刻的印象。最后，要留下自己的联系方法。

在毕业就业推荐表、简历和自荐信后，还应附有成绩单及各式证书、已发表的文章复印件、论文说明、成果证明等。如果本专业比较特殊的话，还应附一份本专业介绍。

4. 熟悉面试方法

求职面试的基本方法主要有电话自荐、考试录用、网上应聘等，在各种方法之中也有很多应试技巧，掌握一些方法和技巧，会有助于求职面试取得成功。

（1）电话自荐　通过电话推荐自己，是常用的一种求职方式，如何充分地利用电话接通后的短暂时间，用最简洁明了的语言清楚地表达自己，能否给对方留下一个深刻清晰的印象，是同学们十分关心的问题。

打电话之前，一定要做好充分的准备工作。谈话内容上要了解用人单位的有关情况，尽量做到心中有数，其次要对自己有一个客观、公正的认识。最后要根据用人单位的需求情况，结合自己的特长，列出一份简单的提纲，讲究条理并重点突出地介绍自己，力争给受话人留下深刻印象。另外还要调整好自己的心态，做好充分的心理准备，努力控制好说话的语音、语调、语速，在短暂的时间里，展现自己积极向上、有理有节的个人良好品质。

电话接通后应有礼貌地询问："请问这是××单位人事处吗？"在得到对方单位的肯定答复后，应做简短的自我介绍，并说明来电意图。求职者一定要言简意赅，并着力表现自身特长与所求职位相互吻合。

（2）考试录用　笔试是常用的考核方法，笔试限于对专业技术要求很强、对录用人员素质要求很高的单位，如一些涉外部门或技术要求高的专业公司等。

参加笔试前，应了解笔试的大体内容。一般而言，用人单位的笔试包括以下几个方面的内容：一是对于知识面的考核，包括基础知识和专业知识；二是智力测试，主要测试受聘者的记忆力、分析观察力、综合归纳能力、思维反应能力；三是技能检测，主要是对其处理实际问题的速度与质量的测试，检验其对知识和智力运用的程序和能力。参加笔试要按要求准时到场，不能迟到。卷面要整洁，字迹工整，给阅卷老师留下良好的印象。考试过程中，绝对不能作弊或搞小动作，对于这一点，用人单位是尤其看重的。

（3）网上应聘　网上求职首先要准备一份既简明又能吸引用人单位的求职信和简历。求职信的内容包括：求职目标——明确你所向往的职位；个人特点的小结——吸引人来阅读你的简历；表决心——简单有力地显示信心。

在准备求职信时还要注意控制篇幅，要让人事经理无需使用屏幕的流动条就能读完；直接在内编辑，排版要工整；要做到既体现个人特点又不过分抬高自己。对于网上求职来讲，简历的准备相对比较简单，目前人才网站上都提供标准的简历样本。需要注意的是，学历和工作经历要按时间顺序倒着填，也就是把最近的工作经历和学历写在最前面，以便招聘方了解你目前的状况。在填写工作经历时，很多求职者只是简单列出工作单位和职位，没有详细描述工作的具体内容，而招聘方恰恰就是根据你做过什么来评估你的实际工作能力的。除非应聘美工职位，否则不要使用花哨的装饰或字体。

在网上填简历，要严格按照招聘方的要求填写，要求网上填写的就不要寄打印的简历；要求用中文填写的就不要用英文填写；有固定区域填写的就不要另加附件。发送简历是网上求职关键的一步，如果是自己在网上通过E-mail发简历，应该以"应聘某某职位"作为邮件标题，把求职信作为邮件的正文，再把简历直接拷贝到邮件正文中，这样既方便对方阅读，又杜绝了附件带电脑病毒的可能性。如果通过人才网站求职，可以直接把填好的简历发送给招聘单位，网站的在线招聘管理系统还能把个人简历以数据库的方式存储起来，根据求职者的要求，供招聘单位检索和筛选。

（二）面试礼仪

面试时首先遇到的就是究竟应何时到达面谈地点较为恰当。是准时抵达还是提前到达？若是早到又应以几分钟为宜？在等待的时间中应该注意什么？由于目前的交通状况不甚良好，令人无法预计准确的车程时间，所以最好提早出门，比原定时间早5～10分钟到达面谈地点，所谓"赶早不赶晚"。早到可先熟悉这家公司附近环境并整理仪容。但如果早到10分钟以上，千万别在接待区走来走去，因为这样会打扰公司上班的职员，有损他人对自己的第一印象，对后面的面试一点好处也没有。所以此时可向别人询问盥洗室，在那里可再一次检查自己的服装仪容。接下来轮到自己上场面试时，需掌握以下要点。

1. 入座的礼仪

进入考官办公室时，必须先敲门再进入，之后应等主考官示意坐下才可就座。如果有指定座位，则坐上指定的位子；但如觉得座位不舒适或光线正好直射，可以对主考官说："有较强光线直接照射我的眼睛，令我感觉不舒服，如果主考官不介意，我是否可换个位置？"若无指定位置，可以选择主考官对面的位子坐定，如此方便与主考官面对面交谈。

2. 自我介绍的分寸

当主考官要求你做自我介绍时，因为一般情况都已事先附在简历上，所以不要像背书似地发表长篇大论，那样会令主考官觉得冗长无趣。记住将重点挑出稍加说明即可，如姓名、毕业学校名称、主修科目、专长等。如主考官想更深入了解家庭背景及成员，你再简单地加以介绍即可。"时间就是金钱"，通常主考官都是公司的高级主管，时间安排相当紧凑，因此说明愈简洁有力愈好，若是说得过于繁杂会显不出重点所在，效果反倒不好。

3. 交谈的礼节

交谈是求职面试的核心。面试是与面试官交谈和回答问题的过程，在这个过程中要根据自我介绍和交谈内容控制音量的大小、语速的快慢、语调的委婉或坚定，声音的和缓或急促，在抑扬顿挫之中表现出你的坚定和自信。如果装腔作势，会给人一种华而不实、在演戏的感觉。

交谈时要口齿清晰、发音正确，尽量使用普通话。讲话要言简意赅，通俗易懂。不要为了显示自己而只顾使用华丽、奇特的辞藻，这样会很难顾及语言的逻辑和通顺，反而使人感到你用词不当、逻辑思维能力差。此外，急于显示自己的妙语惊人，往往会忽略了自己的语言过于锋利、锋芒太露而显得有些张狂。

交谈过程中要注意掌握和控制语速、语调。一般情况下，语速掌握在每分钟120个字左右为宜，要注意语句间的停顿，不要滔滔不绝而让人应接不暇。语调是表达人的真情实感的重要元素，要通过语调表现出你的坚定、自信和放松。

交谈中还要注意谈话礼貌，不要打断对方的讲话，要集中注意力认真"倾听"对方的讲话。听清和正确理解对方的一字一句，不但要听出其"话中话"，而且要听出其"弦外之音"，这样才能做出敏捷的反应。

回答问题是面试交谈的重要方面，得体地回答面试官提出的问题是面试取得成功的关键，面试者要对面试官可能提到的问题有充分的准备。

4. 拥有职业化举止

一家医疗机构为了选拔护士长进行了一次面试。一位应试者在笔试中是佼佼者，但在面试过程中，她不但拍桌子，脚不断地敲打地板，身体还时不时地扭动。她认为自己很有希望，但结果却落选了。她为什么会落选呢？原因就是她缺乏职业化的举止。

许多面试者往往只注重衣着和话语，而忽略了胜过有声语言的形体语言。职业化的举止，就是一种无声却胜过有声的形体语言。形体语言是指人的动作和举止，包括姿态、体态、手势和表情。

在面试中，面试者应该特别注意自己的站姿、坐姿、走姿、握手和表情等。

站姿给人的印象非常重要。人们往往认为其简单而忽略它的重要性。站立应当身体挺直、舒展、收腹，眼睛平视前方，手臂自然下垂。这样的站姿给人一种端正、庄重、稳定、朝气蓬勃的感觉。如果站立时歪头、扭腰、斜伸着腿，会给人留下轻浮、没有教养的印象。

面试时的坐姿不要贪图舒服。许多人养成了瘫坐的习惯，在面试时一下子就表现出来了。正确的坐姿从入座开始，入座的动作要轻而缓，不要随意拖拉椅子，身体不要前后左右晃动，背部要与椅背平行，沉着安静地坐下。落座后，上身要保持直立状态，既不前倾，也不后仰。双手自然下垂，肩部放松，五指并拢。男女的坐姿还有一定的区别：男士可以微分双脚，这样给人以自信、豁达的感觉，双手可以随意放置；女士一般要并拢双膝，或者小腿交叉端坐，这样给人端庄、矜持的感觉，双手一般要放在膝盖上。

以下这些做法是应该避免的：拖拉椅子，发出很大的声音；一屁股坐在椅子上；坐在椅子上，耷拉着肩膀，含胸驼背，给人萎靡不振的感觉；半躺半坐，男的跷着二郎腿，女的双膝分开、叉开腿等，给人放肆和缺乏教养的感觉；坐在椅子上，脚或者腿自觉不自觉地颤动或晃动。

面试时重要的是自信。这种自信可以通过你的走姿表现出来。现在，越来越多的公司强烈地意识到走姿的重要性。自信的走姿应该是：身体重心稍微前倾，挺胸收腹，上身保持正直，双手自然前后摆动，脚步要轻而稳，两眼平视前方。步伐要稳健，步履自然，有节奏感。需要注意的是，如果同行的有公司的职员或接待小姐，你不要走在他们前面，应该走在他们的斜后方，距离一米左右。

每个人都会有一些属于自己的习惯动作，比如说挠头、揉眼睛、玩弄手指、双手交叉在胸前等，若是在平时，你尽可以去做，但在面试时，都要避免，它们会分散人的注意力，给面试官留下不好的印象。

在一般面试者看来，主考官向你表示面谈结束，求职面试的全过程就结束了。其实不然，这只是面谈的结束，求职还没有结束。此时此刻，作为求职者的你，万万不可大意，认为大功告成或没有希望了。面谈结束后的礼仪同样对你很重要，也许可以扭转你的不利局面，在困境中重新获得生机。你一定要使求职过程结束得完美。

5. 面试后的礼仪

如果面试非常顺利，彼此都感到满意，你一定会非常想知道结果如何。到底什么时候询问进一步的消息比较合适呢？

首先，在面试结束后，应写信给主考官致谢。这不仅体现出你对主考官的尊敬，而且还可以帮助主考官在决定雇用何人时想到你。在写信致谢后几天，就可以打电话询问了。如果对方还没有决定，可以再询问是否还有面试以及自己是否有希望。

如果你被几家公司同时录取，并决定接受其中一个职位，有必要向被你拒绝的公司写信表示感谢，也许将来会有一天换到那家公司工作。这封致谢信会给对方留下良好的印象。

表示拒绝的感谢信应该直接寄给最后决定录用你的人，在信中只要表达你的谢意和已经接受其他公司的工作就可以了，不必做任何解释，也不要提及那家公司的名字。

二、能力开发

（一）阅读思考

面试经典问题解答

1. 请你自我介绍一下

思路：①这是面试的必考题目；②介绍内容要与个人简历相一致；③表述方式上尽量口语化；④要切中要害，不谈无关、无用的内容；⑤条理要清晰，层次要分明；⑥事先最好以文字的形式写好背熟。

2. 谈谈你的家庭情况

思路：①这对于了解应聘者的性格、观念、心态等有一定的作用，这是招聘单位问该问题的主要原因；②简单地罗列家庭人口；③宜强调温馨和睦的家庭氛围；④宜强调父母对自己教育的重视；⑤宜强调各位家庭成员的良好状况；⑥宜强调家庭成员对自己工作的支持；⑦宜强调自己对家庭的责任感。

3. 你有什么业余爱好？

思路：①业余爱好能在一定程度上反映应聘者的性格、观念、心态，这是招聘单位问该问题的主要原因；②最好不要说自己没有业余爱好；③不要说自己有哪些庸俗的、令人感觉不好的爱好；④最好不要说自己仅限于读书、听音乐、上网，否则可能令面试官怀疑应聘者性格孤僻；⑤最好能有一些户外的业余爱好来"点缀"你的形象。

4. 你最崇拜谁?

思路:①最崇拜的人能在一定程度上反映应聘者的性格、观念、心态,这是面试官问该问题的主要原因;②不宜说自己谁都不崇拜;③不宜说崇拜自己;④不宜说崇拜一个虚幻的或是不知名的人;⑤不宜说一个明显具有负面形象的人;⑥所崇拜的人最好与自己所应聘的工作能"搭"上关系;⑦最好能说出自己所崇拜的人的哪些品质、哪些思想感染着自己,鼓舞着自己。

5. 你的座右铭是什么?

思路:①座右铭能在一定程度上反映应聘者的性格、观念、心态,这是面试官问这个问题的主要原因;②不宜说那些会引起不好联想的座右铭;③不宜说那些太抽象的座右铭;④不宜说太长的座右铭;⑤座右铭最好能反映出自己某种优秀品质;⑥参考答案——"只为成功找方法,不为失败找借口"。

6. 谈谈你的缺点

思路:①不宜说自己没缺点;②不宜把那些明显的优点说成缺点;③不宜说出严重影响所应聘工作的缺点;④不宜说出令人不放心、不舒服的缺点;⑤可以说出一些对于所应聘工作"无关紧要"的缺点,甚至是一些表面上看是缺点,从工作的角度看却是优点的缺点。

7. 谈一谈你的一次失败经历

思路:①不宜说自己没有失败的经历;②不宜把那些明显的成功说成是失败;③不宜说出严重影响所应聘工作的失败经历;④所谈经历的结果应是失败的;⑤宜说明失败之前自己曾信心百倍、尽心尽力;⑥说明仅仅是由于外在客观原因导致失败;⑦失败后自己很快振作起来,以更加饱满的热情面对以后的工作。

8. 你为什么选择我们公司?

思路:①面试官试图从中了解你求职的动机、愿望以及对此项工作的态度;②建议从行业、企业和岗位这三个角度来回答;③参考答案——"我十分看好贵公司所在的行业,我认为贵公司十分重视人才,而且这份工作很适合我,我相信自己一定能做好。"

9. 对这份工作,你有哪些可预见的困难?

思路:①不宜直接说出具体困难,否则可能令对方怀疑应聘者不行;②可以尝试迂回战术,说出应聘者对困难所持有的态度——工作中出现一些困难是正常的,也是难免的,但是只要有坚韧不拔的毅力、良好的合作精神以及事前周密而充分的准备,任何困难都是可以克服的。

10. 如果我录用你,你将怎样开展工作?

思路:①如果应聘者对于应聘的职位缺乏足够的了解,最好不要直接说出自己开展工作的具体办法;②可以尝试采用迂回战术来回答,如"首先听取领导的指示和要求,然后就有关情况进行了解和熟悉,接下来制订一份近期的工作计划并报领导批准,最后根据计划开展工作。"

11. 与上级意见不一致,你将怎么办?

思路:①一般可以这样回答"我会给上级以必要的解释和提醒,在这种情况下,我会服从上级的意见";②如果面试你的是总经理,而你所应聘的职位另有一位经理,且这位经理当时不在场,可以这样回答:"对于非原则性问题,我会服从上级的意见,对于涉及公司利益的重大问题,我希望可以向更高级领导反映。"

12. 我们为什么要录用你?

思路:①应聘者最好站在招聘单位的角度来回答;②招聘单位一定会录用基本符合条件、对这份工作感兴趣、有足够的信心的应聘者;③如"我符合贵公司的招聘条件，凭我目前掌握的技能、高度的责任感和良好的适应能力及学习能力，完全能胜任这份工作。我十分希望能为贵公司服务，如果贵公司给我这个机会，我一定能成为贵公司的栋梁！"

13. 你能为我们做什么？

思路：①基本原则上"投其所好"；②回答这个问题前应聘者最好能"先发制人"，了解招聘单位期待这个职位所能发挥的作用；③应聘者可以根据自己的了解，结合自己在专业领域的优势来回答这个问题。

14. 你是应届毕业生，缺乏经验，如何能胜任这项工作？

思路：①如果招聘单位对应届毕业生的招聘提出这个问题，说明招聘单位并不真正在乎"经验"，关键看应聘者怎样回答；②对这个问题的回答最好要体现出应聘者的诚恳、机智、果敢及敬业；③如"作为应届毕业生，在工作经验方面的确会有所欠缺，因此在读书期间我一直利用各种机会在这个行业做兼职。我也发现，实际工作远比书本知识丰富、复杂。但我有较强的责任心、适应能力和学习能力，而且比较勤奋，所以在兼职中均能圆满完成这项工作，从中获取的经验也令我受益匪浅。请贵公司放心，学校所学及兼职的工作经验使我一定能胜任这份职位。"

15. 你希望与什么样的上级共事？

思路：①通过应聘者对上级的"希望"可以判断出应聘者对自我要求的意识，这既是一个陷阱，又是一个机会；②最好回避对上级的具体的希望，多谈对自己的要求；③如"作为刚步入社会的新人，我应该多要求自己尽快熟悉环境、适应环境，而不应该对环境提什么要求，只要能发挥我的专长就可以了。"

16. 您在前一家公司的离职原因是什么？

思路：①最重要的是，应聘者使招聘单位相信，应聘者在过往的单位的"离职原因"在此家招聘单位里不存在；②避免把"离职原因"说得太详细、太具体；③不能掺杂主观的负面感受，如"太辛苦""人际关系复杂""管理太混乱""公司不重视人才""公司排斥我们某某员工"等；④但也不能躲闪、回避，如"想换换环境""个人原因"等；⑤不能涉及自己负面的人格特征，如不诚实、懒惰、缺乏责任感、不随和等；⑥尽量使解释的理由为应聘者个人形象添彩；⑦如"我离职是因为这家公司倒闭。我在公司工作了三年多，有较深的感情。从去年开始，由于市场形势突变，公司的局面急转直下。到眼下这一步我觉得很遗憾，但还要面对现实。重新寻找能发挥我能力的舞台。"

同一个面试问题并非只有一个答案，而同一个答案并不是在任何面试场合都有效，关键在于应聘者掌握了规律后，对面试的具体情况进行把握，有意识地揣摩面试官提出问题的心理背景，然后投其所好。

（资料来源：张文.礼仪修养与实训教程.广州：华南理工大学出版社，2009）

？思考题

（1）面试中得体地回答问题应坚持哪些原则？

（2）如何与面试官探讨薪酬待遇这一话题？

（二）案例分析

【案例1】

聘者与应聘者谈话实录

这是中国某著名高等学府学生的一个应聘过程的案例。此同学应聘企业管理岗位，聘者不小心把应聘者的简历放在了市场营销类里了，下面是聘者与应聘者的一段对话。

应聘者：杨先生，我应聘企业管理岗位，但怎么被安排到市场营销部门这里面试？

聘者：啊，真对不起，是我的疏忽，把你的简历放错了。那么，我想问你，你应聘企业管理的哪个岗位？

应聘者：办公室管理或者行政管理，你看怎么样？

聘者：请问你了解办公室工作或行政工作吗？

应聘者：行政工作就是进行企业管理工作，请问咱们公司的办公室的工作都有哪些方面的内容？

聘者：办公室工作细密琐碎，主要是为各部门和员工服务的一个部门，很辛苦，当然还不一定显成绩，你觉得你愿意从事这样的工作吗？

应聘者：那么，你们公司的市场营销的工作怎么样？我可以试一试吗？

聘者：你觉得你从事市场营销工作有什么优势吗？

应聘者：我善于交往，善于处理各种人际关系。我的演讲才能也不错，你也许能从我的交谈中感觉出来。再者，我的学习能力十分强，这是知识经济时代中人才竞争的本质。

聘者：那么，你告诉我什么叫市场营销？

应聘者：市场营销比销售大一些，市场营销还要管到研究、开发、生产、销售等方面。

聘者：还有吗？

应聘者：市场比销售高级一些。

聘者：你能告诉我市场营销的"4P战略"是什么？并告诉我4P的英文。

应聘者：产品Products、渠道Place、价格Price、推销……

聘者：你能告诉我们市场营销与推销的出发点有何不同吗？

应聘者：推销是往外出卖产品，而市场营销是有组织有计划地销售自己的产品。

聘者：No，很抱歉，我不能给你机会，因为你出错的地方太多了。

应聘者：您能不能再问一些问题，跟我再谈一谈？

聘者：No！

？思考题

（1）应聘的时候应注意哪些问题？

（2）上例中应聘者的失误出现在哪些方面？

【案例2】

糟糕的应聘者

以下是某企业人力资源经理对求职者的忠告。

面试从你接到电话通知的那一刻就已经开始了。也许是等待就业的心情比较迫切吧，我在通知有资格参加下一轮面试的面试者时，一般从电话另一头听到的都是一些浮躁的声音，这里摘录了一部分我们的对话，供大家参考。

"喂"

"喂，您好，请问是×××先生吗？"

"你是谁啊？"（当时，我的心里已经不高兴了，但是不会表露出来）"我是××公司的，请问您参加了我们公司的招聘吗？"

"哪个公司"（肯定是撒大网了）

"我们把您的面试时间安排在了明天的×××，地点在×××。"

"我记一下，你们是什么公司？"（哦，我的天！）……

这样我就会把我的看法写在他（她）的简历上，供明天面试的时候参考，影响可想而知！

【案例3】

诚实赢得好职位

某大公司招聘总经理助理，由总经理亲自面试。应聘者小张来到总经理办公室。总经理一见到小张就说："咱们好像在一次研讨会上见过，我还读过你发表的文章，很赞赏你所提出的关于拓展市场的观点。"小张一愣，知道总经理认错人了。但转念一想，既然总经理对那人那么有好感，不如将错就错，对我肯定有好处。于是就接着总经理的话说："对，对，我对那次研讨会也记忆犹新，我提出的观点能对贵公司有帮助，我感到很高兴。"

第二个来应聘的是小高，总经理对他说了同样的话。小高想：真是天助我也，他认错人了。于是说："我对您也非常敬佩，您在那次研讨会上是最受关注的对象。"

第三个来应聘的是小孙。总经理再次说了同样的话。但小孙一听就站起来说："总经理先生，对不起，您认错人了。我从来没有参加过那样的研讨会，也没提出过拓展市场的观点。"总经理一听就笑了，说："小伙子，请坐下。我要招聘的就是你这样的人。你被录用了。"

思考题

（1）小孙为什么会应聘成功？

（2）求职为什么要遵循做人诚实的基本道理？

【案例4】

小徐的面试经历

"第一次求职就成功了，很多人都觉得我很幸运，当然主要得益于自己'诚信的简历'。"同样是应届毕业生，小徐算是最早找到工作的一批了。

面试在下午四点，肚子比较饿，别人都紧张地走来走去，小徐却拿出巧克力来吃，然后闭目养神。对面墙上贴着一张上海国际艺术节演唱会的海报，作为一名"追星族"，她心情格外的好。进去之后，面试官对她也很客气。

双方的交流在一种自然、平和的状态下开始。那天，她和面试官除了讲到了她在国内核心期刊发表的论文、自己大学期间的成绩，更多的是讲到了她喜欢的巧克力，讲到了崇拜的歌星，讲到了她在上海电视台参与拍摄的短剧……这些经历足够让面试官了解她是一个兴趣广泛、精力充沛、热爱生活的人。

由于专业不是会计，而是经济学，她在简历上明确写出了自己没有在会计师事务所工作或实习的经历，本来这是个劣势，面试官却认为她具备了一个会计师需要的品德：诚实。在她离开的时候，她拿到了面试官递过来的offer，这样她成功了。

思考题

（1）小徐面试成功得益于哪些方面？

（2）本案例对你有何启示？

（三）实战演练

项目1：撰写求职简历

实训目标：能够针对岗位，结合自身实际撰写打动用人单位的简历。

实训学时：2学时。

实训地点：教室。

实训准备：两个不同单位的招聘广告。

实训方法：每名学生根据两个不同单位的招聘广告，给自己编写两份侧重点不同的简历。

训练手记：通过训练，我的收获是＿＿＿＿＿＿＿＿＿＿＿＿＿＿＿＿＿＿＿＿＿＿＿＿＿。

项目2：举行模拟招聘会

实训目标：锻炼学生自我推销能力，积累应聘经验，掌握应聘礼仪，增强自信心，全面认识自我。

实训学时：4学时。

实训地点：实训室。

实训准备：模拟招聘企业情况、需求岗位、面试问题、面试桌椅等。

实训方法：

（1）选3～4名学生担任某企业面试考官，其他同学担任求职者。

（2）面试考官先介绍单位及岗位需求情况，然后求职者依次进行1分钟自我介绍，面试考官提问，求职者回答问题。

（3）最后教师总结、点评。

训练手记：通过训练，我的收获是＿＿＿＿＿＿＿＿＿＿＿＿＿＿＿＿＿＿＿＿＿＿＿＿＿。

温故知新

1．判断题

（1）面试从面试者接到面试通知的那一刻就已经开始了。　　　　　　　　　（　　）

（2）面试前应收集招聘公司的相关材料。　　　　　　　　　　　　　　　　（　　）

（3）可以将自己认为重要的信息浓缩到简历的前两页上。　　　　　　　　　（　　）

（4）面试交谈时可以使用方言。　　　　　　　　　　　　　　　　　　　　（　　）

（5）网上应聘，准备求职信时还要注意控制篇幅，要让人事经理无需使用屏幕的流动条就能读完。　　　　　　　　　　　　　　　　　　　　　　　　　　　　　　　（　　）

（6）求职信的核心部分要从专业知识、社会实践能力、专业技能、性格特长等方面使用人单位确信，他们所需要的正是你所能胜任的。　　　　　　　　　　　　　　（　　）

（7）求职信不宜过长，300字左右较为合适。　　　　　　　　　　　　　　（　　）

（8）政治和宗教话题，在求职面试时是可以涉及的。　　　　　　　　　　　（　　）

（9）面试交谈，一般情况下，语速掌握在每分钟120个字左右为宜。　　　　（　　）

（10）就座面试时，男士可以微分双脚，这样给人以自信、豁达的感觉，双手可以随

意放置；女士一般要并拢双膝，或者小腿交叉端坐，这样给人端庄、矜持的感觉，双手一般要放在膝盖上。 （　　）

（11）简历设计的首要原则是"详细"。 （　　）

（12）面试时应避免的习惯性动作有挠头、玩弄手指、双手交叉在胸前和揉眼睛等。 （　　）

2．思考题

（1）如果用人单位通知你明天去面试，你需要做哪些准备？

（2）搜集就业信息的渠道有哪些？

（3）求职有哪些途径？

（4）简历撰写应把握哪些原则？

（5）求职面试的基本方法有哪些？

（6）面试时应注意哪些礼仪？

（7）面试后应注意哪些礼仪？

（8）为什么在求职应聘中要诚实有信？

（9）据报道，现在有一些大毕业生为提高求职的成功率而去整容。你如何看待这种现象？

（10）撰写求职简历。每位学生根据两个不同单位的招聘广告，给自己编写2份侧重点不同的简历。

（11）如果用人单位通知你明天去面试，你需要做哪些准备？

（12）关于面试的基本程序你都清楚了吗？找个机会，将面试过程中的这些礼仪悉数演习一遍吧。

（13）观看美国励志电影《当幸福来敲门》，思考主人公的成功面试技巧。

（14）请结合个人实际试着回答下列面试问题。

- 你为什么来应聘本公司？
- 你如何评价自己的大学生活？
- 哪位老师对你的影响最大？
- 你最崇拜谁？
- 你的座右铭是什么？
- 与上级意见不一致，你将怎么办？
- 你对工资有什么期望？
- 恐怕我们不能录用你呀！

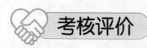 考核评价

能力考核评价表

内　容		评　价	
学习目标	评价内容	小组评价（5、4、3、2、1）	教师评价（5、4、3、2、1）
知识（应知应会）	求职面试的准备		
专业能力	求职面试简历的制作		
	面试的礼仪规范		

内　容		评　价
通用能力	交际能力	
	沟通能力	
	自控能力	
	展示自我能力	
态度	敬业、遵守规范、注重形象、严于律己	
努力方向：		建议：

任务 11

工作礼仪

给别人自由和维护自己的自由，两者同样是崇高的事业。

——【美】林肯

学习目标

1. 能够遵守办公室各项礼仪规范。
2. 掌握与上司相处的礼仪。
3. 掌握与下属相处的礼仪。
4. 男女同事相处符合礼仪要求。

案例导入

在办公室的表现

董明的《公共关系实务》（浙江大学出版社，2009）中有这样一个例子："咱们的关系咋样？"是宋先生的一句口头禅。通常说完这句话，不等你回答，宋先生自己又接着说："不错吧，是不是？"望着他那笑成两条缝的小眼睛，谁好意思否认呢？既然是关系不错的铁哥们儿，就得像个铁哥们儿的样子。比如说没有烟抽了，宋先生就挨桌子地搜寻，看到谁抽屉里有，管他半盒还是一盒，抓住就装到自己的口袋里；上班时渴了，不管谁谁的茶杯，端起就喝；最有失分寸的是，他连刮胡刀都没有，今天用这个的，明天用那个的。谁要是不高兴，那句口头禅就从笑成弥勒佛似的嘴里溜了出来，让你哭也不是，笑也不是。单位里的人，背地里谈起宋先生，都忍不住地摇头摆手。

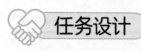

任务设计

一、应知应会

据新华社2009年初报道，澳大利亚服务式办公室和虚拟办公室供应商Servcorp公司对全球13个国家和地区大约700名商务人士进行的问卷调查显示，排名前5位的"最不礼貌"工作习惯依次为同事见面不说"你好"或"早上好"、不为公司客户端茶倒水、在办公室大声喧哗、随口许愿以及用手机接私人电话。此外，还有未经允许使用他人办公用品、窥探同事私生活等无礼行为。可见多加注意可能失礼的工作习惯，讲究工作礼仪是非常重要的。

工作礼仪是指人们在工作中应遵循的彼此友善、互致方便的习俗和规范。工作礼仪与日常礼仪有基本相同之处，也有自身的特点和要求。掌握并恰当地使用工作礼仪，不仅能创造和谐融洽的工作环境，也有利于提高工作效率，还有利于树立企业形象。就时间而论，工作礼仪适用于人们的一切上班时间之内。就地点而论，工作礼仪则适用于人们的一切办公地点之内。也就是说，在一切工作场合，作为一般性守则的工作礼仪，是任何人均应恪守不怠的。像本任务"案例导入"中的宋先生那样不讲工作礼仪的人是不受欢迎的，必将被职场所淘汰。

（一）办公室礼仪

办公室礼仪最能体现一个人是否具备良好的素质和个人修养，因为办公室是日常工作的地方，同事们在这里朝夕相处，很多礼仪需要我们去注意，良好的礼仪不仅能树立个人和组织的良好形象，也会关系到一个人的个人前程和事业发展。

1. 办公室内的一般礼仪规范

（1）不要随便打电话　有些公司规定办公时间不要随便接听私人电话，一般在外国公司里用公司电话长时间地经常性地打私人电话是不允许的。私人电话顾名思义只能私人听。但在办公室里打，则难免会被人听到。即使公司允许用公用电话谈私事，也应该尽量收敛一些，不要在电话里与自己的家人、孩子、恋人等说个没完，这样让人感觉不舒服，有损于你的敬业形象。有的办公室里人很多，要是听到有人在打私人电话，最好是佯装没有听见。

（2）要守时　上班时间要按时报到，遵守午餐、上班、下班时间，不迟到早退，否则会给公司留下一个懒散、没有时间观念的印象。另外，要严格遵守上班时间，一般不能在上班时间随便出去办私事。国外一个著名企业老板，针对商务白领归纳出13条戒律，其中一条就是不可没有守时的习惯，不能经常迟到早退。

（3）不诿过　如果有些小的事情办错了，当上司询问起来时，如果这事与自己有关，即使别的同事都有一些责任，你也可以直接替大家解释或道歉，如果是自己做错了事，更要勇于承担责任，绝不可以诿过于别人。

（4）主动帮助别人　当看到同事有需要帮忙的事情，一定要热心地帮助解决。在任何一个工作单位里，热心助人的人是有好人缘的。

（5）不要随便打扰别人　当你已经将手头的活儿干完时，一定不要打扰别人，不要与没有干完活的人交谈，这样做是不礼貌的。

（6）爱惜办公室公共物品　办公室的公用物品是大家在办公室的时候用的，不要随便把它拿回家去，也不要浪费公用物品。

（7）中午午睡关好门　许多人有中午午睡的习惯，略休息一下，午睡要关好门。如果你有急事必须进出门时，记住每次进出门后必须带上门。不要怕有关门声而将门半开或虚掩着，这样不礼貌，因为关好门能给午睡者安全感，其心里更踏实，关门声的吵扰相对可以忍受。

2. 办公室环境礼仪

当人们走进办公区的情绪是积极的、稳定的，就会很快进入工作角色，不仅工作效率高，而且质量好；反之，情绪低落，则工作效率低，质量差。如果在办公区内，体现出整洁、明亮、舒适的工作环境，会使员工产生积极的情绪，充满活力，工作卓有成效。

随着现代化进程的加快，人们的办公"硬件"水平逐渐提高，办公环境也在不断改善，人们的工作效率也应该相应地提高。

（1）办公室桌面环境　办公室的桌椅及其他办公设施都需要保持干净、整洁、井井有条。正如鲁迅先生所说："几案精严见性情"，心理状态的好坏必然在几案或其他方面体现出来。

从办公桌的状态可以看到当事人的状态，会整理自己桌面的人，做起事来肯定也是干净爽快。为了更有效地完成工作，桌面上应只摆放目前正在进行的工作文件；在休息前应做好下一项工作的准备，用餐或去洗手间暂时离开座位时，应将文件覆盖起来；下班后的桌面上只能摆放计算机，而文件或是资料应该收放到抽屉或文件柜中。

随着办公室改革的推进，有的公司已废弃掉了个人的专用办公桌，而是用共享的大型办公桌，为了下一个使用者，对共享的办公桌应更加爱惜。

（2）办公室心理环境　"硬件"环境的加强仅仅是提高工作效率的一个方面，而更为重要的往往是"软件"条件，即办公室工作人员的综合素质、心理素质。这个观点正在被越来越多的"白领"们所接受。

在日常工作中，人际关系是否融洽非常重要。互相之间报以微笑，体现友好、热情与温暖，就会和谐相处。工作人员在言谈举止、衣着打扮、表情动作的流露中，都可以体现是否拥有健康的心理素质。

总之，办公室内的软件建设是需要在心理卫生方面下一番工夫的。因为"精神污染"从某种意义上说要比大气、水质、噪声的污染更为严重。它会涣散人们工作的积极性，乃至影响工作效率、工作质量。为此，在办公室内需要不断提高心理卫生水平。应从以下几个方面努力。

学会选择适当的心理调节方式，使工作人员不被"精神污染"。领导应主动关心员工，了解员工的情绪周期变化规律，根据工作情况，采取放"情绪假"的办法。工作之余多组织一些文娱体育活动，既丰富文化生活，又运用方式宣泄了不良情绪。有条件的可以建立员工心理档案，并定期组织"心理检查"，这样可以"防微杜渐"，避免严重心理问题的产生。经常组织一些"健心活动"，使工作人员能够经常保持积极向上、稳定的情绪，掌握协调与控制情绪的技巧与方式。

3. 办公室里谈话注意事项

（1）一般不要谈薪金等问题　在美国、日本等国家一般最忌讳谈论薪金问题，不论是你问别人的薪水，还是别人问你，都会让人难以回答。因为在很多公司里，每一个人的工作不一样，得到的报酬也不一样的。如果你说出你的薪水比别人高时，容易引起一些麻烦。

（2）不要谈私人生活和反映你个人不愉快的消极话题　不要谈论你的私人问题，也不要在办公室讨论你遇到的不好的事情和现在的不好心情，因为这会影响别人的情绪，或者引起别人对你不好的看法。不要将自己的私人生活全部暴露在同事的面前，保留一点神秘感对你是有好处的，让人认为你是一个有魅力的人、一个能处理好自己生活的人，因为一个连自己的生活都处理不好的人是没有可能将公司的重任担当起来的。如果不注意，不但会影响你的形象，也会影响你的前途。

（3）不要评论别人　在办公室里最忌讳的是谈论别人的是是非非，中国有句古话：当面少说好话，背后莫议人非。当有人在评论别人时，你不要插嘴，也不要充当谣言的传播者。

（4）在谈论自己和别人时注意别人的反应　在谈论自己和别人时不要滔滔不绝，而要观察别人的反应来决定谈话是不是继续进行。因为当别人对你所谈论的话题不感兴趣时，就应该转向别的话题。否则，这样的谈话就会成为大家的负担，而不是一种快乐。

4. 在别人办公室的礼仪

（1）提前预约，准时赴约　即使是在同一个办公楼里办公，在见面之前，也一定要提前预约，而且要准时赴约，如果见面的是比你的职位更高的同事，那就更不能迟到了。如果约好在某人的办公室会面，而那人不在屋里，一般你就不宜进去。如果没有等候室的话，可在门外等候。进他的办公室之前先敲门，以便让他知道你来了，即使门开着也要这样做，等他示意后，再进屋。如果对方正在打电话，在门外等一会儿或过一会儿再来。

（2）尊重同事的办公室规则和办公设备　我们所谈到的有关客人拜访的规则同样适用于你的同事。在别人的办公室里，要等人示意后才能入座。如果有电话打断了你们的谈话，应该通过手势示意是否回避。不要把文件、茶杯等随意放在桌子上，那是他人的领地，而应先征得同意。比如说"我把茶杯放这儿行吗？"同样，需主人同意后才能挪动椅子，并在离开前放回原处。

如果确实需要使用某人的办公室或设备，应事先征得同意。如果主人同意了，给了你这项特权，也不可滥用。不要乱翻动文件，不要偷看桌上的文件。如果需用什么东西，应及时完璧归赵，并向主人致谢。如果用坏别人的办公工具，应该向人家说明，并征求是否需代为修理或买一个新的。

（3）及时撤离　在到别人办公室拜访时，无论是否达到拜访的目的，都不要停留过久，到了该走的时间就要离开，因为停留过久会影响被拜访人的工作。

（二）工作相处礼仪

1. 与上司相处的礼仪

（1）与上司单独相处时　大部分职员及年轻主管都害怕与上司单独相处，事实上，这既是一种挑战，也是一种机会，应好好把握住。利用这种机会加深了解，增加信任。如果上司好像很心烦，一直专心深思的话，最好不要打扰他。假如对方答非所问，则表示他不想说话。有时上司会主动问一些问题，此时部属回答的语气应简洁而诚恳。选择谈话的主题时，下属应视上司之意决定谈私事还是谈公事，身为下属者不但要诚恳有礼，并且要细心地了解上司的问题重点所在，双方谈话才能有礼而愉快。

（2）上司接听私人电话时　遇到上司接听私人电话时，尽量回避，可以替上司关上办公室的门。

（3）上司生病时　一般在上司生病时，除打电话慰问外，可以带水果、鲜花或营养品亲自到医院或家中拜访慰问，尽管有时上司会因为探望的人多影响休息而有点厌烦，但对上司健康的关心符合中国人的礼仪。在欧美国家强调个人隐私和私人生活空间神圣不可侵犯，不要随便去医院或到家里探望生病的上司。

如你与上司相当熟悉，可以打电话，简短地表达希望他早日康复的慰问之意，相信只要一通电话他就会很高兴。而且，除非他问及公事，千万不要唠唠叨叨地对他诉说他住院以后公司所发生的一切事情。若是问及也只需简单告诉他："公司一切都很正常，只是我们都很想念您，大家都希望您早日康复。"打电话时应长话短说、简短扼要，由于病人很虚弱，如谈话太久会使病人感到不舒服。

（4）遇到棘手的问题时　遇到棘手的问题应首先去见你的顶头上司，不要越级去见别的上司。如果遇到上司无法处理的问题时，则可以去见相关的部门主管领导，要求帮助解决问题。

2. 与下属相处的礼仪

对待每一位下属都应该和蔼可亲，这样就会得到别人同样的反馈。你的威信不是建立在你的蛮横态度上，而是建立在你对别人的友好与尊重上。你的权力是大家给予的，所以，尊重你的下属就是尊重你的权力，就是你的职位合法性的理由。你可以适当地标榜你的下属，这是获得他们工作上配合的重要方法。不要因为自己的过失而去责怪别人，要勇于承担责任。在批评别人时要注意就事论事，不要突显自己的优越地位。要培养自己的优良风度，不论是着装还是其他方面，都要体现以身作则的态度，不要让一些生活细节丑化了自己的形象。

3. 男女同事相处的礼仪

在办公室里最难把握的是男女之间相处的"度"。尤其是年轻的女毕业生，处理与男同事的关系、与男上司的关系更不容易：过分则会影响你的形象，打打闹闹会让人感觉不舒服；拒人于千里之外，又会使人产生独特清高、孤芳自赏的印象，给人瞧不起人的感觉；要注意保持空间距离，不要身体靠得太近；动作不要表示过于亲昵，不打打闹闹；语言交流时要注意用语恰当，要随和，不要过于随便。

二、能力开发

（一）阅读思考

白领职场13条办公室戒律

国外一位著名企业老板，针对白领阶层归纳出13条戒律，分别以一种动物或物体做比喻。对比看一看，你会是其中一种吗？

① 没有创意的鹦鹉：只会做机械性的工作，不停地模仿他人，不会求自我创新、自我突破，认为多做多错、少做少错。

② 无法与人合作的荒野之狼：丝毫没有团队精神，不愿与别人配合、分享自己的劳动，也无视他人的意见，自顾自地工作，离群索居。

③ 缺乏适应力的恐龙：对环境无法适应，对市场变动经常无所适从或不知所措，只知请教领导，也不能接受职位调动或轮调等工作改变。

④ 浪费金钱的流水：成本意识很差，常无限制地任意申报交际费、交通费等，不注重生产效率。

⑤ 不愿沟通的贝类：有了问题不愿意直接沟通或羞于讲出来，总是闭着嘴巴，任由事情坏下去，没有诚意。

⑥ 不注重资讯汇集的白纸：对外界信息反应不敏锐，不肯思考、判断、分析，也不愿搜集、记忆有关信息，懒得理会"知己知彼，百战百胜"这句名言。

⑦ 没有礼貌的海盗：不守时，常常迟到早退，服装不整，讲话带刺，不尊重他人，做事或散漫或刚愎自用，根本不在乎他人。

⑧ 缺少人缘的孤猿：嫉妒他人，只对别人的成就飞短流长而不愿意向他人学习，以致在需要帮助时没人肯伸手援助。

⑨ 没有知识的小孩：事事仍然需要别人的照顾，生活能力极差，对工作也需一点一滴交代得十分清楚，否则干不好。对社会问题及趋势也从不关心，不肯充实专业知识，很少阅读专业书籍及参加各种活动。

⑩ 不重视健康的幽灵：不注重休闲活动，只知道一天到晚地工作，常常闷闷不乐，工作情绪低落，自觉压力太大，并将这种压力影响别人。

⑪ 过于慎重、消极的岩石：不会主动工作，因此很难掌握机会，对事情没做前先发出悲观论调，列出一大堆不可能，同时对周围事物也不关心。

⑫ 摇摆不定的墙头草：从没有自己的观点，永远只是附和别人的意见。更重要的是一遇到公司纷争，哪方势力强就倒向哪一边，并煽风点火，一旦这方失势，又马上倒向另一方。

⑬ 自我设限的家畜：不肯追求成长、突破自己，不肯主动挑起力所能及的担子，抱着"努力也没用，薪水够用就好"的心态，人家给什么就接受什么。

思考题

（1）作为白领的尾的高职毕业生应如何遵循办公室礼仪？

（2）本阅读材料对你有何启发？

（二）案例分析

【案例1】

一石三鸟

小吴是某外贸公司的业务员，他的顶头上司李经理是一个年轻气盛的人，经常当面斥责小吴，弄得小吴好几次在同事面前很尴尬。为了缓和这种不协调的上下级关系，小吴借周末之机，邀请李经理与自己共进晚餐。美味佳肴下肚后，小吴开始对李经理说出肺腑之言："你经常对我加以指责，弄得我常常在同事面前下不了台，又生气、又难堪，好几次想反驳你，但又怕影响你的领导形象。其实有话好好说可能效果会更好，也能体现你作为领导的涵养与风度呀。"李经理听了这番话很感动，也从另一个侧面反映了自己的工作作风问题。从那以后，小吴再没听到李经理的斥责声，而且还受到了李经理的重用。

思考题

（1）请分析一下小吴与上级的沟通艺术。

（2）他投的"一石"都打中了哪"三鸟"？

（3）同时分析一下李经理对待下属存在的问题。

【案例2】

汇报工作

小李是某科研机构的工作人员，业务一流，但不拘小节。单位因业务关系派他去某国进修，提高业务水平。进修回国后他去领导处汇报工作，因领导正处理其他事务，请他稍等片刻。小李坐了片刻，于是就大大咧咧地翻阅起了办公室的报纸杂志。领导处理事情完毕，见他背心短裤拖鞋，不由眉头一皱，但很快恢复正常了，与他交谈起来。至此之后，单位虽有很多进修学习的机会，但领导再也没有批准小李去。

思考题

（1）为什么小李丧失了再次进修学习的机会？

（2）本案例对你有何启示？

【案例3】

小王为何能够留下来？

小王是东北人，性情直率，活泼开朗。他来公司实习已经近两个月了，最近他从人事部门得到一个消息，公司决定留下他在公司继续工作。欣喜之余，他也总结了自己实习期间的一些心得。每天他都是最早到达办公室的，在其他同事到达办公室之前他已经做好了清洁，等待着大家的到来；每天，无论早晨上班、下午下班，还是其他工作时间，只要见到同事，无论是否认识，他都会微笑着点头示意，或者用"您好""早晨好""再见"之类的问候语打个招呼；对于自己知道职衔的人，准确地称呼其职衔，凡是不知道的，他一律称呼为"老师"；在办公室闲聊的时间里，不打听别人隐私，不参与别人的争吵。不到两个月时间，就连楼道里扫地的阿姨都认识了这个热情礼貌的大学生。

思考题

（1）小王为何能够留下来？

（2）本案例对你有哪些启示？

【案例4】

请假

下面是下属向上司请假的两个结果相反的案例。

职员1：今天我有点急事，不来了。

经理：今天公司有好多重要业务要处理。

职员1：但是我今天确实是有急事啊！

经理：那你昨天怎么不事先打招呼呢？不然，我会事先安排别人顶替你的业务。

职员1：不是急事嘛，我又不是神仙，怎么能未卜先知？

职员1：谁家里能没点急事？

经理：当然。那你就以家为重吧。（重重地撂下电话。）

职员2：经理，您好！非常抱歉，今天家里有点急事，实在没办法，只能向您请假了。

经理：可是，今天公司有一项非常重要的业务要你处理啊！

职员2：经理，这个我知道。不过经理啊，我的情况您也知道，不是万不得已，我是从不在紧要关头向您开口请假的。您一向都非常关照我，我也不忍心在紧要关头给您添麻烦。

经理（犹豫了一下）：那这样吧，你给小王打个电话，将你准备好的材料发给她，我再跟她打个招呼，让她辛苦点，今天替你挡一阵。

职员2：经理，您真是体贴下属的好领导！太感谢您了！改天请您吃饭！

经理（愉快地轻笑一声）：别拍马屁了。那就这样吧，拜拜！（轻轻地挂上电话。）

思考题

（1）两个下属在向上司请假时的沟通方式有何不同？各自产生了什么效果？为什么？

（2）本案例对你有哪些启示？

（三）实战演练

项目1：编写工作场景的小品剧本

实训目标：掌握工作礼仪。

实训学时：2学时。

实训地点：教室。

实训方法：

（1）让学生分成若干小组，每组4人左右。

（2）通过小组讨论，编写"工作场景小品"剧本，讽刺不讲工作礼仪的人，教育大家遵守工作礼仪。

（3）分组表演小品，要求身心投入，惟妙惟肖。

（4）最后，师生共同点评，评选出"最佳表现组"。

项目2：自我测试

你在办公室受欢迎吗？

请你完成下面的选择题，看看自己在办公室是否受欢迎。

（1）是否经常早到10分钟？（　　　）

  A. 经常   B. 很多次   C. 偶尔   D. 从不

（2）是否经常打水、扫地？（　　　）

  A. 经常   B. 很多次   C. 偶尔   D. 从不

（3）是否经常翻人家的东西？（　　　）

  A. 经常   B. 很多次   C. 偶尔   D. 从不

（4）是否传小道消息？（　　　）

  A. 经常   B. 很多次   C. 偶尔   D. 从不

（5）是否经常打断别人的谈话而自己浑然不知？（　　　）

  A. 经常   B. 很多次   C. 偶尔   D. 从不

（6）是否经常向人得意扬扬地夸耀在哪儿进餐、在哪儿购物？（　　　）

  A. 经常   B. 很多次   C. 偶尔   D. 从不

（7）是不是经常"一杯茶，一根烟，一张报纸看半天"？（　　　）

  A. 经常   B. 很多次   C. 偶尔   D. 从不

（8）有没有借同事的钱没有还的事情发生，即使数额不多？（　　　）

  A. 经常   B. 很多次   C. 偶尔   D. 从不

[参考答案]

如果回答A项居多，就要好好反省了，因为测试表明你很可能在同事中不怎么受欢迎。如果回答D项居多，那说明你很懂得办公室里的礼仪，应该是很受大家欢迎的人物。

 **温故知新**

1. 判断题
（1）办公时间不要随便接听私人电话。 （　　）
（2）一般不能在上班时间随便出去办私事。 （　　）
（3）办公室里一般不要谈薪金等问题。 （　　）
（4）遇到上司接听私人电话时，尽量回避，可以替上司关上办公室的门。 （　　）

2. 思考与训练
（1）办公室的一般礼仪规范是什么？
（2）怎样创造一个良好的办公室环境？
（3）在办公室谈话应注意什么？
（4）在别人的办公室应该注意什么礼仪？
（5）与上司相处应注意什么礼仪？
（6）与同事和下级相处应分别注意什么礼仪？
（7）在工作中，与异性相处应注意哪些礼仪？
（8）作为大学生，应为走向社会做好准备。从你的暑期打工经历或周围朋友那里收获一些工作中与上级、下属和同事之间沟通的经验，在课堂上讲给同学们听听。
（9）设想自己实习或大学毕业来到一个新的工作环境，面对初次见面的领导和同事，应该说的话和说话的技巧。

考核评价

能力考核评价表

内　　容		评　　价	
学习目标	评价内容	小组评价（5、4、3、2、1）	教师评价（5、4、3、2、1）
知识（应知应会）	求职面试的准备		
	办公室的礼仪规范		
专业能力	求职面试简历的制作		
	面试的礼仪规范		
	与上司相处的礼仪		
	与同事相处的礼仪		
	与下级相处的礼仪		
	与异性相处的礼仪		
通用能力	交际能力		
	沟通能力		
	自控能力		
	展示自我能力		
态度	敬业、遵守规范、注重形象、严于律己		
努力方向：		建议：	

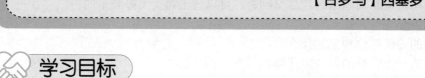

任务12
活动礼仪

有什么样的目的，就有什么样的礼仪。

——【古罗马】西塞罗

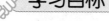 **学习目标**

1. 能够组织发布会、展览会、赞助会等专题会议，在会议进行中讲究礼仪规范。
2. 能够组织联欢会、座谈会等活动并有得体的礼仪表现。
3. 能够组织签字仪式、开业仪式、剪彩仪式等仪式活动，在仪式进行中讲究礼仪规范。
4. 了解涉外迎宾礼仪的基本规范，在外事活动中讲究礼仪。

 **案例导入**

仪　式

年末，某企业召开总结大会，企业近百名员工全体参加。会上有一项议程是表彰企业10名做出突出贡献的优秀员工，由企业高层领导、董事会成员亲自为其颁发奖状，以此来鼓励员工。到了颁奖时刻，10名代表整齐上台，奖状却没有人送到领导手中，一时冷场，待到奖状送上台后，慌乱中发的奖状已全然不能对号入座，10位优秀员工只能重新确认写着自己名字和荣誉的奖状，台下一片哗然。

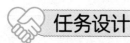 **任务设计**

一、应知应会

会议活动和仪式活动是各类组织常见的两类社会活动。会议是指三人以上参加、聚集在一起讨论和解决问题的一种社会活动形式。人们通过会议活动交流信息、集思广益、研究问题、决定对策、协调关系、传达知识、布置工作、表彰先进、鼓舞士气等。仪式是指在人际交往中，特别是在一些比较重大、比较庄严、比较隆重、比较热烈的正式场合里，为了激发起出席者的某种情感，或者为了引起其重视，而郑重其事地参照合乎规范与管理的程序，按部就班地举行的某种活动的具体形式。对组织而言，这两类活动有着重要的作用，它有利于提高组织的知名度和美誉度，塑造组织形象；有利于鼓舞员工的士气，激发员工对本组织的热爱，培育组织员工的价值观念，增强组织的凝聚力；有利于传递组织的信息，使组织赢得更多的成功机会和合作伙伴；有利于沟通情感，传达意愿，增进友情。因此，当今社会，讲究活动礼仪是现代交际的一项重要内容，也是组织成功的关键。

本任务"案例导入"中的案例说明组织好一次活动绝非易事，如何有条不紊地做好各项相关工作是现代人必须面对而又必须做好的问题。

（一）会议活动礼仪

会议是为实现一定的目的，由主办或主持单位召集组织的、由不同层次和不同数量的人们参加的一种事务性活动。会议的目的多种多样：表扬批评、布置任务、解决问题、交流经验、调查情况、沟通信息、纠正错误等。但是，无论什么目的，要想取得良好的效果，会议的组织、参加、进行就必须讲究礼仪，以便与会者的思想感情能很好地进行沟通。因此，会议礼仪是会议取得成功的重要保证。

1. 洽谈会礼仪

洽谈会又叫磋商会、谈判会，是指有关各方代表充分阐述己方的各种设想，听取他方的不同意见，并通过详细陈述己方的理由，反复同对方交换看法或做出某种让步，消除相互间的距离，最后各方取得一致，达成协议。

（1）洽谈会的准备　洽谈会前的准备如何是影响洽谈成败得失的关键。在准备过程中，人员的配备、信息的搜集、目标的选择、计划的拟订都很重要，必须认真准备。

① 人员配备：为了使洽谈能顺利进行，必须按照对等原则配备相应的洽谈班子。洽谈班子中要有精通业务，有经济、法律头脑，能拍板成交的主谈人员，也要有懂业务、懂技术的人员和有洽谈经验的翻译人员。一个精干的，具备T形知识结构而又注重仪表、谈吐自如、举止得体的洽谈班子，不仅会给洽谈创造有利条件，同时也是对对方的尊重。

② 信息准备："知己知彼，百战不殆"，为了取得洽谈的主动权，必须进行信息准备。要做好市场调研，了解对方的业务情况，对对方参与洽谈人员的基本情况、每个人的谈判风格、对己方的态度等要了如指掌，以便制定相应的策略，涉外谈判中还要对对方的文化背景和礼仪习俗等有所把握，以便于更好地沟通。

③ 议程准备：洽谈议程是决定洽谈效率高低的重要一环，每次洽谈，谈什么，何时谈，何地谈，如何谈，达到什么目的，事前都要有周密安排，以免在礼仪上有不周之处。例如，洽谈地点的安排就很重要，因为它对洽谈效果会有一定影响。洽谈地点选择在己方进行，作为东道主必须注重礼貌待客，邀请、迎送、接待、洽谈必须符合礼仪要求。洽谈地点，如选择在洽谈对手所在地，必须入境随俗，了解当地的风俗人情，并要审时度势，灵活反应，争取主动。

（2）洽谈会上的礼仪规范　洽谈是一场知识、信息、心理、修养、口才乃至风度的较量，为了取得洽谈的成功，在洽谈会上要遵循一定的礼仪规范。

① 座位安排：一般洽谈会以椭圆桌或长桌为宜，双方人员各自在桌子的一边就座。倘若将谈判桌横放，那么面对洽谈室正门的一侧为上座，应请客方就座。背对谈判室正门的另一侧则为下座，应留主方就座。如谈判桌是竖放的，进门时的右侧为上座，由客方就座；进门时的左侧为下座，由主方就座。双方主谈人员应各自坐在己方一侧的正中间。副手或翻译坐在主谈人员右边的第一个座位，其他参谈人员以职位高低为序，依次右一个、左一个地分别坐在主谈人员的两侧。小规模的洽谈，可不放谈判桌，在室内摆放几把沙发或圈椅，按"以右为尊"的原则，客右主左就座即谈。也可以交叉而坐，以增添合作、轻松、友好的气氛。

② 谈吐举止：洽谈人员的谈吐要轻松自如，举止文雅大方，谦虚有礼，不可拘谨慌张。见面后可略示寒暄，进入正题之前宜谈些轻松的话题，如旅途经历、季节气候、文体表演、各自爱好或以往合作经历等，但开头的寒暄不宜太长，以免冲淡洽谈气氛。

③ 衣着打扮：参加洽谈者在衣着打扮上要正式一些，以表示对洽谈的重视和充分的准备；如果是非正式洽谈，也可以穿得随便一些，给人以轻松、随和的感觉，这样显得更容易接近，有助于交流，取得共识。一般到豪华宾馆去洽谈，西装革履能够证明自己

的身份和气度，使你感到心灵与环境的和谐，而不是自惭形秽；在普通的办公场所进行洽谈，可以穿得和平时上班一样，不用刻意打扮。

④ 语言使用：洽谈人员在洽谈过程中要注意语言的规范性和灵活性，用语要清晰易懂，口语要尽可能标准，注意使用文明礼貌用语，体现自身的职业道德和商业形象，洽谈中无论出现什么情况都不能使用粗鲁、污秽的语言或攻击性的语言。洽谈时应注意抑扬顿挫、轻重缓急，避免吐舌挤眼、语句不断、嗓音微弱或大吼大叫。

⑤ 提问方式：在洽谈中要礼貌地提问，问话方式要委婉，语气要亲切平和，用词要斟酌，不能把提问变成审问和责问，不可咄咄逼人，否则会给对方以居高临下的感觉，使其产生防范心理，不利于洽谈。对需要提问的问题，应事先列好提纲，越详细越好，如果不做准备，贸然提问，是不尊重对方的表现。一般提问的时机应选择在对方发言完毕之后、对方发言停顿间歇时、在自己发言前后及在议程规定的辩论时间里进行提问。当对方回答问题时，作为提问者应耐心倾听，不能因为对方的回答没有使自己满意，就随便插话或任意打断对方的话。在一般情况下，插话应借助一些特定的套话来实现，如："对不起，我能打断您一下吗？"或"请停一下"等。

有提问就有回答，洽谈过程中，作为被提问者答话时，要本着真诚合作的态度，针对提问者的真实心理，实事求是地回答对方的提问，不能闪烁其词，态度暧昧，"顾左右而言他"。如果对方对某个问题不甚了解，应以浅显易懂的语言进行解释，切不可流露出不耐烦的神情。如有些问题涉及商业秘密和技术机密。则应委婉说明，避免出现令人尴尬和僵持的局面。

2. 发布会礼仪

发布会一般指新闻发布会，又称记者招待会。政府、企业、社会团体或个人都可公开举行，邀请各新闻媒介的记者参加。举行发布会主要是为了把组织较为重要的成就以及信息报告给所有新闻机构，所以，在发布会上发布的消息对于产品和产品形象、组织和组织形象、先进人物和重要人物当选都具有较重要的价值。

（1）发布会的准备 筹备发布会，要做的准备工作很多，其中最重要的是要做好时机的选择、人员的安排、记者的邀请、会场的布置和材料的准备等。

① 时机的选择：在确定发布会的时机之前，应明确两点：一是确定新闻的价值，即对某一消息，要论证其是否具有专门召集记者前来予以报道的新闻价值，要选择恰当的新闻"由头"；二是应确认新闻发表紧迫性的最佳时机。以企业为例，新产品的开发、经营方针的改变或新举措、企业首脑或高级管理人员的更换、企业的合并、重大纪念日、发生重大伤亡事故等事件时，都可以举行发布会。

如果基于以上两点，确认要召开新闻发布会的话，要选择恰当的召开时机：要避开节日与假日，避开本地的重大活动，避开其他单位的发布会，还要避免与新闻界的宣传报道重点相左或撞车。恰当的时机选择是发布会取得成功的保障。

② 人员的安排：发布会的人员安排关键是要选好主持人和发言人。发布会的主持人应由主办单位的公关部长、办公室主任或秘书长担任。其基本条件是仪表堂堂，年富力强，见多识广，反应灵活，语言流畅，幽默风趣，善于把握大局、引导提问和控制会场，具有丰富的主持会议的经验。

新闻发言人由本单位的主要负责人担任，除了在社会上口碑较好、与新闻界关系较为融洽之外，对其基本要求是修养良好、学识渊博、思维敏捷、能言善辩、彬彬有礼。

发布会还要精选一批负责会议现场工作的礼仪接待人员，一般由相貌端正、工作认真负责、善于交际应酬的年轻女性担任。

值得注意的是，所有出席发布会的人员均需在会上佩戴事先统一制作的胸卡，胸卡上面要写清姓名、单位、部门与职务。

③ 记者的邀请：对出席发布会的记者要事先确定其范围，具体应视问题涉及范围或事件发生的地点而定，一般情况下，与会者应是与特定事件相关的新闻界人士和相关公众代表。组织为了提高单位的知名度，扩大影响而宣布某一消息时，邀请的新闻单位通常多多益善；而在说明某一活动、揭示某一事件，特别是本单位处于劣势而这样做时，邀请新闻单位的面则不宜过于宽泛。邀请时要尽可能地先邀请影响大、报道公正、口碑良好的新闻单位。如事件和消息只涉及某一城市，一般就只请当地的新闻记者参加即可。

另外，确定邀请的记者后，请柬最好要提前一星期发出，会前还应用电话提醒。

④ 会场的布置：发布会的地点除了可考虑在本单位或事件所在地举行外，可考虑租用大宾馆、大饭店举行，如果希望造成全国性影响的，则可在首都或某一大城市举行。发布会现场应交通便利、条件舒适、大小合适。会议地点确定后，应实地考察，在会议召开前应认真进行会场布置，会议的桌子最好不用长方形的，要用圆形的，大家围成一个圆圈，显得气氛和谐，主宾平等，当然这只适用于小型会议。大型会议应设主席台席位、记者席位、来宾席位等。

⑤ 材料的准备：在举行发布会之前，主办单位要事先准备好如下材料。

一是发言提纲，它是发言人在发布会上进行正式发言时的发言提要，它要紧扣主题，体现全面、准确、生动、真实的原则。

二是问答提纲，为了使发言人在现场正式回答提问时表现自如，可在对被提问的主要问题进行预测的基础上，形成问答提纲及相应答案，供发言人参考。

三是报道提纲，事先必须精心准备一份以有关数据、图片、资料为主的报道提纲，并认真打印出来，在发布会上提供给新闻记者。在报道提纲上应列出本单位的名称、联系方式等，便于日后联系。

四是形象化视听材料，这些材料供与会者利用，可增强发布会的效果。它包括图表、照片、实物、模型、录音、录像、影片、幻灯片、光碟等。

（2）发布会进行过程中的礼仪　为了保证发布会的顺利实施，必须遵守如下礼仪规范。

① 搞好会议签到：要搞好发布会的签到工作，让记者和来宾在事先准备好的签到簿上签下自己的姓名、单位、联系方式等内容。记者及来宾签到后按事先的安排把与会者引到会场就座。

② 严格遵守程序：要严格遵守会议程序，主持人要充分发挥主持者和组织者的作用，宣布会议的主要内容、提问范围以及会议进行的时间，一般不要超过两小时。主持人、发言人讲话时间不宜过长，过长了则影响记者提问。对记者所提的问题应逐一予以回答，不可与记者发生冲突。会议主持人要始终把握会议主题，维护好会场秩序，主持人和发言人会前不要单独会见记者或提供任何信息。

③ 注意相互配合：在发布会上，主持人和发言人要相互配合。为此首先要明确分工，各司其职，不允许越俎代庖。在发布会进行期间，主持人和发言人通常要保持一致的口径，不允许公开顶牛、相互拆台。当新闻记者提出的某些问题过于尖锐而难以回答时，主持人要想方设法转移话题，不使发言者难堪。而当主持人邀请某位记者提问之后，发言人一般要给予对方适当的回答，不然，对那位新闻记者和主持人都是不礼貌的。

④ 态度真诚主动：发布会自始至终都要注意对待记者的态度，因为接待记者的质量如何直接关系到新闻媒介发布消息的成败。作为人，记者希望接待人员对其尊重热情，并了解其所在的新闻媒介及其作品等；作为专业人，希望提供工作之便，如一条有发表价值的消息，一个有利于拍到照片的角度等。记者的合理要求要尽量满足。对待记者

千万不能趾高气扬、态度傲慢，一定要温文尔雅、彬彬有礼。

（3）发布会的善后事宜　发布会举行完毕后，主办单位应在一定的时间内，对其进行一次认真的评估善后工作，主要包括以下几点。

① 整理会议资料：整理会议资料有助于全面评估发布会会议效果，为今后举行类似会议提供借鉴。发布会后要尽快整理出会议记录材料，对发布会的组织、布置、主持和回答问题等方面的工作进行回顾和总结，从中吸取经验，找出不足。

② 收集各方反映：首先要收集与会者对会议的总体反映，检查在接待、安排、服务等方面的工作是否有欠妥之处，以便今后改进。

③ 收集新闻界的反映，了解一下与会的新闻界人士有多少人为此次新闻发布会发表了稿件，并对其进行归类分析，找出舆论倾向，同时，对各种报道进行检查，若出现不利于本组织的报道，应做出良好的应对策略。若发现不正确或歪曲事实的报道，应立即采取行动，说明真相；如果是由于自己失误所造成的问题，应通过新闻机构表示谦虚接受并致歉意，以挽回声誉。

3. 展览会礼仪

组织通过举办展览会，运用真实可见的产品和热情周到的服务，全面透彻的资料、图片介绍和技术人员的现场操作，吸引大量的参观者，使其留下深刻的印象。它是组织的重要活动之一。

（1）展览会的组织　举办展览会要精心组织，做好以下细致全面的工作。

① 明确展览会的主题：每次、每种类型的展览会都应有明确的主题和目的。只有主题明确，才能提纲挈领，对所有展品进行有机的排列组合，充分展示展品的风采。否则主题不明，眉毛胡子一把抓，很难把展品、各类资料有机地结合起来，杂乱无章，势必影响展览效果。

② 搞好展览整体设计：任何一项展览都是一项系统工程，要求必须有一个详细的整体设计。包括：展览场地、标语口号、展览徽志、参展单位及项目、辅助设备、相关服务部门的设置和人员安排、信息的发布与新闻界的联络、对工作人员的培训等，都需要全面设计，周密安排。否则在某一个环节上安排不当都会影响整个展览的效果。

③ 成立对外新闻发布机构：成立对外新闻发布的专门机构，负责与新闻界进行密切的联系，展览过程中往往会发生许多有新闻价值的东西，这就需要有关人员以敏锐的观察力去挖掘、去分析并写成各种新闻稿件发表，以扩大影响，同时，要组成专门的机构，专门负责新闻发布的计划，如确定发布内容、发布时机、发布形式等，这样，效果会更好些。

④ 进行展览的效果测定：展览的效果一般体现在观众对展品的反映、对组织形象的认识以及对整个展览会从内容到形式的总体看法等方面。为了检验展览会的效果，检验举办各类展览活动的目的是否达到，必须对展览效果进行测定。测定的方法很多，如设立观众留言簿、召开座谈会听取反映、检验公众对展品的留意程度等。

（2）展览会的礼仪　展览会的工作人员应当具备良好的素质，明确办展览的目的和主题，了解展览的知识和技能，具备与展览产品有关的专业素质，还要懂得礼仪，从各自不同的角度影响观展客人，使其满意。

① 主持人礼仪：主持人是一个展览会的操纵者，应该表现出决定性人物的权威性。在着装上，要穿西服套装、系领带，拿一个真皮公文包，显示出气派的样子，由此使公众也对其主持的展览会和产品产生信赖感。主持人的形象就是组织实力的一种体现。与宾客握手时，主持人应先伸出手去，等宾客先放手后再放手。

② 讲解员礼仪：讲解员应热情礼貌地称呼公众，讲解流畅，不用冷僻字，让公众听

懂。介绍的内容要实事求是，不弄虚作假，不愚弄听众。语调清晰流畅，声音洪亮悦耳，语速适中。解说完毕，应对听众表示谢意。讲解员着装要整洁大方，打扮自然得体，不要怪异和过于新奇而喧宾夺主，应举止庄重，动作大方。

③ 接待员礼仪：接待员站着迎接参观者时，双脚略开，与肩同宽，双手自然下垂或在身后交叉，这种站姿不仅大方而且有力。站立时切勿双脚不停地移动，表现出内心的不安稳、不耐烦，也不要一脚交叉于另一只脚前，因为这是不友善的表示。接待人员不可随心所欲地趴在展台上或跷着"二郎腿"，嚼着口香糖，充当守摊者。随时与参观者保持目光交流，目光要坚定，不可游移不定，也不可眼看别处，以表示你的坦然和自信。

4. 联欢会礼仪

联欢会是一个宽泛的概念，它包括各种组织举办的节日联欢会（如新年联欢会、春节联欢会）、各种文艺晚会（如歌舞晚会、电影晚会、戏曲晚会、相声小品晚会）、游艺晚会等。联欢会对于提高组织凝聚力、向心力，活跃员工的文化生活，加强与外部公众的文化沟通，提高组织形象都有着积极的作用。联欢会重在娱乐，但也不可忽视其礼仪，否则会事倍功半。

（1）联欢会的筹备　联欢会的筹备工作十分重要，要从如下方面着手进行联欢会的筹备。

① 确定主题：为了使联欢会起到"教人"和"娱人"的双重作用，要精心确定联欢会的主题，使其有明确的指导思想和预期的目标。在此基础上选择联欢会的形式，适宜的形式对联欢会的成功意义重大，联欢会的形式可以不拘一格，可以不断创新。

② 确定时间、场地：联欢会的时间一般应选在晚上，有时也可根据情况选择在白天。其会议长度一般在两小时左右为宜。联欢会的场地选择非常重要，最好选择宽敞、明亮，有舞台、灯光、音响的场地。场地应加以布置，给人以温馨、和谐、喜庆、热烈之感。联欢会的座次要事先安排好，一般应将领导安排在醒目位置，其他公众最好穿插安排，以便于交流沟通。

③ 选定节目：要从主题出发来选定节目，尤其是开场和结尾的节目一定要精彩、有吸引力。节目应多种多样，健康而生动，各种形式穿插安排，不可头重尾轻，更不可千篇一律。正式的联欢会上，要把选定的节目整理编印成节目单，开会时发给观众，为观众提供方便。

④ 确定主持人：主持人是联欢会的关键人物，应选择仪表端庄，表达能力强，有一定的组织能力、应变能力，熟悉各项事物的人担当主持人。一场联欢会的主持人最好不少于两人（通常为一男一女）。主持人也不可过多，以免给人以凌乱无序之感。

⑤ 彩排：正式的联欢会一定要事先进行彩排。这样有助于控制时间、堵塞漏洞、增强演职人员的信心。非正式的联欢会也要对具体事宜逐项落实，做到万无一失。

（2）观众的礼仪规范　观众在参加联欢会、观看演出时应严守礼仪规范，这主要包括以下几个方面。

① 提前入场：在一般情况下，在演出正式开始之前一刻钟左右，观众即应进入演出现场，注意不要迟到。入场后要对号入座，在自己的座位上就座时，要悄无声息，坐姿优雅。切勿将座椅弄得直响，或坐姿不端。

② 专心观看：参加联合会观看节目时要专心致志，全神贯注，不能交头接耳、窃窃私语；要自觉关闭手机等移动通信设备，或处于"静音"状态；不要吃东西，不要吸烟，更不能随意走动或大声讲话、起哄等。总之要自觉维护全场的秩序，保持安静，使联欢会顺利进行。

③ 适时鼓掌：当主要领导、嘉宾入场或退场时，全场应有礼貌地鼓掌。演出至精彩

处时也应即兴鼓掌，但时间不宜太长，演出结束时可鼓掌以示感谢。对可能表演不佳的演员，要予以谅解，不要鼓倒掌，更不能吹口哨、扔东西等，因为这些做法是非常没有修养的表现。演出结束时，全体演员登台谢幕时，观众应起立鼓掌，再次感谢演员的表演，不能熟视无睹或扬长而去。

5. 座谈会礼仪

邀请有关人员就某一个或某些问题召开会议，收集对某一问题的反映，就某些方面的问题发表看法，是座谈的形式。座谈会要注意以下礼仪。

（1）发送通知　会议通知要发送及时，至少在开会的前一天发到与会者手中，因为座谈会大都要求与会者发言，早一天接到通知可以稍做准备。会议通知上要写明召开座谈会的时间、详细地点、座谈内容、举办单位名称。如果用电话通知，最好找到参加者本人接电话；如果托人转告，则不要忘了告知座谈会的主题，以免与会者懵懂而去，打无准备之仗，发生尴尬，这对与会者将是失礼的。

（2）会前礼仪　座谈会座位的安排，一般是与会者围圈而坐，主持人也不例外，以便创造一种平等的气氛。如果参加座谈会者互相多有不认识的，主持人应该一一进行介绍，或引导他们做自我介绍，以融洽会议气氛。

（3）会中礼仪　座谈会开始时，主持者应首先讲明会议的主题以及被邀请者的类别，为什么邀请在座的来参加座谈会，以便使座谈者了解自己与这个座谈内容的联系，明确自己对座谈会的重要性，更积极主动地进入角色。如果开始有冷场现象，主持者可以引导大家先从比较容易作为话题的稍远处或外围谈起，然后逐步逼近座谈会主题。采取点名的方法请某人先发言，是不得已而为之的。

座谈会请一定的对象来参加，就是希望大家来了后能畅所欲言，知无不言，言无不尽。话不在长短，而在于能包容较大的信息量。讲话的时候也不要求非得一个一个轮着来，讲完一个算一个，像完成任务似的，允许你一言、我一语，鼓励大家插话和讨论。但插话时，切记不着边际地打"横炮"，也不要用反唇相讥、唯我独尊的方法和态度发言。要多用探讨、商榷的口气，即使有争论，也是冷静的，而不是冲动和粗暴的语言。

（4）结束礼仪　座谈会结束时，主持者应总结归纳大家的发言，并对大家发言提供的内容（信息）、态度（表现）做出诚恳的肯定，表示座谈对于某项工作有积极的作用。最后，要向大家表示感谢。

6. 茶话会礼仪

茶话会是我国传统的聚会方式。有非正式的茶话会，一般是民间自发组织形成的，如一伙熟人聚在一起聊天，这家主人自然会给每位客人敬上一杯茶，大家边喝边说，热热闹闹，十分惬意，谈话一般也没有固定的议题。现在很多组织也经常利用这一形式进行日常的沟通，所以熟悉茶话会的礼仪是必要的。

（1）茶话会的准备　正式的茶话会一般由主办单位或主办人事先发通知或请柬给被邀请人，其举办地一般在会议厅、客厅或花园里。正式茶话会除了备有足够茶水之外，一般还备有水果、糕点、瓜子、糖果等。召开茶话会多在节日，如五一劳动节、五四青年节、中秋节、国庆节、元旦等，借节日之题而发挥，一般也是采用漫谈形式，无中心议题。在正式茶话会上的中心议题可以是祝贺、发感慨、谈感想、做总结、提建议、谈远景，也可以吟诗作唱，倡叙友谊，无固定形式，气氛也比较活跃、轻松、自由。

举办茶话会时，除了准备上好的茶叶之外，还应注意擦净茶具。茶具一般以泥制茶具和瓷制茶具为最佳，其次是玻璃茶具和搪瓷茶具。在我国，泡茶一般不加其他东西，但某些民族以及国外的一些国家喜欢在泡茶时加上牛奶、白糖、柠檬片等。有的茶话会还准备咖啡等饮料。

正式茶话会简便易行，在服饰上也没有什么严格规定或特殊要求。

正式茶话会有主办人和有关领导。主办人要负责对来宾的迎送和招呼，主持会议；有关领导也常常以一个普通与会者的身份发言。茶话会不排座次，宾主可以随意交谈。

（2）茶话会的举行　茶话会开始时，一般由主办人致辞，讲话应开宗明义地说明茶话会宗旨，还要介绍与会单位代表或个人，为交际和谈话创造适宜的气氛。

茶话会主持人要随时注意来宾在茶话会上的反映，随时把话题引导到大家都感兴趣的问题上来或轻松愉快的话题上。参加茶话会的每一个人都有义务维护茶话会的气氛，不使茶话会冷场，也不可使秩序太乱。

有人讲话时，要专心致志地倾听，不要随意打断他人讲话，也不可显露烦躁、心不在焉，更不要妄加评论他人的话。自己发言的时候，用词、语气、态度要表现出修养，神态要自然有神，仪态要端庄大方。样子过分拘谨或造作会使人不快。发言时口里应停止咀嚼食物，更要防止嘴角上留残渣来发言。

自由交谈时不要独座一隅，纹丝不动，而应与左右交谈，尽快找到共同的话题，打破僵局，融洽气氛。

幽默风趣的语言在茶话会上是受欢迎的，但要避免开玩笑、伤害他人自尊；行为举止也不能毫无约束，不可随便走动、推推搡搡。

茶话会结束时，来宾应向主人道别，也要和新朋友、老相识辞行。不要中途退场或不辞而别。

茶话会应讲究实效，时间不宜过长，以1～2小时为宜。

茶话会不带任务，但追求气氛与聚会的效果。通过与会者的交谈、畅叙，坐在一起喝茶时共同创造的氛围，来感受他人的思想感情，增进相互间的了解和友谊。

（二）仪式活动礼仪

1. 签字仪式礼仪

签字仪式是组织与对方经过会谈、协商，形成了某项协议或协定，再互换正式文本的仪式。它是一种比较隆重的活动，礼仪规范也比较严格。

（1）签字仪式的准备　签字仪式是组织具有"里程碑"意义的大事，组织应予以充分准备，做到万无一失。

① 准备待签文本：洽谈或谈判结束后，双方应指定专人按谈判达成的协议做好待签文本的定稿、翻译、校对、印刷、装订、盖印等工作。文本一旦签字就具有法律效力，因此，对待文本的准备应当郑重严肃。

在准备文本的过程中，除了要核对谈判协议条件与文本的一致性以外，还要核对各种批件，主要是项目批件、许可证、设备份交文件、用汇证明、订货卡等是否完备，合同内容与批件内容是否相符等。审核文本必须对照原稿件，做到每字不漏，对审核中发现的问题，要及时互相通报，通过再谈判，达到谅解一致，并相应调整签约时间。在协议或合同上签字的有几个单位，就要为签字仪式提供几份样本。如有必要，还应为各方提供一份副本。与外商签订有关的协议、合同时，按照国际惯例，待签文本应同时使用宾主双方的母语。

待签文本通常应装订成册，并以仿皮或其他高档质料作为封面，以示郑重。其规格一般为大八开，所用的纸张务必高档，印刷务必精美。作为主方应为文本的准备提供准确、周到、快速的服务。

② 布置签字场地：签字场地有常设专用的，也有临时以会议厅、会客室来代替的。布置它的总原则是要庄重、整洁、清净。

一间标准的签字厅，应当在室内铺满地毯，除了必要的签字用桌椅外，其他一切的陈设都不需要，正规的签字桌应为长桌，其上最好铺设深绿色的台呢。

按照仪式礼仪的规范，签字桌应当横放。在其后，可摆放适量的座椅。签署双边性合同时，可放置两张座椅，供签字人就座。签署多边性合同时，可以仅放一张座椅，供各方签字人签字时轮流就座，也可为每位签字人都各自提供一张座椅。

在签字桌上，应事先安放好待签文本以及签字笔、吸墨器等签字时所用的文具。

与外商签署涉外商务合同时，须在签字桌上插放有关各方的国旗。插放国旗时，在其位置与顺序上，必须依照礼宾序列进行。例如签署双边性文本时，有关各方的国旗需插放在该方签字人座椅的正前方。如签署多边性合同、协议等时，各方的国旗应依一定的礼宾顺序插在各方签字人的身后。

③ 安排签字人员：在举行签字仪式之前，有关各方应预先确定好参加签字仪式的人员，并向有关方面通报。客方尤其要将自己一方出席签字仪式的人数提前给主方，以便主方安排。签字人要视文件的性质来确定，可由最高负责人签，但双方签字人的身份应该对等。参加签字的有关各方事先还要安排一名熟悉签字仪式详细程序的助签人，并商定好签字的有关细节。其他出席签字仪式的陪同人员基本上是双方参加谈判的全体人员，按一般礼貌做法，人数最好大体相等。为了表示重视，双方也可对等邀请更高一层的领导人出席签字仪式。

由于签字仪式的礼仪性极强，签字人员的穿着也有具体要求。按照规定，签字人、助签人以及随员，在出席签字仪式时，应当穿着具有礼服性质的深色西装套装或西装套裙，并且配以白色衬衫与深色皮鞋。

在签字仪式上露面的礼仪、接待人员，可以穿自己的工作制服，或是旗袍一类的礼仪性服装。

签字人员应注意仪态、举止，要落落大方，得体自然，既不要严肃有余，也不要过分喜形于色。

（2）签字仪式的程序　虽然签字仪式的时间不长，但它是合同、协议签署的高潮，其程序规范、庄重而热烈。主要有以下几项。

① 签字仪式开始：有关各方人员进入签字厅，在既定的位次上坐好。签字者按照主居左、客居右的位置入座，其他陪同人员分主客两方以各自职位、身份高低为序，自左向右（客方）或自右向左（主方）排列站于各签字人之后，或坐在己方签字者的对面。双方助签人分别站在己方签字者的外侧，协助翻揭文本，指明签字处，并为业已签署的文件吸墨防洇。

② 签字人签署文本：签字人签署文本通常的做法是先签署己方保存的合同文本，再接着签署他方保存的合同文本，这一做法在礼仪上称为"轮换制"。它的含义是，在位次排列上，轮流使有关各方有机会居于首位一次，以显示机会均等、各方平等。

③ 交换合同文本：双方签字人正式交换已经有关各方正式签署的文本，交换后，各方签字人应热烈握手，互致祝贺，并相互交换各自方才使用过的签字笔，以示纪念。这时全场人员应该鼓掌，表示祝贺。

④ 共同举杯庆贺：交换已签订的合同文本后，礼宾小姐会用托盘端上香槟酒，有关人员，尤其是签字人当场干上一杯香槟酒，这是国际上通用的旨在增添喜庆色彩的做法。

⑤ 有秩序退场：接着请双方最高领导者及客方先退场，然后东道主再退场。整个签字仪式以半小时为宜。

2. 开业仪式礼仪

（1）开业仪式的准备　开业仪式，是指在单位创建、开业，项目完工、落成，某一建筑物正式启用，或是某工程正式开始之际，为了表示庆贺和纪念，而按照一定的程序所隆重举行的专门的仪式。筹备和举行开业仪式始终应按着"热烈、隆重、节约、缜密"的原则进行。开业仪式的准备包括如下几个方面。

① 做好舆论宣传：举办开业仪式的主要目的是提高组织的知名度和美誉度，塑造良好的组织形象，吸引社会各界对组织的重视与关心，因此必须运用传播媒介，广泛刊登广告，以引起公众的注意。这种广告的内容一般应包括：开业仪式举行的日期、地点、企业的经营特色、开业时对顾客的优惠等。同时别忘了邀请新闻界的记者光临开业仪式，对组织的开业仪式进行采访、报道，进一步扩大组织的影响。

② 拟订宾客名单：开业仪式成功与否，在很大程度上与参加典礼的主要宾客的身份、人数有直接关系。因此，在开业典礼前应邀请上级领导、知名人士、有关职能部门、社区负责人、社团代表及新闻媒介等方面的人士参加。对邀请出席的来宾，应将请柬送达，以示对客人的敬重。请柬要精美、大方，一般用红色、白色、蓝色，填写好的请柬应放入信封内，提前一周左右邮寄或派人送到有关单位和个人。

③ 布置现场环境：举行仪式的现场可以是正门之外的广场，也可是正门之内的大厅。在现场应悬挂开业仪式的会标、庆祝或欢迎词语等。由于开业仪式一般是站立举行的，所以要在来宾站立处铺设红色地毯，以示尊敬和庄重。会场两边可放置来宾赠送的花篮，四周悬挂彩带和宫灯。还要准备好音响、照明设备，使整个场地显得隆重、热烈。对于音响、照明设备以及开业仪式举行之时所需使用的用具、设备，必须事先认真进行检查、调试，以防其在使用时出现差错。

④ 安排接待服务：对来宾的接待服务工作一定要指派专人负责，重要来宾的接待应由组织负责人亲自完成。要安排专门的接待室，接待室要求茶杯洁净，茶几上放置烟灰缸，如不允许吸烟，应将礼貌标语标牌放置在接待室中，提示来宾；要准备好来宾的签到处，准备贵宾留言簿，最好是红色或金色锦缎面高级留言册，同时准备好毛笔、砚、墨等留言用的文具。为了便于来宾了解组织的情况，可以印刷一些材料，如庆典活动的内容、意义，来宾名单和致辞，组织经营项目和政策等。

⑤ 拟订仪式程序：为了使开业仪式顺利进行，在筹备之时必须草拟具体程序，并选定称职的主持人。开业仪式的程序包括：确定主持人，介绍重要来宾，组织负责人或重要来宾致辞、剪彩或参观、座谈、联欢等。

⑥ 准备馈赠礼品：开业仪式上向来宾赠送的礼品是一种宣传性传播媒介，只要准备得当，往往能产生很好的效果。礼品要突出纪念性，具有一定的纪念意义，让人珍惜，同时也要突出其宣传性，可以在礼品的包装上印上组织标志、庆典开业日期、产品图案、企业口号和服务承诺等。

（2）开幕仪式礼仪　开幕仪式是开业仪式常见的形式之一，通常它是指公司、企业、宾馆、商店、银行等正式起用前，或各类商品的展示会、博览会、订货会正式开始之前，所正式举行的相关仪式。每当开幕仪式举行之后，公司、企业、宾馆、商店、银行等将正式营业，有关商品的展示会、博览会、订货会将正式接待顾客与观众。一般举行开幕式时要在比较宽敞的活动空间中进行，如门前广场、展厅门前、室内大厅等处，都是较为合适的地点。开幕式的主要程序为：

① 宣布仪式开始，全体肃立，介绍来宾。

② 邀请专人揭幕或剪裁。揭幕时揭幕人行至彩幕前恭敬地站立，礼仪小姐双手将开启彩幕的彩索递交对方。揭幕人随之目视彩幕，双手拉起彩索，展开彩幕。全场目视彩幕，鼓掌并奏乐。

③ 在主人的亲自引导下，全体到场者依次进入幕门。

④ 主人致辞答谢。

⑤ 来宾代表发言祝贺。

⑥ 主人陪同来宾参观，开始正式接待顾客或观众，对外营业或对外展览宣告开始。

（3）奠基仪式礼仪　奠基仪式，是指一些重要的建筑物，如大厦、场馆、亭台、纪念碑等，在动工修建前，正式举行的庆贺性活动。其举行地点应选择在动工修建建筑物的施工现场，一般在建筑物的正门右侧，在奠基仪式的举行现场设有彩棚，安放该建筑物的模型、设计图、效果图，并使各种建筑机械就位待命。

用来奠基的奠基石应是一块完整无损、外观精美的长方形石料。在奠基石上文字应当竖写，在其右上款，写上建筑物的名称，正中央应有"奠基"两个大字，左下款刻有奠基单位的全称以及举行奠基仪式的具体年月日。奠基石上的字体，大都用楷体字刻写，并且最好用白底金字或黑字。在奠基石的下方或一侧，还应安放一只密闭完好的铁盒，内装与该建筑物相关的各有关资料以及奠基人的姓名。届时，它将同奠基石一道被奠基人等培土掩埋于地下，以示纪念。奠基仪式的程序如下。

① 仪式正式开始，介绍来宾，全体起立。

② 奏国歌。

③ 主人对建筑物的功能、规划设计等进行介绍。

④ 来宾致辞道贺。

⑤ 正式进行奠基。奠基人双手持握系有红绸的新锹为奠基石培土，再由主人与其他嘉宾依次为之培土，直至将其埋没为止。奠基时应演奏喜庆乐曲或敲锣打鼓，营造良好的气氛。

（4）落成仪式礼仪　落成仪式也称竣工仪式，它是指本单位所属的某一建筑物或某项设施建设、安装工作完成之后，或是某一纪念性、标志性建筑物——诸如纪念碑、纪念塔、纪念堂等建成之后，以及某种意义特别大的产品生产成功之后，所专门举行的庆贺性活动。落成仪式一般应在现场举行，如新落成的建筑物之外，纪念碑、纪念塔的旁边等。参加落成仪式要注意情绪，在庆贺工厂大厦落成、重要产品生产等时应表现出欢乐和喜悦，在庆祝纪念碑、纪念塔等落成时应表现出庄严而肃穆。落成仪式的程序是：

① 宣布仪式开始。全体起立，介绍各位来宾。

② 奏国歌，并演奏本单位标志性乐曲。

③ 本单位负责人发言，以介绍、回顾、感谢为主要内容。

④ 进行揭幕或剪彩。

⑤ 全体人员向刚刚落成的建筑物行注目礼。

⑥ 来宾致辞。

⑦ 全体人员进行参观。

3. 剪彩仪式礼仪

剪彩仪式是有关组织为了庆贺其成立开业、大型建筑物落成、新造的车船和飞机出厂、道路桥梁落成首次通车、大型展销会和展览会的开幕而举行的一种庆祝活动。剪彩作为一种庆典仪式，可以在开业典礼中举行，也可举行专门的剪彩仪式，以期引起社会各界的重视。

剪彩仪式起源于开张。据说美国人做生意保留着一种习俗，即一清早必须把店门打开，为了使人们知道这是一个新开张的店铺，还要特地在门前横系上一条布带，这样做既可以防止店铺未开张前闯入闲人，又起引人注目、标新立异的作用，等店铺正式开张时才将布带取走。1912年，美国圣安东尼州的华狄密镇上有一家大百货公司将要开张，老板威尔斯严格地按照当地的风俗办事，在早早开着的店门前横系着一条布带，万事俱备，只等开张。这时，老板威尔斯十岁的女儿牵着一只哈巴狗从店里匆匆跑出来，无意中碰断了这条布带。这时在门外等候的顾客及行人以为正式开张营业了，蜂拥而入，争先恐后地购买货物，真是生意兴隆。不久，当老板的一个分公司又要开张时，想起第一次开张时的盛况，又如法炮制。这次是有意让小女儿把布带碰断，果然财运又不错。于是，人们认为让女孩碰断布带的做法是一个极好的兆头，因而争相效法，广为推行。此后，凡是新开张的商店都要邀请年轻的姑娘来撕断布带。

后来，人们又用彩带取代色彩单调的布带，并用剪刀剪代替用手撕，有的讲究用金剪子。这样一来，人们就给这种正式做法取了个名——"剪彩"。剪彩的人也逐步被一些德高望重的社会名流甚至是国家元首代替。

剪彩仪式的礼仪包括如下几个方面。

（1）邀请参加者　参加剪彩仪式的人员主要分为：主办单位负责人和组织仪式的人员，上级领导、主管单位负责人、知名人士、记者等来宾；主办单位企业的员工；有关管理人员和技术人员。通过参加仪式，参加者身临其境，感受项目或展览的重要，从而形成深刻难忘的印象。对仪式的参加者应做好接待工作。当宾客到达时，接待人员要请宾客签到，然后引领他们到指定的位置上。

（2）准备工作　剪彩仪式的主席台要事先布置好，主席台要蒙好台布，摆放茶水和就职人员的名牌。为了增添热烈而隆重的喜庆气氛，可以邀请礼仪小姐参加仪式。礼仪小姐可从本组织中挑选，也可到礼仪公司聘请。对礼仪小姐要求仪容、仪表、仪态文雅、大方、端庄，着装宜选择西式套装或红色旗袍，穿高跟鞋，配长筒丝袜，化淡妆，并以盘起发髻的发型为佳。人员确定后，要进行必要的分工和演练。剪彩仪式的用品如剪刀、白纱手套、托盘应按剪彩者人数配齐，系有花结的大红缎带长约2米，馈赠的纪念性小礼品也应准备好。

（3）剪彩者形象　剪彩者是剪彩仪式的主角，其仪表举止直接关系到剪彩仪式的效果和组织形象。因此作为剪彩者，要有荣誉感和责任感，衣着大方、整洁、挺括，容貌要适当修饰，剪彩过程中要保持稳重的姿态、洒脱的风度和优雅的举止。

（4）仪式开始　仪式主持人在宣布仪式开始时，声音要高亢响亮。然后，向到会者介绍参加剪彩仪式的领导人、负责人与知名人士，并对他们表示谢意，同时，也对在场的其他与会者表示感谢。感谢还要用掌声表示，主持人把双手高举起一些，以作为对在场各位鼓掌引导的暗示。仪式上可以安排简短发言，言简意赅，充满热情，两三分钟即可，发言者一般为东道主的代表，向东道主表示祝贺的上级主管部门、地方政府及其他协作单位的代表。

（5）进行剪彩　主持人宣布正式剪彩之后，剪彩者应在礼仪小姐的引导下，步履稳健地走向剪彩位置，如有几位剪彩者时应让中间主剪者走在前面，其他剪彩者紧随其后走向自己的剪彩位置。主席台上的人员一般要尾随至剪彩者之后1～2米处站立。当礼仪小姐用托盘呈上白手套、新剪刀时，剪彩者可用微笑表示谢意并随即接过手套和剪刀。剪彩前要向手拉缎带的礼仪小姐点头示意，然后，全神贯注、表情庄重地将缎带一刀剪断，如果几位剪彩者共同剪彩，要注意协调行动，处在外段的剪彩者应用眼睛余光注视处于中间位置的剪彩者的动作，力争同时剪断彩带。还应与礼仪小姐配合，让彩球落于托盘中，剪彩者在放下剪刀后，应转身向周围的人鼓掌致意，并与主人进行礼节性的谈话，然后在礼仪小姐引导下退场。

（6）参观庆贺　剪彩后，一般要组织来宾参观工程、展览等。有时候要宴请宾客，共同举杯庆祝。

4. 升旗仪式

国旗是一个国家的标志，是国家及其民族精神的象征。人们在举行各种活动时，常常举行升旗仪式，以表示对国旗的热爱和尊重。

（1）举行升旗仪式的活动　需要举行升旗仪式的活动有：接待外国元首、政府首脑；大型国际体育比赛；大型节日庆典、纪念活动；召开国际会议等。

接待外国元首或政府首脑，一般是在国宾下榻的宾馆外悬挂主客双方的国旗，以示两国友好。两国国旗并挂，以旗正面为准，左边的是本国国旗，右边的是客方国国旗。

国际会议通常在会场上悬挂与会国国旗，会场所在地也挂与会国国旗。

大型国际体育比赛，在运动员住地要悬挂参赛国国旗，在运动员取得优异成绩时，在发奖仪式上要升前三名运动员所在国的国旗。国内举办的各种体育运动会、其他大型会议开幕式上都要举行升旗仪式。

在全国性的或国际性的节日、纪念日时，人们也常常要悬挂国旗。国内一所新校园的落成、新学期开学典礼、少先队入队仪式等，都要举行升旗仪式，也进行爱国主义教育，甚至一些学校把升旗仪式作为每天例行性的仪式。

（2）升旗仪式举行时的礼仪　升旗仪式大体相同，即事先准备好需用的国旗，并将国旗整理好，由两个人或四个人托着。当主持人宣布升旗仪式开始时，升旗手将国旗迎风展开，当乐队奏国歌时，升旗手随着国歌的节奏缓缓地向上升旗，国歌结束，国旗正好升至杆顶。

举行升旗仪式时，所有的人都应站立，目光注视国旗，表情崇敬、严肃，除新闻记者外，其他人不可随便走动，更不能交头接耳、追逐嬉笑。升旗时也可以随着国歌的乐曲默唱歌词。

升挂的国旗应是早晨升起，傍晚落下（遇有恶劣天气，可以不升旗）。

不得升挂破损、污损、褪色或者不合规格的国旗。

5. 颁奖仪式

颁奖仪式是指为了表彰、奖励某些组织和个人所取得的成绩、成就而进行的仪式。其礼仪主要有以下几种。

（1）颁奖仪式的准备　颁奖会召开之前应搞好会场的接待布置，体现隆重而热烈的气氛。大会一般安排在较大的礼堂中进行。有时可借助于会见、宴会或群众大会时举行。会场上设置主席台并覆盖整洁的桌布。主席台上方，悬挂表彰大会会幅。主席台前方，放置盆花。主席台侧位，可配有锣鼓、乐队。大会召开前，播放音乐，整个会场应洋溢热烈、愉悦的气氛。

受奖人员一般安排在会场的前排就座，重要宾客一般安排在主席台上。如果受奖的人较多时，应事先安排好领导人和受奖人的位置和次序，以免出错。将奖品、证书等按颁发次序放在主席台上，使颁奖过程热烈有序。

（2）颁奖仪式的程序　大会开始前播放音乐，锣鼓队敲锣打鼓欢迎受奖人员和来宾入座，或奏乐欢迎受奖人员和宾客入座。组织负责人主持会议，宣布大会开始。有关领导讲话，介绍重要来宾、宣读颁奖决定和人员名单。

举行颁奖时，由组织请来的重要宾客、上级领导或本组织的负责人，担任颁奖人，受奖人在工作人员的引导下，按顺序依次上台领取证书、勋章。此时可敲锣打鼓，如果是来访的外国领导人或知名人士受奖，最好有乐队伴奏，悬挂两国国旗。

颁奖时颁奖人面向公众，受奖人站在颁奖人对面接受奖品、荣誉证书、奖杯等。同时，双方互相握手示意祝贺感谢。然后受奖者向公众示意，或鞠躬，或挥手，或举起奖状、证书、奖杯。

接下来请来宾致贺词，由颁奖者和受奖者先后致辞。

最后大会宣布结束，音乐、锣鼓再次奏响，欢送受奖人员和全体来宾。

颁奖仪式结束后，组织一般安排一些文艺演出或播放影片以助兴。

（三）涉外礼宾活动

1. 涉外迎宾礼仪

涉外迎宾是涉外交往中最常见的社交礼节。迎宾不仅是整个社交活动的开始，也是对不同身份外宾表示相应尊重的重要仪式，对给外宾留下良好的第一印象，加深双方的友谊与合作，都发挥着重要作用。

（1）迎宾的安排　迎宾活动的安排主要有两种不同档次：一是举行隆重的欢迎仪式，这主要适用于对外国国家元首、政府首脑、军方高级领导人的访问，以示对他们访问的欢迎与重视；二是一般迎送，适用于一般来访者。无论是官方人士、专业代表团的来访，还是长期在我国工作的外交使节，常驻我国的外国人士、记者和专家等，当他们到任或离任时，都可安排相应的人员前往迎送，以示尊重和友谊。

（2）迎宾规格的确定　关于迎宾规格，各国的规定不尽相同。在确定迎宾规格时，主要是依据来访者的身份、访问的性质和目的，并且适当考虑两国之间的关系，同时还要注意国际惯例，综合平衡。一般按照国际惯例的"对等原则"，主要迎送人员应与来宾的身份相当。如果由于各种原因而不能完全对等时，可灵活变通，由职位相当的人士或副职出面，并向对方做出解释。

（3）成立接待班子　为了接待重要的贵宾和代表团、队，东道主一般组成一个接待班子来履行接待任务。接待班子由外事、翻译、安全警卫、后勤、医疗、交通、通信等方面的工作人员组成。

（4）收集信息资料　接待班子要注意收集来访者的有关信息和资料，了解其本次访问的目的，对会谈、参观访问、签订合同等事项的具体要求，前来的路线、交通工具、抵离时间，来访者的宗教信仰、生活习惯、饮食爱好与禁忌等。

据报载：一位英国商人应邀前来我国与某地区洽谈投资项目。该地领导为了图个吉利，准备了一辆车号为"666"（六六大顺）的轿车前去机场迎接。谁知这位英国商人下了飞机，一看轿车后，直皱眉头，随即又乘机离去。后来我方人员才知道这位英国商人信教，在《圣经》中"666"表示"魔鬼"。在英国，司机、乘客对带有这种号码的车辆退避三舍，英国警察部门已做出决定，逐步取消这个号码。由此可见多了解来访者的情况是十分重要的。

（5）拟订接待方案　接待方案包括各项活动的项目、日程及详细时间表，项目负责人和接待规格、安全保卫措施等。日程确定后，应翻译成客方使用的文字，并打印好，发给客方，以便及时与客方进行沟通。

拟订接待方案重点要落实好食、宿、行，并制订合理的费用预算，保证接待隆重得体又不铺张浪费。

（6）掌握抵离时间　必须准确掌握外宾乘坐的飞机（火车、船舶）抵达及离开的时间，迎宾人员应在来宾抵达之前到机场（车站、码头）。送行人员应在外宾离行前抵达送行地点，切勿迟到、早退。

（7）献花　献花是常见的迎送外宾时用来表达敬意的礼仪之一。一般在参加迎送的主要领导人与客人握手之后，由青年女子或儿童将花献上，也有的由女主人向女宾献花，献花者献花后要向来宾行礼。献花须用鲜花，并注意保持花束整洁、鲜艳，一般忌用菊花、杜鹃花、石竹花以及黄色花卉（黄色具有断交之意）等。有的国家习惯送花环，或者送一两枝名贵兰花、玫瑰花等。在接待信仰伊斯兰教人士时，不宜由女子献花。

（8）介绍　主宾见面应互相介绍其随从人员。主要的迎送人员在与来宾见面致意（如握手等）后，他还可以担负起介绍其他迎送人员的任务。一般是在客人的内侧引领客人与各位迎送人员见面，并把他们介绍给来宾。然后再由主宾将客人按一定身份一一介绍给主人。若主宾早已相识，则不必介绍，双方直接行见面礼即可。

（9）陪车　来宾前往住地或临行时由住地前往机场、码头、车站，一般都安排迎送人员陪同乘车。陪车时应请宾客坐在主人右侧。两排座轿车，翻译坐在司机旁；三排座轿车，翻译坐在主人前面的加座上。当代表团9人以上乘大轿车时，原则上位低者先上车，下车顺序相反。但前座者可先下车开门，大轿车以前排为最尊位置，自右向左，按序排列。上车时应当请客人首先上车，客人从右侧门上；如果外宾先上车坐到了左侧座位上，则不要再请外宾移动位置。陪同人员在替客人关门时，应先看车内人是否坐好，既要注意不要扎伤客人的手，又要确保将门关好，注意安全。

（10）具体事项　迎送中一些具体事项要引起注意，主要包括以下几点。

① 在客人到达之前最好将客房号、乘车号码等通知客人，如果做不到，可印好住房、乘车表，在客人刚到达时，及时发到客人手里。

② 指派专人协助客人办理入出境手续及机票（车、船票）和行李提取或托运手续等事宜。客人到达后，应尽快进行清点并将行李取出并运送到住处，以便客人更衣。

③ 客人到达后，一般不要立刻安排活动，应让客人稍事休息，倒换时差。可在房间中适当放些新鲜水果或鲜花等。

④ 迎送的整个活动安排要热情、周到、无微不至、有条不紊，使宾客有宾至如归的感觉。接待人员要始终面带微笑、彬彬有礼，不能表现得冷漠、粗心、怠慢或使客人感到紧张、不便。

⑤ 陪同人员应尽力安排好客人的食、住、行，对客人的要求做出反应，给予答复。

⑥ 在为外宾送行时，送行人员应在外宾临上飞机（火车、轮船）之前，按一定顺序同外宾一一握手话别。飞机起飞（火车、轮船开动）之后，送行人员应向外宾挥手致意，直至各交通工具在视野中消失方可离去。否则，外宾一登上飞机（火车、轮船）等，送行人员就立即离去，是很失礼的。尽管只是几分钟的小事情，却可能因小失大。

2. 会见、会谈礼仪

会见和会谈都是涉外交往活动的重要方式。会见，国际上称接见或拜会。凡身份高的人士会见身份低的人士，主人会见客人，人们通常称其为接见或召见；凡身份低的人士会见身份高的人士，客人会见主人，人们通常称其为拜会或拜见。接见和拜会后回访，通常称为回拜。我国通常对此不做细分，统称会见。

会谈是指双方或多方就某些重大的政治、经济、科技、文化、军事、宗教以及其他共同关心的问题交换意见，洽谈协商。会谈一般专业性、政策性较强，形式比较正规。会见多是礼节性的，而会谈多为解决实质性问题。有时会见、会谈也难以区分。因为会见时双方也常谈专业性或政治性问题，以上区分只是相对而言。

（1）会见的礼仪　会见就其内容来说，多为礼节性的，也有政治性、事务性的会见，或兼而有之。礼节性会见一般时间短，话题也较为广泛。政治性会见一般涉及国与国之间的双边关系、国际局势及一些重大国际问题的看法或意见等。事务性会见一般涉及贸易争端、业务交流与合作等。会见的礼仪主要有以下内容。

第一，确定参加会见的人员。会见来访者，一般情况下应遵循"对等"的原则，但有时由于某些政治或业务的需要，上级领导或下级人士也可会见来访者。参加会见的人员不宜过多。

第二，确定会见的时间、地点。会见的时间一般安排在来访者抵达的第二天或举行欢迎宴会之前。会见的具体的时间不宜过长，一般以半小时左右为宜。会见的地点多安排在客人住地的会客室、会议室或办公室，也可在国宾馆等正式的会客场所。

第三，做好会见的座位安排。会见时座位的安排必须依据参加会见人数的多少，房间的大小、形状，房门的位置等情况来确定。会见的座位安排有多种形式，宾主可以穿插坐，也可分开坐，通常的安排是将主宾席、主人席安排在面对正门位置，客人坐在主人的右边。其他客人按照礼宾顺序在主人、主宾两侧就座。翻译、记录员通常安排在主宾和主人的后面。座位不够时可在后排加座。整个会见场所的座位形状有弧形、方形（长椅和单椅两种），如图12-1所示。

第四，掌握会见的一般礼节。会客时间到来之时，主人应在门口迎候客人，问候并同客人一一握手，宾主互相介绍双方参加会见的人员，然后引宾入座。主人应主动发言，创造一种良好的气氛。双方可自由交谈，就共同感兴趣的话题发表自己的看法。交谈时

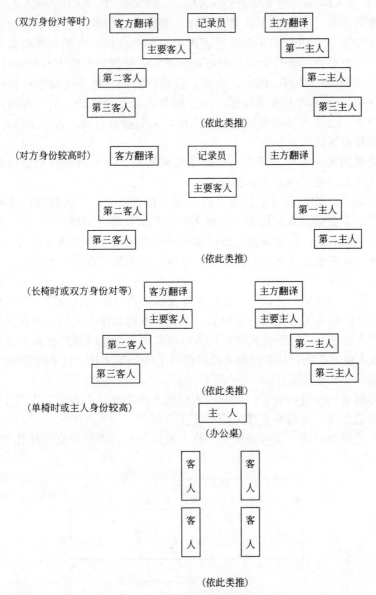

图12-1 会见场所的座位安排

应注意坐姿，不要跷二郎腿，不可左顾右盼，漫不经心。主人与主宾交谈时，旁人不可随意插话，外人也不可随意进出。会见时可备饮料招待客人。主人应控制会见时间，最好以合影留念为由头结束会见。合影后，主人将客人送至门口，目送客人离去。

第五，注意合影的礼宾次序。合影时，一般主人居中，男主宾在主人右边；主宾夫人在主人左边，主人夫人在男主宾右边，其他人员穿插排列，但应注意，最好不要把客人安排在靠边位置，应让主人陪同人员在边上，见图12-2。

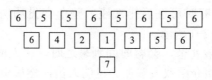

图12-2 合影时的礼宾次序

1—主人；2—男主宾；3—主宾夫人；4—主人夫人；5—主宾陪同人员；6—主人陪同人员；7—摄影师

（2）会谈的礼仪 会谈的形式多种多样，常见的有领导人之间单独会谈，有少数领导人及其助手与来访者进行的不公开发表内容的秘密会谈，有的是就有关重要而又复杂的问题，有关官员举行的正式会谈，也可称为谈判。会谈的礼仪主要包括以下内容。

第一，确定会谈的时间、地点、人员。会谈的时间、地点由双方协商确定。会谈的人员应慎重选择，会谈的专业性较强，一方面要求有专业特长，另一方面还要考虑专业互补和群体智慧。会谈人员既要懂得政策法律，又要能言善辩，善于交际，应变能力强，并确定主谈人和首席代表。

第二，会谈的座位安排。涉外双边会谈通常采用长方形或椭圆形会谈桌。多边会谈或小型会谈也可采用圆形或正方形会谈桌。

不管什么形式，均以面对正门为上座，宾主相对而坐，主人背向门落座，而让客人面向大门。其中主要会谈人员居中，其他人按着礼宾顺序左右排列。

这里需要说明的是，许多国家把翻译和记录员安排在主要会谈人员的后面就座。我国习惯上把翻译安排在主要谈判人座位的右侧就座，这主要取决于主人的安排，说到这个习惯上的小差别，还有一段历史背景。当初，我国也是按国际上通用的做法把翻译安排在后面就座的，但新中国成立不久，中国总理兼外交部部长周恩来认为这个惯例不符合中国的情况，因为西方的翻译大多是临时雇佣的，不属于参加会谈的人员，而我国的翻译却是参加会谈的重要人员之一，理应受到尊重，所以周总理在出访时坚决要求对方允许我方翻译坐在主要会谈人员的右侧。从那时起，我国就有了这个做法并一直采用至今。

几种常见的会谈座位见图12-3～图12-5。

如果长方形桌的一端向着正门，则以入门的方向为准，右为客，左为主。

如果是多边会谈，可将座位摆成圆形或正方形。

此外，小范围的会谈，也可像会见一样，只设沙发，不摆长桌，按礼宾顺序安排。

图12-3 会谈座位（一）

图12-4 会谈座位（二）　　　　　　图12-5 会谈座位（三）

3. 涉外参观游览

涉外参观游览，是指外国客人在访问或旅游期间对一些风景名胜、单位设施等进行实地游览、观看和欣赏。来访的外国人以及我国出访人员，为了了解出访国家情况，达到出访目的，都会进行一些参观游览活动。参观游览应注意以下礼仪。

（1）选定项目　选择参观游览项目，应根据访问目的、性质和客人的意愿、兴趣、特点以及我方当地实际条件来确定。对于外国政府官员、大财团、大企业家一般应安排参观反映我国经济发展情况的部门单位和经济开发区，以及重点招商项目。对于一般企业家、商人和有关专业人员可安排参观与其有关的部门、单位，同时安排一些有地方特色的游览项目。

年老体弱者不宜安排长时间步行的项目，心脏病患者不宜登高。一般来说，对身份高的代表团，事前可了解其要求；对一般代表团，可在其到达后，提出方案，如果确有困难，可如实告知，并做适当解释。

（2）安排日程　当参观游览项目确定后，应制订详细活动计划和日程，包括参观线路、座谈内容、交通工具等，并及时通知有关接待单位和人员，以便各方密切配合。

（3）陪同参观　按国际惯例，外宾前往参观时，一般都安排相应身份的人员陪同。如有身份高的主人陪同，宜提前通知对方。接待单位要配备精干人员出面接待，并安排解说介绍人员，切忌前呼后拥。参观现场的在岗人员，不要围观客人。遇客人问话，可有礼貌地回答。

（4）解说介绍　参观游览的重头戏是解说介绍。有条件的可先播放一段有关情况纪录片，这样既可节省时间，又可实现让客人对情况有所知，经过实地参观，效果会更好。我方陪同人员应对有关情况有所准备，介绍情况要实事求是，运用材料、数据要确切，不可一问三不知，也不可含糊其词。确实回答不了的，可表示自己不清楚，待咨询有关人员后再答复。遇较大团组，宜用扩音话筒。另外，遇有保密部位的，则不能介绍，如客人提出要求，应予婉拒。

（5）乘车、用餐和摄影　在出发之前，要及时检查车况，分析行车路线，预先安排好用餐。路远的还要预先安排好中途休息室，要把出发、集合和用餐的时间地点及时通知客人和全体工作人员。一般地方均允许客人摄影。如有不能摄影处，应事先说明，现场要摆放中英文"禁止摄影"标志牌。

（6）在国外参观游览的礼节　出访人员、团组要求参观，可通过书面、电话或面谈方式向接待单位提出，经允许后方能成行。参观内容，要符合访问目的和实际，要注意客随主便，不要强人所难。在商定之后，要核实时间、地点和路线。

参观过程中应专心听取介绍，不可因介绍枯燥或不对口味而显露出不耐烦和漫不经心状，这是极不礼貌的。同时应广泛接触、交谈，以增进了解，加深友谊。注意尊重对方的风俗和宗教习俗。如要摄影,事先要向接待人员了解有无禁止摄影的规定。参观游览,对服装要求不严格,不必穿礼服,穿西装可以不打领带,但应注意整洁整齐,仪容亦宜修整。参观完毕,应向主人表示感谢,上车离开时应在车上向主人挥手道别。

4. 国旗悬挂

国旗是国家的一种标志,是国家的象征。悬挂国旗是一种外交礼遇与外交特权。人们往往通过悬挂国旗,表示对本国的热爱或对他国的尊重。在国际交往中,悬挂国旗要遵循以下惯例。

(1)悬挂国旗的场合 按国际关系准则,国家元首、政府首脑在他国领土上访问,在其住所和交通工具上悬挂国旗(有的是元首旗)是一种外交特权。

东道国接待来访的外国元首、政府首脑的隆重场合,在贵宾下榻的宾馆、乘坐的汽车上悬挂对方(或双方)的国旗(或元首旗)是一种礼遇。

在国际会议上,除会场悬挂与会国国旗外,各国政府代表团团长亦按会议组织者的有关规定,在一些场所或在车辆上悬挂本国国旗(也有不挂国旗的)。

有些展览会、体育比赛等国际活动,也往往悬挂有关国家的国旗。在大型国际比赛中,还往往为获前三名的运动员升起其代表国家的国旗。

伴随着我国加入WTO,双边、多边的经贸往来日趋频繁,在谈判、签字仪式上亦应悬挂代表国的国旗。

(2)悬挂国旗的要求 在建筑物上或室外悬挂国旗,一般应在日出升旗、日落降旗。有时当遇到外国元首逝世时需要降半旗致哀,具体做法是:先将旗升起来至杆顶,再下降至距杆顶相当于杆长三分之一的地方。降旗时,也应先将旗升至杆顶,然后再下降。

升降国旗时,服装要整齐,要立正脱帽行注目礼,不能使用污损的国旗。升国旗一定要升至杆顶。

悬挂双方国旗,按照国际惯例,以右为上,左为下。但这是以旗面本身为准的,搞不好会弄错。所以还应记住以挂旗人为准,"面对墙壁左为上,右为下"。挂旗时,挂旗人必然面对墙壁,这时左为上,悬挂客方国旗,右为下,挂主方国旗。乘车时应记住"面对车头左为上",左边挂客方国旗,右边挂主方国旗(有时以汽车行进方向为准,驾驶员右手为上)。所谓主客标准,不以在哪国举行活动为依据,而以举办活动的主方为依据。如外国代表团来访,东道国举办欢迎宴会,东道国是主人;外国代表团答谢宴会,来访国是主人。

由于国旗是一个国家的标志与象征,代表一个国家的尊严,所以挂国旗时,一定不能将国旗倒挂。

常见的挂旗方法见图12-6~图12-8。

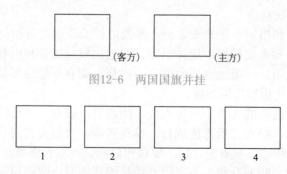

图12-6 两国国旗并挂

图12-7 三面以上国旗并挂

注:多面并列,主方在最后。如系国际会议,无主客之分,则按会议规定之礼宾顺序排列

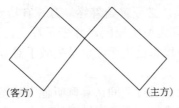

（客方）　　　　（主方）

图12-8　交叉挂

二、能力开发

（一）阅读思考

会议中的个人礼仪

1. 仪表

每一位与会人员都应该注意自己的仪表举止，做到穿着得体、举止优雅。一般要求是：穿着打扮要端庄大方、美观得体，最好穿职业套装，以显成熟、精干；仪容要整洁，举止文雅大方、风度潇洒、气质高雅，不要缩手缩脚、扭扭捏捏、矫揉造作。

出席正式会议和宴请，要穿正装，男士是深色西服，女士穿中长裙和长裤均可。男士要贴身穿衬衣，打领带，穿深色袜子，并把衬裤脚包在袜子里。女士的衣服最好每天更换一套。除会议主持人和发言人须遵循这些基本要求外，其他与会人员相对可以自由一些，比如可以穿休闲装、运动鞋，可以不带资料，简单进场。

但需注意的是：不能太随便，禁忌穿拖鞋、衣衫不整；禁忌大声喧哗、遇到熟人热聊、旁若无人；无论在主席台还是在台下，坐姿都要端正，切忌抖腿或跷二郎腿。

2. 遵守会议纪律

正式的会议，一般都会提前宣布会议纪律，即使有些会议没有明文规定，事实上会议纪律已经在人们的意识中客观存在。一般情况下，参会人员应该准时到会、保持安静、不得逃会。一般而言，与会人员在出席会议时应当严格遵守的会议纪律主要有以下三项：

（1）按时到会。严守会议时间，是保证会议顺利进行的基本条件之一。这一要求要落到实处，不但要靠主持人、组织者的积极努力和得力措施，也要靠全体与会人员的自觉和认真配合。接到会议通知后，应当按照通知上规定的具体时间准时出席会议。参加在本地举行的会议，应至少提前5分钟进入会场，以便有充足的时间做好会前准备，比如签到、寻位、领取材料等。参加在外地举行的集会，则最好提前一天报到，以便事先熟悉情况。如果迟到无法避免，应尽量提前通知会务组织者，且迟到后悄然进入会场，不要扰乱会议秩序。

（2）保持安静。全体与会者都应自觉维护会场秩序，保持会场安静，不影响发言人的讲话与听众的听讲。

在发言人或主持人讲话时，不允许起哄或是直接制造噪声。比如，不应在会场使用手机，不应当玩弄游戏机，不准吃东西等。与讲话者意见相左时，可以通过适当的渠道表达，不应当粗暴地打断对方的发言，或是大声予以斥责、议论，狂吹口哨，拍打桌椅，跺脚乱踢等。在会场上鼓掌，主要是对讲话者表示欢迎和支持，不允许"鼓倒掌"。

在开会之时，不应当随意走动，或者与周围的人交头接耳，更不应大声喧哗，或在会场里大声接听电话。一般情况下，最好不要带外人（与会议无关的）、家人（特别是小孩）参加会议。

（3）不得逃会。参加会议，必须善始善终。万一有特殊原因需要中途离会，应当事先请假。必要时，还须向主持人说明原因，并表示歉意，不允许在会议中途不辞而别。在他人讲话期间当众退场，不仅自己失礼，也是失敬于对方的。

3. 认真倾听发言

对每一位听众而言，在会议进行期间认真倾听他人的发言，是尊重对方的具体表现，也是自己掌握会议精神的主要途径。要真正做好这一点，需要注意以下三点。

（1）会前准备。参加会议前，应做好必要的准备工作。其一，要充分休息，养精蓄锐，否则在开会时疲劳困乏，大打瞌睡，必定影响听讲。其二，要处理好其他工作，免得在开会时神不守舍、三心二意。其三，要预备好必要的辅助工具，如纸、笔、录音机等。其四，要认真阅读会议材料，以便全面了解会议情况，掌握会议主旨。

（2）聚精会神。在会议进行时，每位听众都要聚精会神地聆听他人的讲话、发言——唯有聚精会神、全神贯注，方能汲取他人发言的精华，抓住要点，发现问题。在聆听他人发言时，切勿心神不定，"魂游"于会场之外。自己在讲话、发言后，更要注意专心聆听别人的讲话、发言。

（3）笔录要点。"好记性不如烂笔头"。参加会议时，要尽可能地对他人的讲话、发言择其要点，予以笔录，这对于深入领会和准确传达会议精神帮助很大。

4. 正确就座

会议座位安排主要有两种方法，一是按指定区域统一就座，二是自由就座。进入会场后，在没有会务工作人员引导的情况下，选择座位时应注意以下几点：

（1）弄清楚哪个是上座，哪个是下座，按自己的身份、地位合理就座。一般情况下，面对正门的位置为上座，靠门边的、远离领导的座位为下座。不管是圆会议桌还是方会议桌，与上座领导面对面的位置属于次上座。

（2）有一定级别的领导，应坐到与自己级别相适应的座位上。笔者有一次参加省某局的座谈会，与一位小领导一起入场，笔者约他同座，他没有理会，而是坐到了自己该坐的位置。他的做法是正确的。在这种情况下，谦虚和亲民的举动是不合时宜的，也是不懂礼和不自信的表现。

（3）抢坐前排或退居后排，在会场中间留出空白，这是与会人员就座的大忌。

（4）应勇于坐前排。座位的远近在心理学上反映了自信心的大小和地位权力的微妙差距。爱坐后排者，往往是缺乏自信心的表现。我们应善于表现自己，养成坐在会场前排的习惯。

（5）注意主宾的区别。如果以客人的身份参加会议，要注意主客的区别，做到客随主便。①不需要起身为领导添茶，不要主动分发会议材料；②不要评价会议准备工作的好坏，不要随意改变座位；③不需要接洽会议安排事宜，应尽可能服从安排（为本单位领导安排行程除外）。

5. 参加会议应注意的事项

（1）是否要讲话。会议主持人会要求与会人员对近期工作或某件事、某个人发表意见和建议。在这种情况下，应注意以下几点：①发言应讲究顺序和秩序，注意级别，不能争抢发言，一般应让领导先讲。②有想法就讲，要勇于表现自己，不要扭扭捏捏。事前应认真思考，组织好语言；逻辑要清晰，发言要简短，观点要明确，不能讲套话、大话、废话；可以提出尖锐、敏感的问题，引起领导的注意。③评价某人或某项工作时，应以正面表扬为主，不可偏激、冲动、感情用事，切忌进行人身攻击。④一定要低姿态，谦虚诚恳，如"今天非常荣幸能够参加这个会议，主要是来向大家学习的，在此也提出个人的几点想法，请大家多批评"。在发言时，要少用"我"字，别提"本人"，切忌自我推销、自我宣传和自我肯定。发言结束时，要道一声"谢谢大家"。⑤与他人有分歧时，应以理服人，态度平和，听从主持人的安排，不能只顾自己。如果与会人员有提问，应礼貌作答，对不能回答的问题，应机智而礼貌地说明理由；对批评意见应认真听取，即使提问者批评是错误的，也不能失态。

（2）能否上洗手间。关于会议期间能否上洗手间的问题一般应注意三点：①一般建议不要上洗手间，特别是在会议室较大，人较多，座位很挤，离开要穿越整个会场的情况下。②最后主要领导作总结发言时，最好不要走动，以示尊重。③抓住发言间隙，轻声起座离开，切忌发出椅子搬动声音和高跟鞋的响声，避免吸引大家的注意力，影响会议的秩序。有经验的与会人员入会前会先上洗手间，或提前半小时不喝水，或在会场中少喝水。当然一般会议对此没有严格要求，但与会者应尽可能保持自身良好形象。

（3）能否吃东西。有些会议如座谈会会准备茶点和水果，以起到装饰和调节气氛的作用。在这种情况下，能否吃东西呢？有时主持人也会招呼大家来吃水果。一般来说，应注意以下三点：①不能吃，注意形象，特别不能吃需要剥皮、要洗、会弄脏手、影响形象的水果，比如芒果、枇杷、西瓜类；②领导讲话时不能吃；③有时可以礼节性地吃点，但只可拿取个人面前的水果，且吃时不能发出声音，不能把手和文件弄脏。总之，在日常工作中，讲究个人礼仪应该成为每一位职场人员的一种素养，一种发自内心的习惯。

［资料来源：胡红霞.浅谈会议中的个人礼仪.秘书之友，2010，（1），有改动］

思考题

（1）参加会议应遵守哪些礼仪规范？

（2）请结合自身参加会议的实际，谈谈你在会议中的个人礼仪表现。

（二）案例分析

【案例1】

就　　座

某分公司要举办一次重要会议，请来了总公司总经理和董事会的部分董事，并邀请当地政府要员和同行业知名人士出席。由于出席的重要人物多，领导决定用U字形的桌子来布置会议桌。分公司领导坐在位于长U字横头处的下首，其他参加会议者坐在U字的两侧。在会议的当天开会时，贵宾们都进入了会场，按安排好的座签找到自己的座位就座，当会议正式开始时，坐在横头桌子上的分公司领导宣布会议开始，这时发现会议气氛有些不对劲，有贵宾相互低语后借口有事站起来要走，分公司的领导人不知道发生什么事或出了什么差错，非常尴尬。

思考题

请指出此案例中的失礼之处。

【案例2】

会场的"明星"

小刘的公司应邀参加一个研讨会，该研讨会邀请了很多商界知名人士以及新闻界人士参加。老总特别安排小刘和他一道去参加，同时也让小刘见识一下大场面。

开会这天小刘早上睡过了头，等他赶到，会议已经进行了20分钟。他急急忙忙推开了会议室的门，"吱"的一声脆响，他一下子成了会场上的焦点。刚坐下不到5分钟，肃静的会场上响起了摇篮曲，是谁放的音乐？原来是小刘的手机响了！这下子，小刘可成了全会场的"明星"……

没多久，听说小刘离开了该公司。

思考题

（1）小刘失礼的地方表现在哪里？

（2）参加各种会议应该注意哪些礼仪？

【案例3】

特色展览会

美国加州杏仁商会为了在中国推广和销售加州杏仁委托凯旋-先驱公共关系有限公司在中国策划一次宣传推广活动。经调查分析，凯旋-先驱公共关系公司决定策划一次"健美人生巡回展"，希望在消费者心中树立杏仁有利健康的形象。

公司选择具影响力的大型商场进行专业健美操表演活动，并采用各种生动的形式来最大限度地加强加州杏仁的宣传和推广，例如标贴各种吸引人的标牌、制作一个真人大小的杏仁吉祥物、举办一次庆祝会、展示杏仁营养宣传品、进行消费者调查等。

为了加大宣传加州杏仁的力度，加深其给人们的印象，公司要求表演者穿着统一的印有加州杏仁商会标记的服装。舞台的幕后背景以及舞台覆盖物均设计成一棵绿色的杏树生长在绿色的田野中的图景，突出了杏仁的健康形象。此外，免费给在场的小朋友发放印有加州杏仁商会宣传语"送给幸福的人"的彩色气球。主持人不断地忙着在舞台上带领小朋友们做游戏，并指导在场的观众参加健美运动。另外，加州杏仁商会做的吉祥物也出现在此次活动中，颇受现场观众的喜爱，并引得媒体记者争相拍照留念。

活动吸引了数十万观众参加，给消费者留下了深刻的印象，实现了产品信息的传递；同时通过吸引众多媒体的关注和报道，成功地拓展了中国市场，取得了预期的目的。

思考题

（1）凯旋-先驱公共关系公司是如何布置这次活动的现场的？

（2）展览会布展都有哪些要求？

【案例4】

签字仪式

中国开发和美国机械两公司经过友好协商，已就购买合同的关键问题达成一致，开始进入合同起草阶段。本合同的商务部分参照国际通行的货物采购合同，有标准文本可以参考，该部分的文本由翻译林娟负责审定。技术部分是本合同的关键，主要涉及技术指标、检验方法和标准、验收和交付程序等一系列技术问题，由总工程师王涛负责中文文本，林娟负责翻译，王涛负责翻译稿的技术词汇审定。财务总监马宏负责支付条件、索赔等条款的审定，由中方提供英文稿供双方定稿。经研究决定，除了本公司全体谈判人员外，中方还特别邀请北京市主管工业的副市长参加签字仪式。考虑到签字仪式后马上举行新闻发布会，签字仪式安排在长城饭店一个可以容纳100人的会议大厅进行。会场悬挂"中国开发引进美国机械乳制品生产线签字仪式暨新闻发布会"横幅。签字仪式由营销总监张静主持。陈岩先生和布朗先生分别代表中国开发和美国机械在合同文本上签字。签字结束，全体人员鼓掌表示祝贺，服务员端上香槟酒，大家相互碰杯，祝贺双方合作取得圆满成功。

思考题

（1）本案例对你有何启发？
（2）签字仪式应遵循怎样的程序？

【案例5】

"请张市长下台剪彩！"

某公司举行新项目开工剪彩仪式，请来了张市长和当地各界名流嘉宾参加，请他们坐在主席台上。仪式开始时，主持人宣布："请张市长下台剪彩！"却见张市长端坐没动。主持人很奇怪，重复了一遍："请张市长下台剪彩！"张市长还是端坐没动，脸上还露出一丝恼怒。主持人又宣布了一遍："请张市长剪彩！"张市长才很不情愿地勉强站起来去剪彩。

思考题

请指出本案例中的失礼之处。

【案例6】

焦小姐的"行为不慎"

焦小姐是一名白领丽人，她机敏漂亮，待人热情，工作出色，因而颇受重用。有一回，焦小姐所在的公司派她和几名同事一道前往东南亚某国洽谈业务。可是，平时向来处事稳重、举止大方的焦小姐，在访问那个国家期间，竟然由于行为不慎而招惹了一场不大不小的麻烦。

事情的大致经过是这样的：焦小姐和她的同事一抵达目的地，就受到了东道主的热烈欢迎。在为他们举办的欢迎宴会上，主人亲自为每一位来自中国的嘉宾递上一杯当地特产的饮料，以示敬意。轮到主人向焦小姐递送饮料时，一直是"左撇子"的焦小姐不假思索，自然而然地抬起自己的左手去接饮料。见此情景，主人骤然变色，对方没有把那杯饮料递到焦小姐伸过去的左手里，而是非常不高兴地将它重重地放在餐桌上，随即理都不理焦小姐就扬长而去了，大家都觉得非常纳闷和不解。

思考题

（1）焦小姐的"行为不慎"指的是什么？
（2）为什么会由此而招惹了一场不大不小的麻烦呢？

【案例7】

日方为何无回音？

某化工企业的李经理今天要接待一个日本化工企业代表团。李经理对这家企业先进的技术和雄厚的经济实力有充分了解，希望通过与他们的合作来促进企业的发展；而来访的日方企业也希望通过与中国企业的合作开拓市场，利用中国低价的劳动力、物质资源发展企业，提高企业在国际市场的地位和竞争力。这次访华的主要目的实际上是通过考察企业来寻找合作伙伴。

工作繁忙、时间概念很强的李经理，按计划在日方代表团飞机到达前一小时乘车前往机场，然而阻塞的交通使李经理一行在飞机抵达后才来到机场。根据机场大型显示屏显示，日方代表团所乘的飞机已结束了通关手续，以稳重著称的李经理脸上也浮现出了紧张的神色。当接待人员终于在嘈杂的人群中找到了四处环顾、略显不安的日方代表团时，公关部主任陈女士急忙跑上前去，献上了一束高雅秀美的荷花。李经理在寒暄介绍时诚恳地向日方解释了迟到的原因，仓促中单手接过对方的名片、随意地插入上衣口袋。乘车前往公司的路上，李经理热情地向客人介绍着沿途的风光和企业的情况，希望以热情周到的接待与企业的实力来赢得对方的好感。几天的考察结束后，日方代表团回国了。尽管日方代表团临行前表示回国后将认真讨论合作问题，但李经理始终没有等来日方有关合作的回音。

思考题

（1）为什么日方没有与李经理合作？

（2）涉外交往应该把握哪些原则？

【案例8】

老周的尴尬

某公司和德国某公司有一个合作项目，双方技术人员要并肩合作一个月。公司安排老周任中方组长。

刚开始的几天，双方交流得很愉快。第三天的时候，发生了一件令老周尴尬的事情。

那天正是中午十二点的时候，老周刚吃过午饭。德方技术人员Tony来找老周有事，老周热情地出来迎接，客气地寒暄："你吃了吗？" Tony竟然一脸兴奋地反问道："我正饿着呢。老周，那就吃炸酱面好吗？"说着，就拉着一脸尴尬的老周进了面馆。

（资料来源：未来之舟. 职场礼仪. 北京：中国经济出版社，2009）

思考题

（1）老周的尴尬是什么原因造成的？

（2）在交际中标准的问候语是什么？

（三）实战演练

项目1：模拟新闻发布会

实训目标：掌握新闻发布会的组织，锻炼提问能力和回答问题能力。

实训学时：2学时。

实训地点：实训室。

实训准备：采访用话筒、桌牌、发言提纲、录像机等。

实训方法：某班刚刚组建班委会，准备一次"新闻发布会"活动，会上班委会将要发布"施政纲领"，还将接受班级同学的提问，请进行现场演练。要求如下。

（1）进行会场布置；

（2）挑选主持人、发言人，其余同学扮演各"媒体"记者；

（3）每位发言人都以相应身份、角色发言，每位记者都应提问；

（4）新闻媒体的名称由学生自拟，采访用的话筒、身份牌由学生自行准备；

（5）发言材料及提问自行设计；

（6）将新闻发布会录像，待实训结束后，在班里播放，进行评价。

训练手记：通过训练，我的收获是_____。

项目2：举行舞会

实训目标：掌握舞会举办的礼仪，在舞会上表现得体，符合礼仪要求。

实训学时：1学时。

实训地点：活动中心。

实训准备：准备一篇致辞、一份舞曲目录单、音响等。

实训方法：模拟练习参加舞会的礼仪。要求如下。

（1）举办舞会前，培训练习国标舞慢三、慢四、快三、快四、探戈和伦巴的舞步；

（2）推选一位女主持人；

（3）每个人为参加舞会做好精心准备。

训练手记：通过训练，我的收获是_____。

项目3：举办企业标识展览会

实训目标：通过模拟训练让学生掌握展览会的组织和相关礼仪。

实训学时：1学时。

实训地点：实训室。

实训准备：企业标识、展板、实物、文字说明等。

实训方法：5～6人为一组，分组进行准备。经过一周的准备后，进行展示，每组一块展板，安排一名学生进行讲解。要求如下。

（1）尽可能收集一些企业的标识；

（2）设计布置展台；

（3）设置签到席。

训练手记：通过训练，我的收获是_____。

项目4：模拟开业庆典

实训目标：掌握开业庆典的组织和相关礼仪规范。

实训学时：2学时。

实训地点：实训室。

实训准备：布置会场、挂横幅、准备致辞等。

实训方法：模拟某企业开业庆典仪式，使仪式落实在某个商业组织上。要求如下。

（1）编制一份庆典仪式程序，仪式按照程序进行；

（2）重要领导和来宾名单的单位、职务可由学生自己拟订，分别扮演相关角色；

（3）庆典结束后，学生评析，教师总结；

（4）实训可分组进行，让学生轮流模拟演示各个角色。

训练手记：通过训练，我的收获是_____。

项目5：模拟签字仪式

实训目标：掌握签字仪式的程序以及相关礼仪。

实训学时：2学时。

实训地点：实训室。

实训准备：准备有关签字仪式的道具如文本、文件夹、旗帜、签字笔、签字单、吸水纸、酒杯、香槟酒、横幅、照相机、摄像机、会议桌子等。

实训背景：中国清泉饮品公司将迎来一批来自美国的摩尔集团商务考察团人员，清泉饮品公司准备向摩尔集团订购两条先进的罐装流水线设备。在这次考察活动中要进行谈判，将签订合同，举行签字仪式。

实训方法：草拟一份签字仪式的准备方案，布置签字厅并模拟演示签字仪式。要求如下。

（1）实训分组进行，学生分别扮演相关角色；

（2）参加实训的双方须简单演示见面礼仪，在着装上适当修饰。

训练手记：通过训练，我的收获是＿＿＿＿＿＿＿＿＿＿＿＿＿＿＿＿＿＿＿＿＿＿。

 温故知新

1. 判断题

（1）筹备新闻发布会时，确定邀请的记者后，请柬最好要提前一星期发出，会前还应用电话提醒。（　　　）

（2）展览会是一种单一的传播方式。（　　　）

（3）联欢会的时间一般应选在晚上。（　　　）

（4）座谈会长度一般在两小时左右为宜。（　　　）

（5）签字时，双方人员的身份应该对等。（　　　）

（6）签字的时候，各方陪同人员分主客两方各自以职位、身份高低为序，自左向右（客方）或自右向左（主方）排列站于签字者之后。（　　　）

（7）剪彩时不许戴帽子、戴墨镜，可以穿便装。（　　　）

（8）迎送中，乘车时应请客人坐在主人的右侧，翻译人员坐在司机旁边。（　　　）

（9）开业典礼仪式上是由主办单位的负责人来致辞的。（　　　）

（10）签字仪式上助签人的主要工作是协助翻揭文本及指明签字处。（　　　）

（11）开业庆典的接待工作一般开始于门口迎宾。（　　　）

（12）签字仪式上双方助签人员分别位于各自签字人员的后边。（　　　）

（13）剪裁开始时，主席台的人员一般尾随于剪彩者身后4～5米。（　　　）

（14）当剪彩者拿剪刀准备剪彩时应向四周观礼者致意。（　　　）

（15）开业庆典上备用的留言册的封面一般为墨绿锦缎面。（　　　）

（16）在涉外交往中首要坚持相互尊重的原则。（　　　）

（17）西方人喜欢直率的谈吐，忌讳言不由衷的客套。（　　　）

（18）与外国人初次见面交谈时，可以唠家常。（　　　）

（19）与外国人打招呼可以说："您吃了吗？"（　　　）

（20）按国际惯例，外宾前往参观时，一般都安排相应身份的人员陪同。（　　　）

（21）悬挂双方国旗，以右为上，以左为下。（　　　）

（22）两国国旗并挂，以旗正面为准，左边的是本国国旗，右边的是客方国国旗。（　　　）

（23）升旗时也可以随着国歌的乐曲默唱歌词。（　　　）

（24）不得升挂破损、污损、褪色或者不合规格的国旗。　　　　　　（　　）

（25）降半旗的做法是先将旗升起来至杆顶，再下降至距杆顶相当于杆长2/3的地方。

　　　　　　　　　　　　　　　　　　　　　　　　　　　　　　　　（　　）

2．思考与训练

（1）作为会议或仪式的组织者，在会议或仪式之前应做好哪些准备？

（2）作为会议或仪式的参加者应当遵循哪些礼仪原则？

（3）如何准备发布会？发布会结束后还有哪些工作要做？

（4）展览会的特点是什么？应注意哪些礼仪？

（5）作为观众参加联欢会应注意哪些礼仪？

（6）如何布置签字场所？

（7）开业仪式有哪几种，各自的程序是什么？

（8）剪彩的正确做法是什么？剪彩仪式的必备物品有哪些？

（9）涉外交往的基本原则是什么？

（10）与外国人交往应坚持哪些礼仪基本通则？

（11）与一般迎宾礼节相比涉外迎宾礼节有哪些特殊要求？

（12）涉外会见、会谈有哪些具体的礼仪要求？

（13）涉外参观游览应注意哪些礼仪？

（14）涉外交往中何时需要悬挂国旗？悬挂国旗有哪些礼仪要求？

（15）模拟涉外迎送。8～10人一组，分别扮演相关角色，模拟迎送外国贸易代表团（哪国由学生自拟），模拟见面、接站、送行、乘车的具体礼仪。建议在实训室进行。

 考核评价

能力考核评价表

内　　容		评　　价	
学习目标	评价内容	小组评价（5、4、3、2、1）	教师评价（5、4、3、2、1）
知识（应知应会）	会议、仪式的特点		
	会议的筹备和总体安排		
专业能力	新闻发布会礼仪		
	展览会礼仪		
	联欢会礼仪		
	舞会礼仪		
	电视电话会礼仪		
	签字仪式		
	开业仪式		
	剪彩仪式		
	涉外交际礼仪		
通用能力	人际沟通能力		
	组织能力		
态度	礼貌待人、认真、细致、热情		
努力方向：		建议：	

参考文献

[1] 张铭. 现代实用社交礼仪 [M]. 北京：人民邮电出版社，2017.

[2] 高琳. 人际沟通与礼仪 [M]. 北京：人民邮电出版社，2017.

[3] 张建宏，林琳. 现代实用礼仪 [M]. 郑州：河南大学出版社，2015.

[4] 徐汉文，张云河. 商务礼仪 [M]. 大连：东北财经大学出版社，2014.

[5] 魏丽平. 学生现代文明礼仪实用教程 [M]. 成都：西南财经大学出版社，2014.

[6] 高慕婵. 礼仪教程 [M]. 西安：西安电子科技大学出版社，2014.

[7] 王炎，杨晶. 商务礼仪——情境·项目·训练 [M]. 北京：电子工业出版社，2014.

[8] 于丽新. 礼仪文化教程 [M]. 南京：南京大学出版社，2013.

[9] 王莲华."礼"所应当——大学生文明礼仪读本 [M]. 上海：上海学林出版社，2012.

[10] 毕文杰. 你的职场礼仪价值百万 [M]. 北京：中国画报出版社，2012.

[11] 孔洁，张葵葵. 大学生职业礼仪与社交礼仪 [M]. 北京：中国电力出版社，2012.

[12] 李国辉. 生客卖礼貌，熟客卖热情：一本书学会销售礼仪 [M]. 北京：机械工业出版社，2012.

[13] 王玉霞，佟怡. 实用职业礼仪 [M]. 北京：清华大学出版社，2011.

[14] 聂敏. 现代实用礼仪 [M]. 大连：大连理工大学出版社，2011.

[15] 梁兆民，张永华. 现代实用礼仪教程 [M]. 西安：西北工业大学出版社，2010.

[16] 汪彤彤. 职场礼仪 [M]. 大连：大连理工大学出版社，2010.

[17] 刘克芹. 社交礼仪 [M]. 北京：经济科学出版社，2010.

[18] 金正昆. 涉外礼仪教程 [M]. 北京：中国人民大学出版社，2010.

[19] 陈光谊. 现代实用社交礼仪 [M]. 北京：清华大学出版社，2009.

[20] 张文. 礼仪修养与实训教程 [M]. 广州：华南理工大学出版社，2009.

[21] 严军. 商务礼仪与职业形象 [M]. 北京：对外经济贸易大学出版社，2009.

[22] 金正昆. 社交礼仪教程 [M]. 北京：中国人民大学出版社，2009.

[23] 樊丽丽. 实用生活礼仪常识 [M]. 北京：中国经济出版社，2008.

[24] 吴运慧、徐静. 现代礼仪实务 [M]. 上海：上海交通大学出版社，2008.

[25] 张晓梅. 晓梅说礼仪 [M]. 北京：中国青年出版社，2008.

[26] 范爱明、王智. 与顾客交往的69个禁忌 [M]. 北京：机械工业出版社，2008.

[27] 陆纯梅、范莉莎. 商务礼仪实训教程 [M]. 北京：清华大学出版社，2008.

[28] 崔志锋. 礼仪 [M]. 北京：科学出版社，2008.

[29] 关小燕. 礼仪：规范行为的学问 [M]. 北京：清华大学，2008.

[30] 黄琳. 有效沟通 [M]. 北京：中国华侨出版社，2008.

[31] 谢迅. 商务礼仪 [M]. 北京：对外经济贸易大学出版社，2007.

[32] 刘长凤. 实用服务礼仪培训教程 [M]. 北京：化学工业出版社，2007.

[33] 吕维霞、刘彦波. 商务礼仪 [M]. 北京：清华大学出版社，2007.

[34] 徐克茹. 商务礼仪标准培训 [M]. 北京：中国防纺织出版社，2007.

[35] 牟红、杨梅. 旅游礼仪实务 [M]. 北京：清华大学出版社，2007.

[36] 彭红. 交际口才与礼仪 [M]. 上海：华东师范大学出版社，2007.

[37] 李嘉珊. 国际商务礼仪 [M]. 北京：电子工业出版社，2007.

[38] 周庆. 商务礼仪实训教程 [M]. 武汉：华中科技大学出版社，2007.

[39] 杜明汉. 营销礼仪 [M]. 北京：电子工业出版社，2007.

[40] 林成益、帅学华. 现代礼仪修养教程 [M]. 杭州：浙江大学出版社，2007.

[41] 金正昆. 大学生礼仪 [M]. 北京：中国人民大学出版社，2007.

[42] 范荧、陈亦聆. 中外礼仪集萃 [M]. 上海：上海外语教育出版社，2007.

[43] 彭澎，杨中碧. 礼仪与文化 [M]. 北京：清华大学出版社，2007.

[44] 李洁. 礼仪是一种资本——日常礼仪的三百个细节 [M]. 北京：北京出版集团、北京出版社，2007.

[45] 李荣健. 社交礼仪 [M]. 北京：清华大学出版社，2007.

[46] 李莉. 实用礼仪教程 [M]. 北京：中国人民大学出版社，2006.

[47] 唐树伶等. 服务礼仪 [M]. 北京：清华大学出版社、北京交通大学出版社，2006.

[48] 杨海清. 现代商务礼仪 [M]. 北京：科学出版社，2006.

[49] 冯玉珠. 商务宴请攻略 [M]. 北京：中国轻工业出版社，2006.

[50] 沈杰、方四平. 公共关系与礼仪 [M]. 北京：清华大学出版社，2006.

[51] 田长军. 有礼任走天下 [M]. 广州：中山大学出版社，2006.

[52] 韦克俭. 现代礼仪教程 [M]. 北京：清华大学出版社，2006.

[53] 任之. 教你学礼仪 [M]. 北京：当代世界出版社，2006.

[54] 周裕新. 求职上岗礼仪 [M]. 上海：同济大学出版社，2006.

[55] 马志强. 语言交际艺术 [M]. 北京：中国社会科学出版社，2006.

[56] 李元授等. 口才训练 [M]. 武汉：华中科技大学出版社，2006.

[57] 周裕新. 现代办公礼仪 [M]. 上海：同济大学出版社，2006.

[58] 胡晓涓. 商务礼仪 [M]. 北京：中国人民大学出版社，2005.

[59] 黄琳，商务礼仪. 北京：机械工业出版社，2005.

[60] 国英. 现代礼仪 [M]. 北京：机械工业出版社，2005.

[61] 王伟伟. 礼仪形象学 [M]. 北京：人民出版社，2005.

[62] 祝艳萍、张洁梅. 公关礼仪 [M]. 北京：光明日报出版社，2005.

[63] 鲍日新，社交礼仪，让你的形象更美好：献给大学生朋友 [M]. 上海：上海教育出版社，2005.

[64] 李鸿军、石慧. 交际礼仪学 [M]. 武汉：华中科技大学出版社，2004.

[65] 陈柳. 职业人形象设计与修炼 [M]. 上海：上海远东出版社，2004.

[66] 国英. 公共关系与现代交际礼仪案例 [M]. 北京：机械工业出版社，2004.

[67] 关彤. 社交礼仪 [M]. 海口：南海出版公司，2003.

[68] 金正昆. 公关礼仪 [M]. 北京：中国人民大学出版社，2003.

[69] 李杰群. 非语言交际概论 [M]. 北京：北京大学出版社，2003.

[70] 丁立新、江泽瀛. 国际商务礼仪实训 [M]. 北京：对外经济贸易大学出版社，2003.

[71] 何浩然. 中外礼仪 [M]. 大连：东北财经大学出版社，2002.